歷史地理叢書第一輯2

牛津藏明末閩南航海圖研究

周運中 著

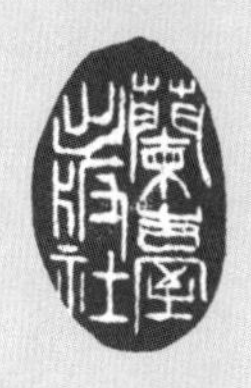

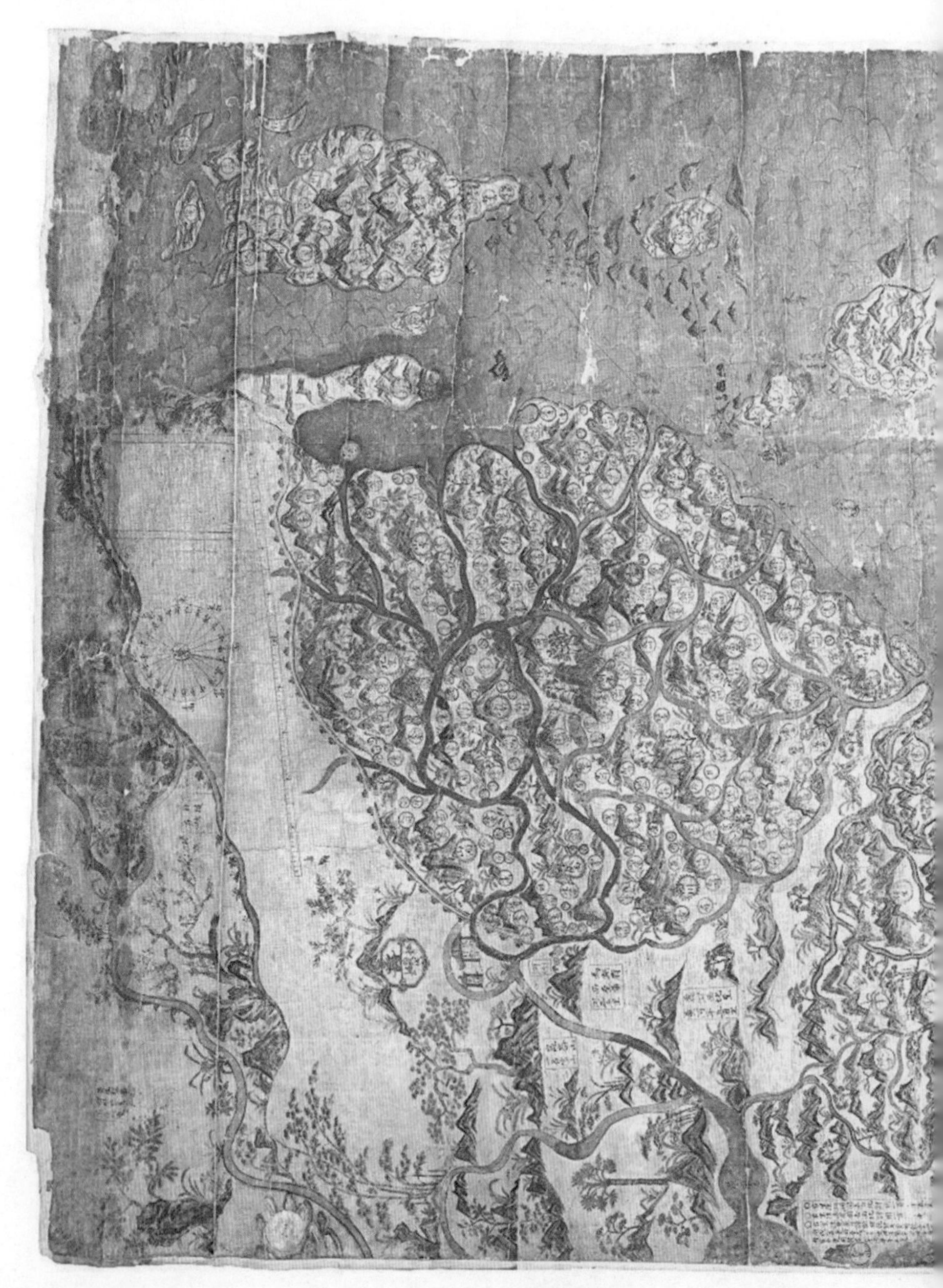

▲ 全圖

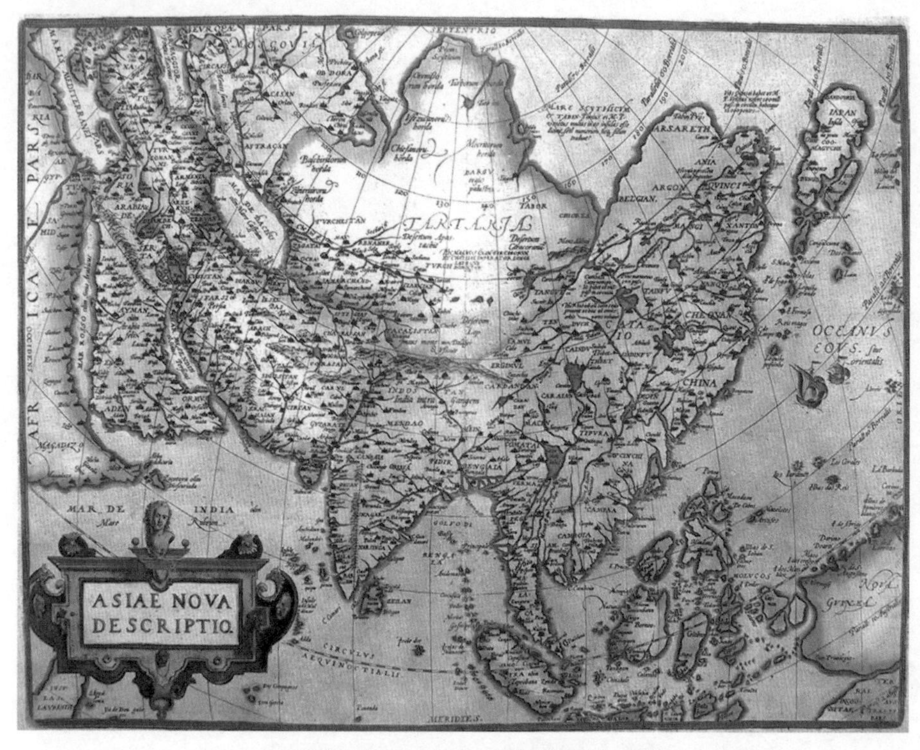

▲ 奧特留斯地圖集1612年版的亞洲地圖

▲ 普蘭修1594年的東南亞地圖

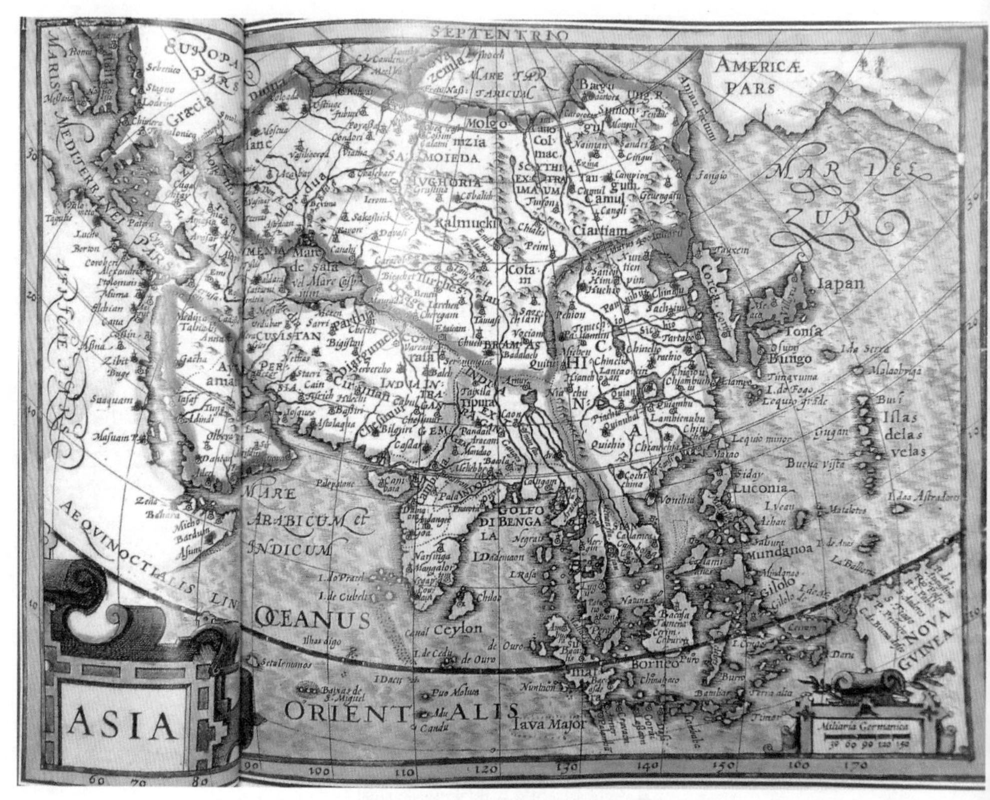

▲ 1606年洪迪烏斯地圖集的亞洲地圖

▲ 1606年洪迪烏斯亞洲地圖的東方部分截圖

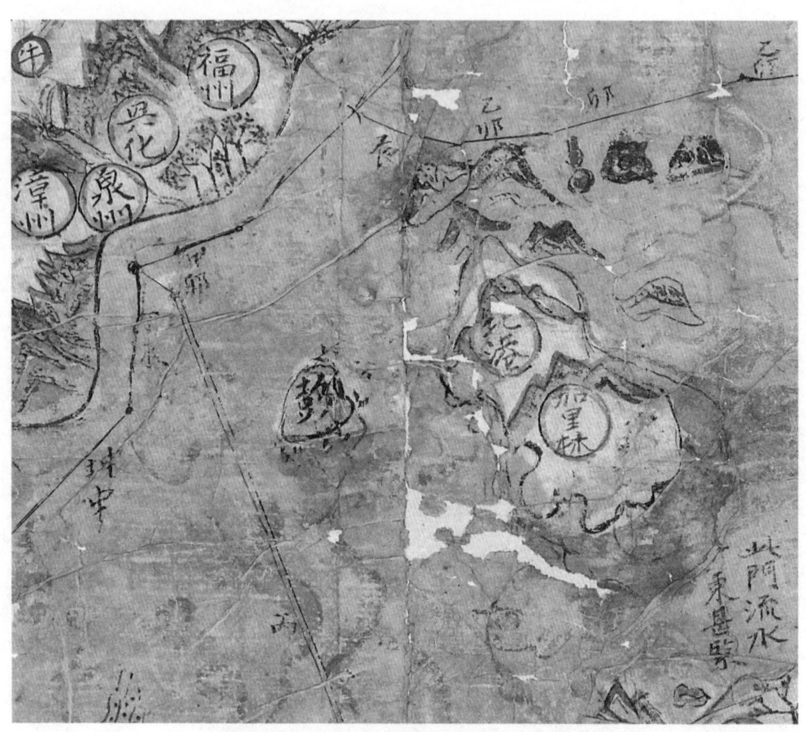

▲ 牛津大學藏明末閩商航海圖上的臺灣

◀ 失勒山

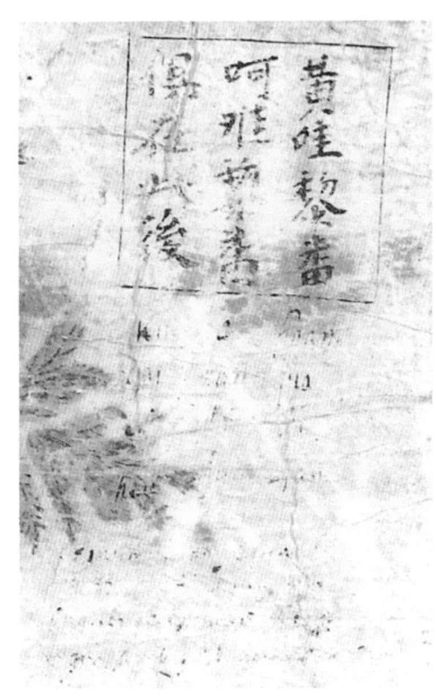

▲ 右上角的方框：化人番在此處

▶ 左上角的方框：黃哇黎番、呵難黎番俱在此後

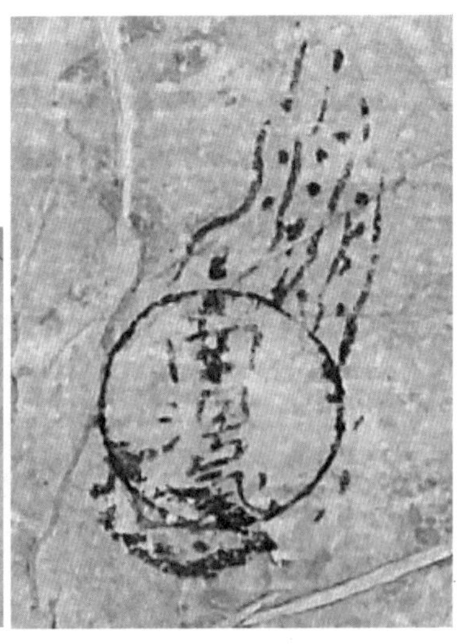

▶ 牛津大學明末閩商航海圖上的南澳氣

▼耶魯藏清代航海圖的南澳氣

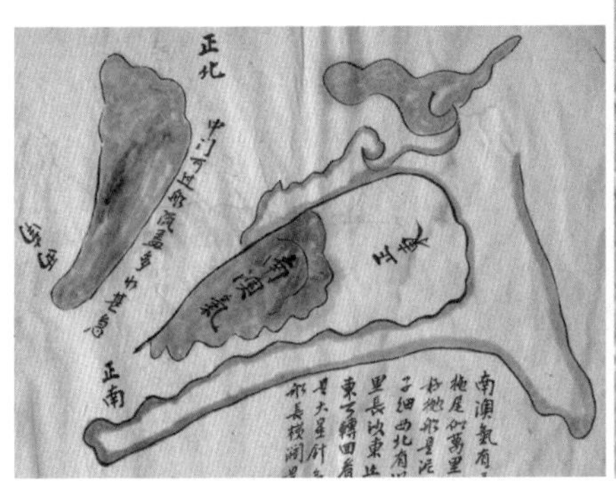

▶目　錄

四百年前到英國的閩南航海圖傳奇

一幅神秘的東方航海圖在明代來到英國

塵封數百年又橫空出世

作者是誰?為何畫圖?

留下了無數謎團……

廈門是中國著名的旅遊城市,現在很多外地遊客都會去廈門島南部的曾厝垵。曾厝垵原來是一個不出名的漁村,名氣遠遠不及鼓浪嶼,但是現在遊人如織。非常遺憾的是,絕大多數來曾厝垵的遊客,不知道這個地方在大航海時代是東西方接觸的重要地點。從曾厝垵的海邊可以看到大擔島,再往前走,可以看到小金門島和大金門島。四百多年前,就是從這一片海岸,走出了很多弄潮兒,引領東西方的文化交流。

這本書要講述的一幅神奇地圖,就和這片海岸有關。故事還要從英國牛津談起,2008年1月10日,在牛津大學的鮑德林(Bodleian)圖書館,來自美國喬治亞南方大學的副教授貝瑞葆(Robert K. Batchelor)正在查閱圖書。這個圖書館有850萬冊圖書,整個牛津大學的圖書一共1300萬冊。貝瑞葆是研究近代中英關係史的專家,每年1月到牛津大學來參加英國18世紀研究學會的年會。1月11日,他就要從倫敦返回美國。10日,貝瑞葆看到圖書收藏目錄中有一幅古老的中國地圖,已經有一百多年無人問津,這幅地圖的編號是:MS Selden Supra 105。牛津圖書館的中國館館長大衛·荷利威爾(David Helliwell)看過裝這張圖的大盒子,但未仔細檢查。貝瑞葆請荷利威爾調出這幅地圖，他看到這幅地圖畫出了東方的全貌，還標出很多航海線路。這幅在四百多年前就到了英國的古老地圖，在沉睡了數百年之後，終於重見天日了！

這幅地圖在1919年被人襯上棉布，但是棉布日久腐爛，使得地圖表面更加破碎。2009年到2011年，圖書館工作人員採用最新技術，終於修復了這幅地圖。這幅神奇的明代航海圖，引起了國際學術界的廣泛關注。這幅地圖究竟是誰繪製？爲何能夠完整畫出東亞和東南亞的海陸輪廓和數百個地名、數十條航線？這些地名和航線現在何處？爲何這幅地圖在明朝末年就從東方來到英國？這幅地圖的作者是參考了中國傳統地圖還是歐洲地圖？重重謎團，引人深思。

本人在2011年就開始研究這幅地圖，2014年3月到6月，這幅珍貴的地圖首次回到中國，在香港海事博物館展出，同時展出的還有牛津大學收藏的明末清初中國人編寫的兩本最重要的航海指南《順風相送》、《指南正法》與部分中國瓷器。6月7日到8日，在此館舉行了明代海洋貿易、航海術和水下考古研究新進展學術研討會，來自英國、美國、德國、澳大利亞、中國大陸與香港、臺灣的十九位學者發表演講，中心話題是這幅珍貴的地圖。我有幸參加這次盛會，首次指出：圖上的黃哇黎番、呵難黎番是英國、荷蘭，又論證航路起點是廈門灣，李旦是廈門人，很可能是這幅圖的作者，明末清初閩南人繪製了很多中西融合地圖，還包括清代的三幅地圖。

外國學者關於這幅地圖的專著已有兩部，中國學者關注較晚，雖然也有十來篇論文，但是至今尚未一本專著。這幅珍貴的地圖是中國人繪製，中國學者理應更加深入研究，本書是研究這幅地圖的第一部中文著作。

本人在此前三部相關著作《鄭和下西洋新考》、《中國南洋古代交通史》、《正說臺灣古史》的基礎上，[1]全面考證此圖的地名與航線，首次結合廈門一帶新發現的族譜、碑刻等史料，論證此圖的作者是廈門人，很可能與明末的海上鉅賈李旦有關。李旦的家鄉很可能在廈門，而且很可能就在曾厝垵村西部的港口社。這幅地圖不僅事關閩南人在東亞海洋的貿易史，直接印證明末清初閩南人在海上建立的龐大商業帝國，還牽涉明朝閩南商人在臺灣的歷史。這幅地圖不僅牽涉東西方文化早期交融，還對當代社會有很多啓發。

1 周運中：《鄭和下西洋新考》，中國社會科學出版社，2013年。周運中：《中國南洋古代交通史》，廈門大學出版社，2015年。周運中：《正說臺灣古史》，廈門大學出版社，2016年。

緒論：地圖概況與研究史

牛津大學收藏的這幅明末東方航海圖，是英國律師謝爾登（John Selden，1584—1654）生前的收藏，據說是他從英國東印度公司駐爪哇島萬丹的商館人員處購得。他在1653年所立的遺囑中提到：「一幅在那裡製作的中國地圖，製作精美，彩色，還有一只由中國人製作的航海羅盤，上面有刻度。那幅地圖和那只航海羅盤都是由一位英國船長獲得的，由於這位英國船長不想放棄這幅地圖，所以在非常艱難的情況下爲此支付了一大筆資金。」他的東方藏品在1659年捐獻給牛津大學，於是此圖入藏牛津大學至今。

由於此圖被英國人收藏了400多年，2008年又爲美國學者重新發現，所以外國學者一般稱爲〈謝爾登地圖〉。其實謝爾登僅是此圖短暫的收藏者，既不是此圖的作者，也不是把這幅圖從東方帶到英國的人，更沒有對此圖作何研究，所以我認爲此圖未必應該稱爲〈謝爾登地圖〉。此圖作者是明末的閩南海商，也可以稱爲〈明末閩商航海圖〉。根據我考證，此圖的作者是廈門灣附近人，所以本書稱之爲〈明末閩南商人航海圖〉。

中國學界也有人稱之爲〈東西洋航海圖〉，我認爲這個名字也有問題，因爲東西洋的區分可以追溯到宋代甚至唐代，元代已有成熟的東西洋概念，但是元代和明初的西洋包括整個印度洋。明代中期之後，中國航海者基本退出了印度洋，所以這幅圖實際畫出的區域已經沒有印度洋。如果我們把此圖稱爲東西洋航海圖，無法涵蓋唐、宋、元直到明初的西洋範圍，無法體現此前一千多年中國人在印度洋活躍的史實。如果以後再發現一幅類似的地圖，也要稱爲〈東西洋航海圖〉，則名字重複。而且這幅圖的時代已經很接近清代，清代中國人開始把東南亞稱爲南洋，東西洋的名字已經不大使用。清初有極爲類似的地圖，當時人稱爲〈東洋南洋海道圖〉，說明那時中國人已經不再稱道東西洋，而逐漸改用南洋一詞。所以，本書不傾向使用東西洋航海圖之名。

牛津大學收藏的這幅明末航海圖，長158釐米，寬96釐米，紙本彩繪。在古代，這已經是一幅很大的地圖了！中國古代的大型地圖不少，但是出自民間繪製的大型地圖不多。

元明時期成書的《海道經》中，有〈海道指南圖〉，僅畫出從寧波到遼東的航路，而且僅有地名，不畫航線。而宋元時期中國人的海船能夠直接開往印度洋多個地區，所以這幅〈海道指南圖〉不能反映中國人航海事業的全部成就。〈鄭和航海圖〉是中國古代最重要的一幅航海圖，但是因爲明初開始實行嚴厲的海禁制度，使得中國的航海事業走向衰落，鄭和下西洋不過是海禁的產物，雖然規模龐大，但是沒有開闢新航路，沒有促進中國航海事業的實際進步，本質上是用官營貿易取代民間貿易，實際上阻礙了中國東南民間海外貿易的發展。鄭和下西洋停止後，中國的航海事業再也沒有恢復到宋元時期的輝煌地位，中國人退出了印度洋，而此時正是葡萄牙人積極開拓新航路的時期，也是穆斯林積極促進東南亞皈依伊斯蘭教的時期，中國人在海上的嚴重退縮給歐洲文明和伊斯蘭文明留下了廣闊的發展空間。因此明代中期中國人不可能再畫出大型航海圖，在牛津大學這幅中國海圖發現之前，我們一直以爲明代中晚期僅有國內海域地圖，不知明末的中國人還畫過如此大幅的東方世界航海圖。

牛津大學這幅地圖的左側象徵性地畫出印度的古里（今印度卡利卡特），並寫有古里往阿丹（今葉門亞丁）、[佐]法爾（在今阿曼佐法爾省）、忽魯謨斯（今伊朗霍爾木茲）的針路，這些地方是鄭和下西洋航路的終點，說明此圖繼承了鄭和下西洋時期的航海圖及針路資料。鄭和下西洋前兩次最遠到達古里，第三次再從古里到達忽魯謨斯，第四次到第七次又到阿丹。跟隨鄭和下西洋的費信，在他的《星槎勝覽》自序概況：「一於永樂十三年，隨正使太監鄭和等，往榜葛剌諸番，直抵忽魯謨斯等國，開讀賞賜，至永樂十六年回京。」因爲鄭和下西洋的盛極而衰，中國人在明朝中期基本退出印度洋，導致此圖僅是象徵性地標出印度洋重要地名，其實畫的僅有東亞和東南亞。圖上的古里往佐法爾一句漏寫一字，可能是往、佐形近而誤。

此圖不同于中國傳統的長卷地圖，圖上畫出的東亞及東南亞地理極爲接近現代地圖，顯然是直接摹繪自歐洲地圖。但是圖上的地名與航線標注的針路完全出自中國傳統航海術，圖上所有航線的出發地在漳州、泉州附近海域，用一個黑點表示，所以作者應是閩南海商。但是作者究竟是何人，此圖究竟成於何時何地，學界曾有爭論。

清代康熙十八年（1679年），中國的天主教徒、南京人沈福宗跟隨比利時的耶穌會士柏應理（Philippe Couplet）去歐洲，1687年到訪英國，東方學家海德（Thomas Hyde）邀請沈福宗爲牛津大學的漢文圖書編目，沈福宗見到此圖，海德因而在圖上的漢文一些地名旁邊標有拉丁文翻譯。不過我們不清楚當時他們考訂地名的詳情，或許沒有重要進展，只是幫助外國人翻譯漢文地名。1705年，英國地理學者艾夢德·哈利（Edmond Halley）聲稱此圖製作不精確，此後這幅地圖逐漸爲人遺忘。

1935年，中國著名學者向達來到包德林圖書館，抄回兩部著名的明清航海指南：《順風相送》、《指南正法》。《順風相送》的祖本源自永樂年間鄭和下西洋時代或更早，《指南正法》雖然出自清初，其實也是明末材料。而且這兩部書和這幅明末漢文航海圖關係最爲緊密，圖上的地名、航線及航路文字說明其實基本能在這兩部針路簿中找到，這兩部書也是在1639年由勞德（William Laud）主教捐給牛津大學包德林圖書館，可惜向達先生沒有看到這幅地圖。

2008年1月，貝瑞葆重新發現這幅地圖。貝瑞葆認爲此圖的作者可能是李旦，繪製時間可能在1619年。英國海船伊莉莎白號（The Elizabeth）1620年8月在臺灣海域抓捕過一艘日本船，船上有葡萄牙導航員迭戈·費南德斯（Diego Fernandez）和兩個西班牙人神父佩德羅·曼力克（Pedro Manrique de Zuniga）和路易斯·弗洛雷士（Luis Flores），但是貨物主要是中國在平戶的大商人李旦所有，貝瑞葆認爲李旦的這幅航海圖可能在此時爲英國人劫掠。李旦早年在馬尼拉經商，後來移居日本，擁有龐大的船隊，遍佈東亞各地。李旦還幫助英國人在平戶首次建立商館，得到了英國人的大筆投資。圖上的呂宋、越南、日本的地名比較多，所以這幅圖的主人很可能是李旦。[1]

本書以爲，貝瑞葆的看法非常合理，不過明代的泉州港已經衰落，李旦也不是泉州城附近人。本文將揭示李旦是廈門附近人，廈門在1912年之前屬泉州府同安縣，所以李旦會被誤以爲是泉州城附近人。同安縣及南安縣最南部的鄭芝龍老家安海鎮一帶恰好在漳州河口的廈門灣，地理上與漳州一體，而明代取代泉州的恰好是漳州、廈門，明末的海商基本都出自漳州海口的海澄縣、同安縣、南安縣一帶。這一帶都是廈門灣的範圍，明末的海商主要出自新興的廈門灣而非衰落泉州灣。

加拿大明清史學者卜正民（Timothy Brook）爲這幅地圖寫了一部專著，但是因爲他不研究中國航海史，草作一書，所以錯誤太多。

卜正民此書的英文版開頭先說，他多年前離開中國，想帶本中國地圖走，但是被海關扣留。卜正民對此事很不滿，這段話在中國大陸中信出版社出版的漢譯本中被刪除。可是這個漢譯本未刪去卜正民緊接著的一個對比，他說美國國會圖書館2003年購入了1507年繪製的馬丁·瓦爾德澤米勒地圖，卜正民說那幅地圖示出了亞美利加（America），所以是美洲的出生證明，而這幅明代中國人畫的東方航海圖卻不能成爲中國對南海的「收養證明」！[2]本書認爲這幅明代閩南海商繪製的東方航海圖，雖然參考了歐洲地圖，但是主要顯示中國人數千年來使用的航線與地名，而且在很多地方修

1　Robert Batchelor, *The Selden Map Rediscovered：A Chinese Map of East Asian Shipping Routes,* c. 1619, Imago Mundi, 65:11,pp.37-63,2013.

2　[加]卜正民著、劉麗潔譯：《塞爾登的中國地圖》，中信出版社，2015年，第3—6頁。

正了歐洲地圖的錯誤，彰顯了中國人的地理發現與航海成就。

卜正民的書稱爲《塞爾登的中國地圖》，第一章講述謝爾登的生平，第二章講沈福宗，第三章講英國在日本的貿易，第五章講勞德，第七章講帕克斯。此書的副標題是《重返東方大航海時代》，可惜書中描寫航海的內容極少，而且很不深入。他在開頭說他在2008年2月看到這幅圖，然後才提到貝瑞葆，不提貝瑞葆更早看到這幅地圖！

卜正民此書對這幅地圖的內容錯誤百出。第16頁說獨豬山是海南島的最高山，其實獨豬山是今萬寧東南的大洲島，不在海南島上，也不高。因爲在航路要衝而畫出，不是因爲高而畫出。第111頁說廈門在19世紀才取代月港，極爲荒謬，月港在清初已經衰落，[3] 廈門在明末已經崛起，這是學界常識。張燮《東西洋考》說：「東西洋出擔門分路矣。」卜正民誤以爲擔門是堤門，說大擔島這是天然的防波堤，防止海水灌入漳州。其實擔門是大擔島兩側海域，大擔島在廈門島南面，從來不曾叫大堤。第112頁說圖上沒有月港，泉州、漳州都是出發點，泉州港在16世紀雖然地位下降，但是未被漳州取代，明代針經的起航地也是泉州，因爲這幅地圖的作者不是漳州人張燮，所以不必強調月港。其實這些問題毫無關係，而且卜正民的解釋全部錯誤，泉州在16世紀早已衰落，《順風相送》的起航地不是泉州。張燮是漳州人，但不是因此才強調家鄉月港，而是因爲明朝開禁之地就在月港，就是外地人來寫，也要強調月港。圖上的起航地不是漳州、泉州，而是廈門，我考證此圖作者是廈門人，

---

3 鄭寶恒：〈月港的興衰〉，《歷史地理》第十輯，上海人民出版社，1992年，第128—132頁。李金明：〈閩南文化與漳州月港的興衰〉，《南洋問題研究》2004年第3期。

詳見本書第四章第一節。第122頁又把圖上的化人譯爲shapeshifting foreigners，即變化的外國人，又說實質是指變化他人的人。其實圖上的化人就是佛狼機（Frangi）的閩南語音譯，指西班牙人，詳見本書第二章第二節。第122頁又把圖上右上角的化人解釋爲滿族、蒙古族。其實右上角的化人也是指西班牙人，詳見本書第五章第四節。

第125頁釋萬老高的語源爲Gamma Lamma，其實萬老高是馬魯古（Maluku）的閩南語音譯，元代人稱爲文魯古，詳見本書第二章第二節。第128頁說元代中國人未去古里之西，其實唐代中國人的航船已到古里之西的波斯灣。[4]第158頁認爲分野用於夜間航海，其實毫無關係。第162頁說此圖作者是先畫海路，再畫陸地，顯然不能成立。第165—166頁說此圖作者爲了欺騙世人而故意把南海東部的菲律賓群島與南海西部的中南半島拉大距離，此說不能成立，南海的放大是因爲中國人強調南海兩側的東西洋航路，詳見本書第一章第三節。第167頁把南澳氣譯爲South of Macao Wash，是把廣東的南澳島誤爲澳門之南，其實南澳氣是南澳崎之誤，詳見本書第一章第四節。此書每次引用圖上漢語音譯的海外地名，全要按照字面意思拆開解釋，但是這些漢語音譯地名顯然不能拆開解釋，所以毫無意義。[5]

卜正民在書中還說中國人從無比例尺，說張燮《東西洋考》是同時代中國唯一的南海航行書籍，這些錯誤說明卜正民對中國地理學史、海洋文明史知之甚少。同時代描寫南海航行的書籍很多，

4　周運中：《中國南洋古代交通史》，第201—202頁。

5　Timothy Brook, *Mr. Selden's Map of China*, New York: Bloomsbury Press, 2013.本處所列頁碼是英文版頁碼。

其中價值較高的書也不止《東西洋考》，比如慎懋賞《海國廣記》，再如《順風相送》、《指南正法》這類針經。卜正民把英國勞德主教送給牛津大學的《順風相送》、《指南正法》稱爲勞德的書，在正文連《順風相送》四個字也不提。卜正民說他讀了這部針經，發現記載的是鄭和的航線。這說明他未深入研究《順風相送》，《順風相送》序言雖然說最初的版本來自鄭和時代，但是實際內容則包括諸多明末的東洋航線。正因爲卜正民的這本書未深入研究明代的航海史，甚至未研究這幅地圖上的航線，而連篇累牘地敘述無關的故事，所以他的第八章結論竟說這幅地圖的作者熟悉西洋航線，對北洋和東洋航線有所瞭解。其實明代中國人唯有東西洋之分，不存在北洋航線。更重要的是，這幅地圖恰好在西洋航線犯了很多錯誤，而在東洋航線非常詳細，詳見本書第一章。卜正民的結論是，英國船長約翰·薩利斯（John Saris）在1609年把這幅地圖從萬丹回到英國，地圖作者是萬丹的華商，繪製時間很可能是1608年，所以顯示了荷蘭人1607年進入德爾納特島（萬老高），所以圖上的雅加達未用1619年才有荷蘭地名巴達維亞。這個推論不能成立，因爲萬丹在西洋航線，而這幅地圖的作者是東洋海商，所以圖上最詳細的地方是東洋的呂宋。這幅地圖所用的紙張經鑒定是日本紙，說明作者與日本關係密切。

卜正民提到的另一幅薩利斯帶到歐洲的中國地圖《皇明一統方輿備覽》，其實這幅圖與牛津大學這幅明末閩商航海圖毫無關係，不僅未畫中國以外的東亞部分，而且《皇明一統方輿備覽》中國部分也與牛津大學這幅明末閩商航海圖上的中國部分出自不同的來源。

戴衛斯探討了地圖上畫出的航海羅盤、尺子和上方的方框，他以爲方框用以確定方向，羅盤子午線恰好對準尺子的中點，羅盤半徑恰好等於尺子的宜春，尺子長度是羅盤半徑10倍，表示10更航程。[6]戴衛斯的看法非常有趣，說明這幅圖確實製作嚴謹。

在中國學界，林梅村先生說他在2009年就得知此圖，而錢江先生在2011年發表了第一篇中文相關論文，他認爲這幅圖出自一位明代中葉的閩南海商。[7]本人在2011年8月撰文，[8]提出此圖出自一位明末來往於東洋的閩南海商之手，因爲此圖右下角的萬老高（德爾納特）島上標出紅毛住、化人住，紅毛即荷蘭人，化人是閩南語對佛郎機的異譯，指西班牙人，而西班牙人和荷蘭人同時在德爾納特島築城對抗是在1610—1644年間，所以此圖繪製於明末。萬老高及菲律賓等地的東洋地名最詳細，特別是萬老高這個極小的島嶼居然標有荷蘭人、西班牙人的堡壘，而西洋地理多有錯誤，所以這幅地圖的作者可能主要來往於東洋經商。我另外指出《順風相送》詳於西洋，而《指南正法》詳於東洋，此圖與兩書關係密切。[9]

陳佳榮先生指出本圖在1621年荷蘭人佔據馬魯古群島之後，

---

6 Stephen Davies, *The Construction of the Selden Map: Some Conjectures*, *Imago Mundi*, 65:11, 2013.

7 錢江：〈一幅新近發現的明朝中葉彩繪航海圖〉，《海交史研究》2011年第1期。

8 我在2011年7月底參加澳門大學的「大航海時代的澳門、廣東與東南亞」國際學術會議，看到錢先生的論文，但是當時沒有看到其他人的論文。

9 周運中：〈牛津大學藏明末萬老高閩商航海圖研究〉，澳門《文化雜誌》中文版2013年夏季刊。此文寫成即發給我的博士導師復旦大學周振鶴教授、本科老師時任南京大學歷史系副教授楊曉春及陳佳榮先生，呈請指教，但是到2012年才投給澳門文化局的《文化雜誌》中文版，2013年夏才在此刊登出。

又未反映1624年荷蘭人入據臺南，所以本圖的編繪年代約在1624年。10今按荷蘭人進入馬魯古群島不始自1621年，但是本圖沒有在臺灣島標注紅毛，所以此圖編繪時間在1610—1624年之間。

郭育生、劉義傑先生認爲此圖繪製時間在萬曆三十年（1602年）之前，因爲圖上的沖繩島標注爲琉球國，而非大琉球，而1602年利瑪竇《坤輿萬國全圖》把臺灣標爲大琉球，把沖繩島標爲小琉球。[11]我認爲此說有誤，因爲沖繩群島的正式國名本來就是琉球，臺灣島既不隸屬琉球國，臺灣島上也沒有正式國家。所以不能根據琉球國的名字來斷定本圖年代，根據我的研究，直到萬曆六年，臺灣仍有小琉球的稱呼，萬曆中期以後，北港興起，人們慣用東番、北港等名字來指臺灣。[12]此後小琉球之名逐漸不用，本圖在1610年之後成圖，所以圖上自然沒有小琉球之名。

龔纓晏先生認爲此圖作於1607—1624年間，因爲荷蘭人在1607年在德爾納特島建造要塞。[13]我在前文說，1607年荷蘭人反攻，幫助新蘇丹建造Malayo要塞。1609年西班牙人、荷蘭人休戰，卽《東西洋考》所說二國休戰，各占美洛居一半。1609年荷蘭人在島上建造了Orange要塞，成爲東印度公司的首府。因爲我們不知圖上的紅毛住指的是荷蘭人幫助蘇丹建造的要塞還是荷蘭人自己建造的要塞，所以難以判斷上限是1607還是1609年。如果此圖在1609年

---

10 陳佳榮：〈〈明末疆里及漳泉航海通交圖〉編繪時間、特色及海外交通地名略析〉，《海交史研究》2011年第2期。

11 郭育生、劉義傑：〈〈東西洋航海圖〉成圖時間初探〉，《海交史研究》2011年第2期。

12 周運中：《臺灣古史新證》，廈門大學出版社，2015年。

13 龔纓晏：〈國外新近發現的一幅明代航海圖〉，《歷史研究》2012年第3期。

已經帶到英國，則可能是1607—1608年間所作。不過貝瑞荍認爲此圖在1620年之後才到英國，此點待考。

貝瑞荍提出牛津所藏航海圖上的中國部分，源自明代民間日用類書中的二十八星宿分野圖，他舉《新刊翰苑廣記補訂四民捷用學海群玉》爲例。卜正民也說到類似的《新刻天下四民便覽三台萬用正宗》與《圖書編》地圖。陳佳榮先生提出，《學海群玉》卷二《二十八星宿分野皇明各省輿地總圖》類似牛津這幅地圖的中國部分，而《學海群玉》在萬曆三十五年（1607年）刊行，則此圖不可能早於1607年。[14]

香港學者陳泳昌詳細梳理了明代的38部日用類書，對比其中的二十八星宿分野圖與牛津藏圖上的星宿分野，發現牛津藏圖最接近萬曆年間抄本《鼎鐫十二方家參訂萬事不求人博考全編》的分野圖，山東東昌府的分野都是房、心、畢、室、危，雲南有合慶府，應是鶴慶府，貴州有都匀府，河南有歸德府。而此書《地輿門》的四川僅有三個軍民府，鎮雄府升爲府，鎮雄府原爲芒部軍民府，嘉靖五年（1526年）改爲鎮雄府，萬曆三十七年（1609年）罷稱軍民府，牛津此圖中國部分的資料來源在1609年前，《鼎鐫十二方家參訂萬事不求人博考全編》刻工是福建建陽師儉堂蕭少渠。[15]牛津藏圖的作者是閩南人，所以很可能參考了建陽刻書的星宿分野圖。

14 陳佳榮：〈〈東西洋航海圖〉繪畫年代上限新證〉，《海交史研究》2013年第2期。

15 陳泳昌：〈由分野標記試論〈東西洋航海圖〉之成圖年代〉，2014年6月7日到8日，香港海事博物館學術研討會發表，收入香港海事博物館編：《明代海洋貿易、航海術和水下考古研究新進展：香港海事博物館國際會議論文集》，香港海事博物館、中華書局（香港）有限公司，2015年，第403—420頁。

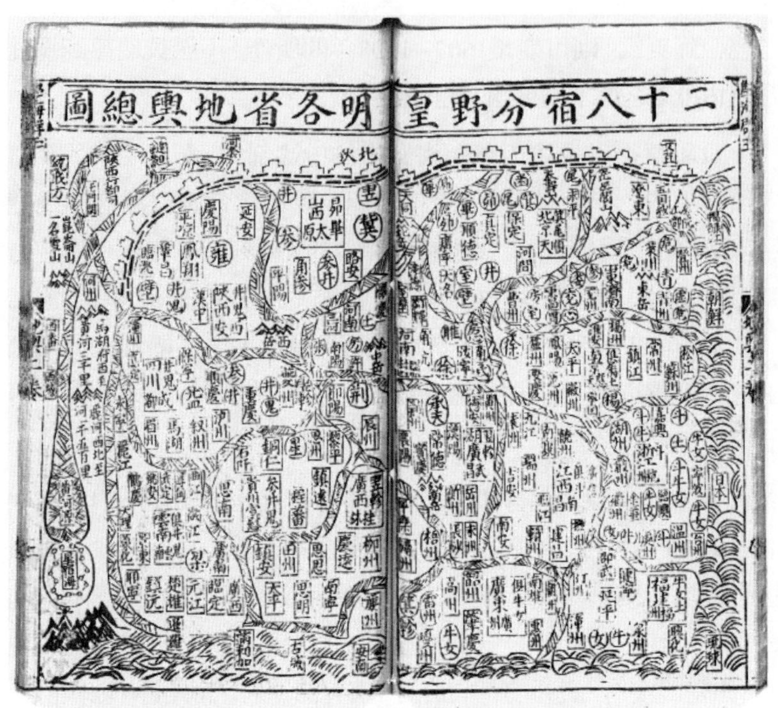

▲《學海群玉》卷二〈二十八星宿分野皇明各省輿地總圖〉

臺灣學者湯錦台在2013年出版的《閩南海上帝國》一書附錄討論了這幅地圖，他認爲這幅地圖以泉州爲起航地，作者不是較晚崛起的鄭芝龍，而是鄭芝龍的主人李旦。他認爲這幅圖晚於1619年，因爲圖上的順塔（萬丹）、咬留吧（巴達維亞、雅加達）並列，荷蘭人在1619年把東印度公司從安汶遷到此地。又認爲這幅地圖基本是中國人的原創，雖然歐洲地圖也會錯誤地在馬尼拉灣之南畫出狹長的海道，這幅地圖上也標注：「化人番在此港往來呂宋。」但這個錯誤不是抄襲歐洲地圖。圖上臺灣的加里林可能是臺南的佳里，北港原指臺灣西南海岸，17世紀又指臺灣北部。[16]他從咬留吧的興起考證地圖的繪製時代，非常合理。但是此圖的大陸地名繪製不精，起航地看似靠近泉州，其實不可能是明代早已衰落的泉州。加里林、北港的地點考證有誤，而且這幅圖其實不可能完全出自中國傳統地圖，而是參考了當時歐洲最新地圖。

林梅村之文晚到2013年才刊發，他認爲此圖很可能是鄭芝龍繪製，因爲年代正是鄭芝龍稱雄海上之時，所以他逕稱爲鄭芝龍航海圖。[17]但是我認爲此圖不太可能是鄭芝龍航海圖，因爲林先生沒有列出任何關鍵證據表明此圖與鄭芝龍有關，僅是從年代推定。林文沒有探究鄭芝龍的崛起史，鄭芝龍的崛起不可能早到1610年。鄭芝龍是在1625年才崛起，按照我上文所考的繪圖時間，則鄭芝龍崛起時，此圖可能早已繪出。江日昇《臺灣外記》卷一說：「天啓元年（1621年）辛酉，一官（鄭芝龍）年十八……潛往粵東香山澳，尋母舅黃程……天啓三年癸亥夏五月，程有白糖、奇楠、麝香、鹿皮，欲附李旭（李旦）船往日本，遣一官押去。」[18]可見鄭芝龍在1604年出生，1621年才從家鄉泉州府南安縣安海鎮下海，投奔香山澳（澳門）的母舅，1623年才爲母舅押船去日本。

義大利學者白蒂說：「鄭芝龍離開澳門後，似乎是先去菲律賓馬尼拉。」她的引文是《清史列傳·鄭芝龍傳》，[19]可是在《清史列

16 湯錦台：《閩南海上帝國》，如果出版事業股份有限公司，2013年，第210—223頁。

17 林梅村：〈〈鄭芝龍航海圖考〉——牛津大學博多利圖書館藏〈雪爾登中國地圖〉名實辯〉，《文物》2013年第9期。

18 [清]江日升《臺灣外記》，福建人民出版社，1983年，第3頁。

19 [義]白蒂著、莊國土、蘇子惺、聶德寧譯：《遠東國際舞臺上的風雲人物鄭成功》，廣西人民出版社，1997年，第18、31頁。

傳·鄭芝龍傳》中根本沒提此事，[20]不知她的證據從何而來。我們現在看不到任何史料提到鄭芝龍早年到過馬尼拉，鄭芝龍一生應該沒有到過馬尼拉。也有學者根據日本史料，認爲鄭芝龍生於萬曆二十三年（1595年），首次到日本在萬曆四十年（1612年），此時十八歲，不過證據薄弱，[21]比如說鄭芝龍既然能夠收服顏思齊部衆，則不應太年輕，其實所謂鄭芝龍收服顏思齊的傳說本來有所誇張，鄭芝龍不可能眞正命令顏思齊所有部衆，或許因爲鄭芝龍聰明英勇，經常由他出頭。海上的流動商業契約制社會不同於陸上的穩定農業宗法制社會，不太看重資歷。傳說鄭芝龍因爲擲珓獲勝才被推爲首領，這也很有可能。鄭芝龍在天啓元年（1628年）受撫，其部衆隨即瓦解，說明鄭芝龍對顏思齊的部衆沒有絕對權威，之所以一起作戰，不過是出於利益需要。至於所謂1656年鄭芝龍在北京被滿清囚禁審問，自稱：「我年事已高，無心作官。」其實才53歲，但是我們不能因此推測說他此時超過60歲，因爲此時鄭芝龍已被囚禁，無法作官，所以託辭年事已高。而且此說疑點很多：

1.如果鄭芝龍早在十八歲就到日本，日本的華人極多，幕府不太可能召見這個年輕人詢問外國事務。

2.鄭成功在天啓四年（1624年）出生，鄭芝龍不太可能晚到30歲才娶妻生子，鄭芝龍應在21歲生鄭成功。

3.如果鄭芝龍早在十六歲就下海去澳門，到了天啓年間已有十多年，早該成爲海上大商，但是他在天啓初年還是依附在李旦、顏

20 《清史列傳·鄭芝龍傳》，《鄭成功傳》，《臺灣文獻史料叢刊》第114冊，大通書局，1987年，第41頁。

21 張宗洽：〈鄭芝龍早年事蹟考辨〉，方友義主編：《鄭成功研究》，廈門大學出版社，1994年，第471—472頁。

思齊部下的小商人。

所以日本史料說鄭芝龍在壬子年來，可能是壬戌（1622年）之誤。所謂幕府向鄭芝龍詢問外國事務的傳說，可能也是鄭氏一族發跡之後的誇大。還有一種可能是義大利學者白蒂提出日本史料記載的幕府將軍召見的是一官，一官是閩南語通名，相當於北方話的老大，未必就是鄭芝龍，所以可能是壬子年來日本的另一個一官，被誤以爲是鄭芝龍。但是她還是認爲鄭芝龍是在1604年之前出生，1621年之前來日本，她的新證據僅有一條，就是鄭芝龍1629年給荷蘭人東印度公司總督雅可思·斯皮克斯（Jacques Specx）寫信說他們有長期友誼，斯皮克斯1609年在平戶建立商館，直到1621年擔任商館總監。[22]其實這條證據也未必成立，因爲鄭芝龍的信寫於1929年，即使是他1621年認識斯貝克斯，也能說長期友誼，畢竟這些話都是商場用語。

鄭芝龍第一次崛起是受到李旦賞識，又在李旦突然去世之後吞併了李旦的遺產。李旦是廈門附近人，康熙《詔安縣志》卷十二記載詔安人沈鈇〈上南撫臺移檄暹邏宣諭紅（裔）[夷]書〉說：

> 而游棍李旦，乃通（裔）[夷]許心素之流也，夙通日本，近結紅（裔）[夷]，茲以討私債而來，且祭祖為名目，突入廈門豈有好意？不過乘官禁販，密買絲綢，裝載發賣諸裔，並為番（裔）[夷]打聽消息者。

日本學者岩生成一考證，李旦是海上鉅賈，通曉多種外語，又

22 [義]白蒂著、莊國土、蘇子惺、聶德寧譯：《遠東國際舞臺上的風雲人物鄭成功》，廣西人民出版社，1997年，第22頁。

是天主教徒。早年在馬尼拉經商，17世紀初到日本，成爲華商首領。李旦的西文名字是Adn Dittas或Andrea Dittus，又名中國甲必丹。甲必丹（capitan）原指船長，演變爲西方人對華人首領的稱謂。1623年4月22日李旦從日本去臺灣，攜帶日本購買生絲的白銀14萬兩。6月16日，他要求以荷蘭人的名義去南澳島劫掠，被荷蘭人拒絕。7月24日回到日本，1624年1月3日又乘荷船到臺。1624年，荷蘭人佔據臺南，得到福建巡撫南居益的默認，李旦從中斡旋起了重要作用。經過李旦的心腹許心素等人收買副將俞咨皋，俞咨皋私自與荷蘭人簽約，同意荷蘭人佔據臺灣，於是荷蘭人退出澎湖。[23]

鄭芝龍跟隨李旦學習，爲他經營貿易。學界推測李旦推薦鄭芝龍任荷蘭東印度公司任職，鄭芝龍跟隨李旦從日本去臺灣。李旦在1624年7月回日本，8月12日在日本病死。鄭芝龍於是代爲處置李旦的財產，黃宗羲《賜姓始末》說：「初，芝龍之爲盜也，所居爲泉州之東石，其地濱海。有李習者往來日本，以商舶爲事，芝龍以父事之，習授芝龍萬金寄其妻子。會習死，芝龍幹沒之。」[24]李習卽李旦，又作李旭，旭、旦形近義同。鄭芝龍侵吞李旦資產得到外文史料佐證，李旦的兒子李國助曾經請求荷蘭人幫助他從鄭芝龍那裡討回其父的遺產。[25]鄭芝龍雖然有了李旦的部分錢產，畢竟沒有船隊，所以勢力還是很小。

鄭芝龍的第二次崛起是在臺灣島收編了顏思齊的部屬，鄭亦鄒《鄭成功傳》說：「數歲，芝龍與仲弟芝虎亡之顏思齊黨中爲盜。

---

23 楊彥傑：《荷據時代臺灣史》，江西人民出版社，1992年，第29—37頁。

24 [清]黃宗羲《賜姓始末》，《臺灣文獻史料叢刊》第114冊，第1頁。

25 陳碧笙：〈鄭芝龍的一生〉，福建省鄭成功研究學術討論會學術組編《鄭成功研究論集》，福建教育出版社，1984年，第150—154頁。

思齊，海澄人，居臺灣。一時群盜陳衷紀、楊六、楊七、劉香等皆出其門。衷紀，亦澄人，最桀驁，芝龍委身事焉。」[26]此時的鄭芝龍勢力很小，所以不僅臣服顏思齊，而且在顏思齊手下排名靠後。日本人川口長孺的《臺灣鄭氏紀事》說：「（元和）七年辛酉（明天啓元年），先是，南海盜起，海澄人顏振泉爲魁。至是，振泉稱日本甲螺，率我邊民占臺灣地……群盜陳衷紀、楊六、楊七、劉香、袁進、李忠等相共嘯聚。芝龍之臺灣……俄而劫得暹羅好貨四舡，芝龍分每艘半與九酋。九酋以芝龍所請得，不受，悉畀之。於是芝龍富甲十寨矣。及振泉死，九寨無所統……衆皆異之，俱推爲魁，縱橫海上。時則輦金還家，或以琉球外國貨，交易蘇、杭、兩京寶玩。沿海州縣，搶掠一空，以裕島中。」[27]鄭芝龍在顏思齊死後被推舉爲臺灣群盜首領，從此才有幾十條船。

1624年10月，李旦寫信給臺灣的荷蘭長官M. Sonck與Pedro China，Pedro China是一個中國人，李旦請他接待荷蘭人，這個這個商人在次年10月23日去世，繼任的荷蘭長官De Wit向巴達維亞（雅加達）總督報告，說此人是惡名昭彰的海盜，顏思齊正是死在1625年。所以荷蘭學者包樂史推測Pedro China就是顏思齊，他很可能也是天主教徒，所以有伊比利亞式的外文名字。

鄭芝龍的第三次崛起是利用了家鄉的大災荒，高汝栻的《皇明續紀三朝法傳全錄》說：乙丑年（天啓五年，1625年），顏死，芝龍遂領其衆……不意丁卯（1627年）春，據閩廣，截商粟，閩中薦饑

26 [清]鄭亦鄒《鄭成功傳》，《臺灣文獻史料叢刊》第114冊，第1頁。

27 [日]川口長孺：《臺灣鄭氏紀事》，《臺灣文獻史料叢刊》第115冊，大通書局，1987年，第3頁。

盼望，海米不至，於是欲米者往投之。七月間，又劫商夷船，勢浸大，其營黨謀攻廣東海豐嵌頭村以爲穴。芝龍乃入閩，泊於漳浦之白鎭，是爲（六）[七]年十二月也。」1626—1627年，泉州同安縣等地發生大饑荒，鄭芝龍阻攔米船入閩，很多貧民走投無路，只好出海投靠鄭芝龍。福州人董應舉的《崇相集》議二〈米禁〉說：「鄭芝龍之初起也，不過數十船耳。至丙寅而一百二十只，丁卯遂至七百，今並諸種賊計之船且千矣！」[28]可見1626年鄭芝龍才有120條船，次年猛增到700條。

陳仁錫的《無夢園初集》漫集二《紀三省海寇》說：「白沙湖則有楊祿，大灣港則有鄭芝龍，鼇海、鷺門之畔，則又有鍾六、周三輩横行海上，各噴鯨鯢之波，尋而劫奪商舶，尋而大獲番蚨，尋而拾得美官。」[29]大灣卽臺灣的異譯，說明鄭芝龍在世人眼中以活躍於臺灣著稱。鄭芝龍又在臺灣吞併顔思齊的部衆，首次有了大隊武裝，所以鄭芝龍對臺灣非常熟悉。

鄭芝龍時代的臺南已經叫臺灣，但是我們看到這幅地圖上的臺灣居然僅有兩個地名：北港、加里林。這兩個地名早在萬曆年間就有，北港在萬曆前期已經出現，萬曆三十年（1602年）隨沈有容東征臺灣的陳第著有《東番記》，《東番記》說：「東番夷人，不知所自始。居彭湖外洋海島中，起魍港、加老灣，歷大員、堯港、打狗嶼、小淡水、雙溪口、加哩林、沙巴里、大幫坑，皆其居也。斷續凡千餘里，種類甚蕃。」加哩林卽加里林，大員卽臺灣。

---

28 [明]董應舉：《崇相集》，《四庫禁毀書叢刊》編委會編：《四庫禁毀書叢刊》集部第102冊，北京出版社，1997年，第200頁。

29 [明]陳仁錫：《無夢園初集》，《續修四庫全書》編纂委員會編：《續修四庫全書》第1382冊，上海古籍出版社，2002年，第270頁。

臺灣是鄭芝龍發跡之處，陳第已經列舉了如此多的南臺灣地名，明代史書還有不少北臺灣地名。鄭芝龍的地圖上不可能僅僅在臺灣島畫出兩個地名，更不可能不標出臺灣這個地名。北港作爲臺灣南部的名稱，其實是萬曆年間的舊名，這個地名到了天啓年間卽逐漸爲臺灣這個新名取代，這也證明了此圖不會太早。卽使鄭芝龍從李旦處獲得這幅航海圖，也不可能早到1624年，所以這幅航海圖不可能是鄭芝龍。我們不知李旦是否曾久居於臺灣，似乎沒有資料證實此點。如果李旦不曾在臺灣久居，自然也不會在地圖上畫出很多臺灣地名。可見前人考證此圖時，因爲對臺灣史不熟悉，所以得出了一些錯誤結論。

林文提出的另一個旁證恰好不能證明此圖屬於鄭芝龍，林文說北京的中國國家博物館藏有一幅鄭芝龍題款的地圖，署名是南安伯鄭芝龍，則一定是在弘光元年（1644年）之後，林文也指出此圖毫無特別之處，不過是根據羅洪先的《廣輿圖·西南海夷圖》及明初的〈大明混一圖〉、〈混一疆里歷代國都之圖〉繪製，其實明初的這兩幅地圖也不是最早來源，〈西南海夷圖〉最早來源是元代地圖。如此陳腐的元代地圖，鄭芝龍居然在題款大發感慨說：「靡不詳載。」令我們懷疑鄭芝龍是否看過比較好的地圖，否則怎麼會對一幅陳舊的地圖大加讚美？

最近有英國諾丁漢大學的學者研究發現，牛津大學所藏這幅明末閩南航海圖的繪製顏料中用了來自阿拉伯的樹膠材料，這是中國畫中很罕見的材料，還發現綠顏料中使用了氯化銅，是東南亞的繪畫傳統而非中國或歐洲繪畫傳統。他們進而提出這幅圖是在蘇門答臘島西北角的亞齊製作，因爲亞齊是這幅圖上的最西端，有久遠的伊斯蘭文化傳統，還和中國有悠久的交往史，也是圖上用紅色圈出的六個港口之一，這六個港口可能是這幅圖的主人重點貿易地點。亞齊在18到19世紀有清晰的書畫傳統，但是缺乏17世紀的史料。[30]

我以爲這個分析非常有趣，但是結論則不能成立。因爲揚州考古發現了唐代的青花瓷，用了來自西亞的鈷料，元明兩代的青花瓷所用鈷料也來自西亞，燒制瓷器的人自然是中國人。西亞的材料被帶到東方，實屬正常，何況這幅圖已經晚到了明末，所以不能說這幅圖的作者就是西亞人或東南亞人。而且根據我的分析，這幅圖上的西洋部分錯誤遠遠超過東洋部分，東洋部分特別詳細，所以這幅圖的主人不可能是西洋商人。

而且圖上的亞齊，在同一個圈內寫的是：「蘇文達即亞齊。」蘇文達即蘇門答臘，也即鄭和下西洋時代中國人熟悉的蘇門答剌國，其實在今蘇門答臘島的薩馬朗加（Samalanga），而亞齊在今蘇門答臘島西北角的亞齊，不在一處。蘇門答剌衰落，亞齊才興起。1520—1524年，亞齊在聯合推翻葡萄牙人統治的戰爭中崛起，蘇門答臘島西北部諸多港口的貿易集中到了亞齊，這是東南亞海島地區唯一不受歐洲人統治的港口王國。[31]亞齊在宋代趙汝括的《諸蕃志》中，稱爲藍無里國，元代汪大淵的《島夷志略》稱爲喃巫哩，明代馬歡的《瀛涯勝覽》稱爲南浡里國。明末的中國人誤以爲亞齊和

30 Sotiria Kogou, Sarah Neate, Clare Coveney, Amanda Miles, David Boocock, Lucia Burgio, Chi Shing Cheung and Haida Liang, *The Origins of the Selden map of China: scientific analysis of the painting materials and techniques using a holistic approach, Heritage Science* , 4:28, 2016.

31 [澳大利亞]安東尼·瑞德著，孫來臣、李塔娜、吳小安譯：《東南亞的貿易時代》，北京商務印書館，2010年，第234頁。

蘇門答剌是一地，這說明這幅圖的作者不熟悉亞齊，也不可能是亞齊人。

這幅圖上畫紅圈的另外五個海港是順化（今越南順化）、大泥（今泰國北大年）、佛頭郎（今泰國高頭廊）、六坤（今泰國洛坤）、吉礁（今馬來西亞吉打），如果畫紅圈的原因是貿易重要地點，也不能成立，因爲其中四個在泰國和馬來西亞之間的地峽，不可能越過麻六甲海峽，突然跳到蘇門答臘島西北角的亞齊。這幅圖上僅有一條航線通往大泥，而有很多條航線通往馬來半島南部、麻六甲海峽和爪哇等地，說明大泥、佛頭郎、六坤等地不是最重要。

我們如果放大看，發現佛頭郎的頭字，有改動的筆跡，原來寫成了別的字，改成了頭字。再看六坤的坤字，其實是神字。說明作者很不熟悉這兩個地方，所以我不認爲這些地方是地圖主人的重要貿易地點。

▲ 亞齊部分放大圖

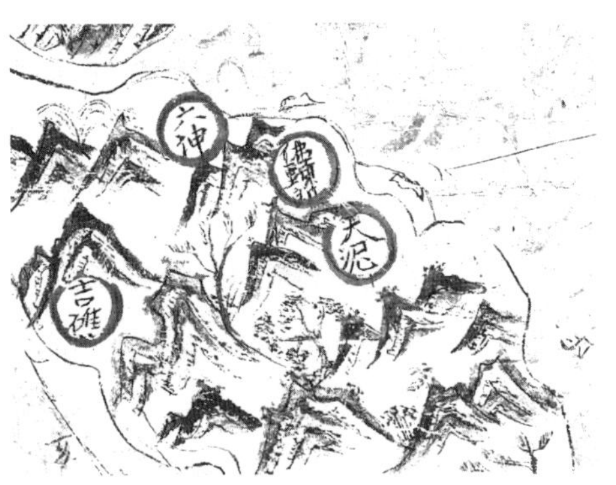

▲ 泰國、馬來西亞之間四個地名放大圖

第一章　中外地理知識融合

每個人見到這幅地圖，都會被圖上逼真的海陸輪廓所震驚。不難想到，這幅地圖顯然參考了當時的歐洲地圖。但是我們又能肯定這幅地圖的作者是中國人，於是我們又不禁疑問，這幅地圖難道僅僅是臨摹了一幅歐洲地圖嗎？難道這幅地圖中沒有中國傳統地理學的血脈嗎？

其實這幅地圖的每個地方都融入中國傳統航海知識，中國本土部分也全部源自中國地圖。前人往往強調這幅地圖對歐洲地圖的知識攝取，但是我發現這幅地圖上有很多中國人獨到的重大發明，而且有的發明甚至超過當時歐洲的地圖。

第一節　西方地理知識與地圖來源

這幅地圖在緬甸的位置標出古里（今印度卡利卡特，Calicut），旁注：「古里往阿丹國，去西北計用一百八十五更。古里往法兒國，去西北計用一百□□更。古里往忽魯謨斯，用乾針五更，用乾亥四十五更，用戌一百更，用辛戌一十五更，用子癸二十更，用辛酉五更，用亥十更，用乾亥三十，用單子五更。」

錢江先生認為此處記載和《順風相送》類似，只是比文字簡略。考慮到鄭和下西洋抵達忽魯謨斯，所以我們一般認為《順風相送》到忽魯謨斯的針路是鄭和下西洋所用，但是此圖誤標古里位置，從亞齊（蘇門答臘）到古里的針路也標錯了。圖上從亞齊出發，用壬子、辛戌、壬亥、亥、壬子，按照這個方向，到達的是緬甸，不是古里。〈鄭和航海圖〉是沒有統一方向的海陸對視圖，而這幅地圖顯然參考了現代測繪地圖。此前中國人繪製的世界地圖只有元代李澤民的〈聲教廣被圖〉和明初宮廷繪製的〈大明混一圖〉，〈聲教廣被圖〉已經散佚，但是從朝鮮人根據〈聲教廣被圖〉繪製的〈混一疆理歷代國都之圖〉中可以發現，〈聲教廣被圖〉的東南亞部分也不準確，只有一些很小的圓形表示島嶼，只是示意圖。〈大明混一圖〉也是這樣，說明中國人原來畫不出準確的東南亞地圖。

中國人雖然早已熟悉南洋航路，不過中國傳統航海圖多是類似〈鄭和航海圖〉那樣的針路地圖，是從海上看陸地的對視圖，是一種實用海圖，而非精確測繪的地圖。此圖與中國傳統海圖不同，此圖之所以能畫出大致準確的東亞和東南亞地圖，無疑是參考了西洋地圖。

因為這幅圖的底圖是西方地圖，所以圖上的朝鮮半島畫得極尖，我們看朝鮮人繪製的〈混一疆理歷代國都之圖〉，朝鮮半島最逼真，再看中國人繪製的〈大明混一圖〉，朝鮮半島也是方形，因為中國人也比較熟悉朝鮮半島。

西方地圖能大致準確地繪出呂宋島和爪哇島等地，要遲至16世紀晚期和17世紀初期，所以這幅中國地圖不會早於17世紀初期。這和《指南正法》的年代吻合，張崇根先生認為《指南正法》是十七世紀中期明清之際作品，因為其中大明、大清並存，有明鄭所定的思明、東都、王城等地名。[1]

這幅地圖在南海西北部標注：「萬里長沙似船帆樣。」外面的邊框確實是像船帆，其南又有萬里石塘，但是這四個字寫在一個很小的圓圈中，圓圈上方有一塊紅色，右邊又標注：「嶼紅色。」早期歐洲地圖在南海西部都畫出一個巨大的帕拉塞爾危險區，形狀恰好類似船帆，很多學者指出這幅地圖上的所謂萬里長沙似船帆，與歐洲地圖吻合。

但是有很多人誤以爲歐洲地圖的這種畫法來自中國地理學，其實正好相反。中國古代的南海諸島資料，從來沒說過類似船帆或畫成類似船帆，或類似形狀，歐洲地圖上的這種畫法是歐洲人的原創。〈鄭和航海圖〉上的石星石塘（西沙群島）畫得很大，萬生石塘（南沙群島）畫得很小，相差數十倍。石星、萬生都是萬里的形訛，石星石塘、萬生石塘就是萬里石塘，這是元代西沙、南沙地名趨同的結果。西沙群島因爲靠近廣東與海南，靠近鄭和航路，所以畫得很大。南沙群島遠離航路，所以畫得很小。〈鄭和航海圖〉的西沙群島不是船帆形，南沙群島畫成兩塊巨石，表明南沙群島的礁盤發育更高。

牛津大學這幅航海圖的中國作者看到了歐洲地圖上的這種畫法，誤以爲畫的是中國人所說的萬里長沙，於是寫出了萬里長沙似船帆樣這七個字。其實這是那位作者的個人一時誤解，萬里長沙是西沙群島，不是帕拉塞爾。

韓振華早已指出歐洲人畫的是帕拉塞爾，不是西沙群島，而是

---

1 張崇根：《關於〈兩種海道針經〉的著作年代》，中外關係史學會編《中外關係史論叢》第一輯，世界知識出版社，1985年。

越南人所說的長沙、黃沙。1522年葡萄牙人繪製的《世界地圖》已有長帶狀沙礁，一直持續到19世紀的地圖，才逐漸消除這種畫法。帕拉塞爾約從北緯17度向南延伸到10度，包括順安暗灘到平順海島一帶。

◀ 萬里長沙似船帆樣、萬里石塘、嶼紅色

早期歐洲人把西沙群島稱爲眼鏡灘，在地圖上區分明顯，畫在帕拉塞爾的東北部。帕拉塞爾從地圖上消失之後，才有人混淆了帕拉塞爾與眼鏡灘，誤把西沙群島稱爲帕拉塞爾。而越南又聲稱曾經佔有帕拉塞爾，所以擁有西沙群島主權，完全錯誤。[2]

2　韓振華：〈古「帕拉塞爾」考〉，《南海諸島史地論證》，香港大學亞洲研究

韓振華指出，越南人所說的黃沙在今越南李山島附近，中國人稱爲分水，明代黃衷的《海語》分水條說：

> 分水，在占城之外羅海中。沙嶼隱隱，如門限，延綿橫亙，不知其幾百里。巨浪拍天，異于常海。由馬鞍山，抵舊港，東注為諸番之路，西注為朱崖、儋耳之路。天地設險，以域華夷者也。由外羅，曆大佛靈，以至昆屯山。自朔至望，潮東旋而西。既望，至晦，即西旋而東。此又海中潮汐之變也。惟老於操舟者，乃能察而慎之。

占城的外羅山卽今越南的李山島，其東的分水有沙洲橫亙，無疑也在西方人所謂的帕拉塞爾危險區。韓振華解釋東注、西注爲兩條航行，東注是到東南亞的外溝航線，西注是指到占城的內溝航線。[3]但是黃衷明明說的是外國與海南島的兩條路，而非到外國的兩條路，所以此說有誤。而且注無疑指洋流，不能解釋爲航路。其實從今天的地理學來看，黃衷所說有誤，我們看今日的南海洋流圖就能知道分水一名的由來。夏季的南海盛行西南季風，所以洋流是從西南向東北流，而冬季的南海盛行東北季風，所以西部有來自中國大陸的沿岸寒流，從東北向西南流，但是冬季的南海中東部仍然是來自太平洋的北赤道暖流，從東向西流，所以冬季的南海有兩種方向的洋流。這兩種方向的洋流的分界線就在外羅山外海域，也卽帕拉塞爾地區，這才是分水的由來。由於中國人到東南亞一般選擇冬季北風之時，所以中國人對冬季的這兩種洋流非常清楚，這就是

中心，2003年，第375—438頁。

3 韓振華：〈南沙群島史地研究劄記〉，《南海諸島史地論證》，第214—215頁。

分水的眞相。但是黃衷從來沒有到過海外，他的《海語》主要是采輯他人之說。所以他說分水的位置正確，但是他解釋東注、西注有誤。西注指的是冬季南海東部的北赤道暖流，從東向西流，故名西注。東注指的是南海西部的東北季風漂流，因爲在越南北部海岸向西南流，所以稱爲東注。中國人的船南下，沿越南海岸東注的東北季風漂流，所以說東注爲諸番之路。而如果進入北赤道暖流，會被洋流沖回海南島，所以說西注爲朱崖、儋耳之路。東西洋航路因爲南海諸島的阻隔爲產生，但是分水則是因爲洋流而產生，二者不能混淆。

黃衷在《海語》卷下〈畏途〉說：

> 萬里石塘，在烏豬二洋之東。陰風晦景，不類人世。其產多砗磲，其鳥多鬼車九首者，四三首者，漫散海際，悲號之音，聒聒聞數里。雖愚夫悍卒，靡不慘顏沾襟者。舵師脫小失勢，誤落石汊數百軀，皆鬼錄矣。

> 萬里長沙，在萬里石塘東南，即西南夷之流沙河也。弱水出其南，風沙獵獵，晴日望之，如盛雪。舶誤沖其際，即膠不可脫，必幸東南風勁，乃免陷溺。[4]

黃衷此處誤把萬里石塘、萬里長沙顚倒，萬里長沙是西沙群島，萬里石塘是南沙群島，西沙群島靠近烏豬島（今臺山上川島東南的烏豬洲），所以萬里長沙在烏豬洋東南，萬里石塘在萬里長沙東南。黃衷記載的萬里長沙、萬里石塘與分水沙嶼的位置、內容都不同，說明分水沙嶼不是萬里長沙、萬里石塘。

4　[明]黃衷：《海語》，《影印文淵閣四庫全書》，第594冊，第131頁。

牛津大學這幅地圖的中國作者因爲不熟悉西洋航路，把海南島都畫得嚴重錯誤，所以他誤以爲歐洲人的帕拉塞爾是西沙群島，對他來說很正常。不過，其實他也作了認眞的研究，歐洲地圖上沒有區分西沙、南沙，但是他按照中國人傳統的地理知識，區分了萬里長沙、萬里石塘，而且認爲帕拉塞爾是西沙，不是南沙，所以又畫出了萬里石塘。因爲本書已經從很多地方論證牛津大學這幅航海圖的作者不是西洋海商，所以圖上西洋地理多有錯誤，所以我們不能因此說帕拉塞爾就是西沙群島。

所謂嶼紅色，指南沙群島的紅色珊瑚礁，地圖作者的知識來源可能是《順風相送》，此書的〈定潮水校章時候〉一篇說：「船若近外羅，對開貪東七更，船便是萬里石塘，內有紅石嶼不高。」[5]所以這幅地圖上的萬里石塘正對外羅山之東，說明牛津大學這幅地圖的作者在畫圖時一定參考了《順風相送》，這也與我們上文考證的結論吻合。

這幅圖的作者用西方和中國地圖作爲底圖，配上中國針路簿的文字。中國船民所用的傳統海圖就是我們在〈鄭和航海圖〉及章巽先生所藏清代古航海圖那樣的海圖，而此圖是中西結合的產物，所以具有極爲重要的意義。

牛津大學這幅航海圖的作者在繪製時參考了西方底圖，但是究竟是哪一幅西方底圖呢？

卜正民以爲是英國製圖家約翰·斯皮德（John Speed，1522—1629）的地圖，他在1612年出版了〈大不列顛全圖〉（*The Theatre of*

5 向達校注：《兩種海道針經》，第27頁。

the Empire of Great Britain），1627年出版了〈世界著名地區全覽〉（*The Prospect of the Most Famous Parts of the World*）。但此說不確，一是因爲斯皮德的世界地圖成書太晚，中國人不可能晚到1627年才繪製此圖。二是因爲兩幅圖乍看類似，其實有很多不同點：

1.斯皮德地圖是克拉地峽細而馬來半島粗，牛津大學這幅中國人的航海圖則恰好相反，而且粗細對比太大，地峽沒有任何地名，最北的地名是泰國的六坤（洛坤），以南地名較多，很可能是因爲此時的閩南海商熟悉洛坤以南，不去克拉地峽以北，所以把不熟悉的克拉地峽畫得很大。

2.斯皮德地圖的日本列島是東西走向，而中國人的這幅航海圖的日本列島是南北走向。

3.斯皮德地圖的菲律賓群島海岸極爲曲折，而中國人的這幅航海圖的菲律賓海岸很平滑，上文說過，作者熟悉菲律賓，如果他看到了斯皮德地圖，不可能不細畫菲律賓群島的海岸。

英國人地圖繪製技術原來不及葡萄牙人、西班牙人、法國人與荷蘭人，16世紀的英國海盜通過劫掠別國海船獲得更好的地圖，所以英國原來不出版著名的世界地圖，牛津大學這幅中國人的航海圖不太可能參考英國地圖。

馮錦榮先生提出此圖的西方地圖來源可能是一幅西班牙地圖〈中華帝國及其周邊王國及島嶼〉，這幅地圖現在收藏在香港科技大學，有學者認爲此圖繪製時間在1590年前後，此前的歐洲地圖大多把朝鮮半島畫成島嶼，此圖則畫成狹長的半島。[6] 1588年耶穌會

6　馮錦榮：〈十六世紀末至十七世紀初東亞海圖繪製史的一些看法〉，2014年6月7日到8日，香港海事博物館學術研討會發表，收入香港海事博物館

遠東區視察員范禮安（Alessandro Valignano，1539—1606）給耶穌會總會長阿貴委瓦神父（Claudio Acquaviva，1543—1615）的信中也有一幅名稱相同、內容相似的地圖，徐光台先生認爲耶穌會的這幅地圖是利瑪竇、羅明堅等人在中國手繪的地圖。[7]

不過我以爲牛津大學的這幅航海圖的來源，很可能也不是這幅地圖，因爲：

1.這幅地圖的內容僅顯示到加里曼丹島中部，蘇門答臘島、爪哇島、香料群島等地不全。

2.此圖的日本列島完全是東西走向，而牛津大學這幅航海圖上的日本則是南北走向。

3.此圖的馬來半島比克拉地峽粗，而牛津大學這幅航海圖則相反，馬來半島很細，克拉地峽很粗。

總之，二者差別不少，牛津大學這幅閩商航海圖的作者似乎不是直接參考這幅西班牙地圖。

牛津大學所藏這幅明末閩南商人繪製的航海圖，時間已在17世紀前期，此時西班牙人在海上的勢力已經沒落，讓位給新興的英國和荷蘭，特別是荷蘭人，掌握了當時最先進的政治制度、航海技術和海圖繪法。因此這幅地圖雖然也有可能參考西班牙人的地圖，但可能性不大，最有可能還是參考荷蘭人的地圖。關於這幅圖的中國作者和荷蘭人、英國人的密切關係，下文還有很多證據。總之，此

編：《明代海洋貿易、航海術和水下考古研究新進展：香港海事博物館國際會議論文集》，第64—87頁。

7 徐光台：〈羅明堅、利瑪竇和范禮安與16世紀末一幅耶穌會地圖〉，姚京明、郝雨凡主編《羅明堅〈中國地圖集〉學術研討會》，第148—188頁。

時在海上活躍的中國商人，既然有可能接觸到最先進的歐洲地圖，一定會參考更好的地圖而不會去參考不太好的西班牙地圖。

◀ 香港科技大學藏圖〈中華帝國及其周邊王國及島嶼〉

16世紀荷蘭的最著名的兩個製圖家是墨卡托（Gerardus Mercator，1512—1594）與奧特留斯（Abraham Ortelius，1527—1598），但是他們的系列地圖與牛津大學這幅航海圖的差距較大，表現在：

1.墨卡托、奧特留斯地圖上的菲律賓北部基本缺失，而牛津大學這幅航海圖上的菲律賓北部非常詳細。

2.墨卡托、奧特留斯地圖上的朝鮮基本缺失，而牛津大學這幅航海圖上的朝鮮非常醒目。

3.蘇門答臘島形狀不同，1612年的奧特留斯地圖的蘇門答臘島還近似矩形，1609年的洪迪烏斯地圖來自原來的墨卡托地圖，蘇門答臘島也是近似矩形。

4.爪哇島南部不清楚，1612年的奧特留斯地圖的爪哇南部不畫，墨卡托地圖的爪哇南部很大，也是因爲沒有準確的資料。

5.墨卡托地圖上的加里曼丹島是狹長的矩形，位置偏北，不及奧特留斯地圖，不合實情，牛津大學這幅航海圖上的加里曼丹島接近實情，形狀不同。

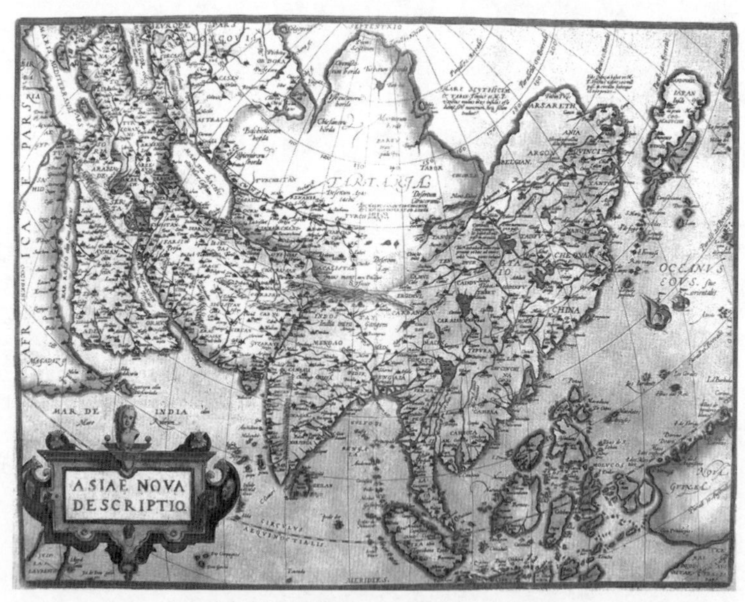

▲ 奧特留斯地圖集1612年版的亞洲地圖

◀ 墨卡托1595年世界地圖中的亞洲東部截圖

比他們稍晚的著名荷蘭地圖學家普蘭修（Petrus Palncius，1552—1622），1602年被委任爲荷蘭東印度公司製圖官。普蘭修1594年繪製的世界地圖、東南亞地圖與牛津大學這幅航海圖比較，也有很多不同：

1.巴拉望島面積偏大，位置偏北，牛津大學這幅地圖上的巴拉望島則被嚴重縮小

2.馬來半島有的地方比克拉地峽寬闊，但是牛津大學這幅地圖則正好相反，克拉地峽很寬，馬來半島很細。

3.長城之內的中國版圖，北部太細，而牛津大學這幅地圖上的中國版圖正好相反，北部寬，南部細。

馮錦榮先生指出，普蘭修1594年地圖把朝鮮半島畫成狹長的

半島，可能是受到〈中華帝國及其周邊王國及島嶼〉的影響。[8]此說可信，但是我們或許不能因此說牛津大學這幅漢文航海圖是直接參考了普蘭修的地圖，因爲普蘭修之後的地圖的朝鮮半島都是狹長的半島，所以牛津的這幅航海圖也可能是參考了更晚的地圖。

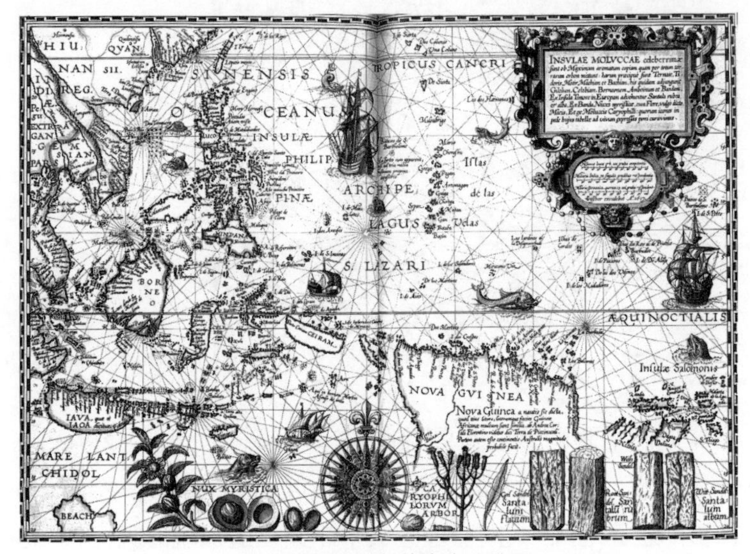

▲ 普蘭修1594年的東南亞地圖

荷蘭人林斯豪頓（Jan Huijgen van Linschoten，1562—1611）於1583—1587年跟隨葡萄牙大主教到印度果阿（Goa）工作，1592年回到家鄉，1595年荷蘭商人根據他掌握的資料，開闢了從荷蘭到東南亞的航線，滿載而歸。他在1596年出版的《東印度水路志》

8　馮錦榮：《耶穌會科學與16世紀晚期義大利天文、計時及測繪儀器——兼論羅明堅地圖集及佚名之〈中華帝國及其周邊王國及島嶼〉若干問題》，姚京明、郝雨凡主編《羅明堅〈中國地圖集〉學術研討會》，第262—291頁。

（Itinerario）第一編附有一幅東亞和東南亞海圖，全名是〈中國、交趾支那、柬埔寨、暹國、麻六甲、阿瓦、緬甸各國與其沿岸，還包括其沿岸大小島嶼、礁岩、沙汕、淺灘，按照葡萄牙舵手現時使用的正確海圖所繪製的眞實精確圖形〉，此書在歐洲影響巨大，1600年左右出版了拉丁文、英文、法文、德文等版。[9]

這幅地圖上的東方也與牛津大學這幅航海圖不同，表現在：

1.朝鮮半島是圓形島嶼，而且靠近中國海岸。

2.日本比牛津大學這幅地圖清晰，大致東西走向，方向不同。

3.臺灣島畫成三個小島。

4.蘇門答臘島是矩形，南部太寬。

總之，林斯豪頓的地圖與牛津大學的這幅航海圖的差距很大，所以二者可能沒有直接關係。

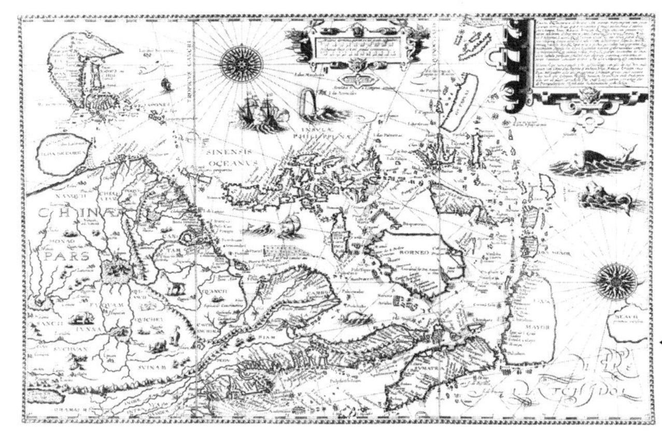

◀ 林斯豪頓《東印度水路志》地圖

9　鄭維中：《製作福爾摩沙——追尋西洋古書中的臺灣身影》，如果出版社、大雁文化事業股份有限公司2006年版，第28—35頁。呂理政、魏德文主編：《經緯福爾摩沙：16—19世紀西方繪製臺灣相關地圖》，南天書局有限公司2006年版，第64—65頁。

墨卡托的地圖集沒有獲得巨大利潤，所以他的孫子把圖版賣給了阿姆斯特丹的出版業洪迪烏斯（Hondius）家族，1606年，約多庫斯·洪迪烏斯（Jodocus Hondius，1563—1612）添加了另外37幅地圖，出版了新的地圖集，1607到1738年間出版了25個版本。[10]

我以爲牛津大學的這幅航海圖最接近洪迪烏斯的地圖，洪迪烏斯地圖集中的東南亞地圖與牛津大學這幅閩南海商繪製的航海圖的東南亞極爲相似，表現在以下六個方面：

1.朝鮮半島是狹長條狀，彌補了原來墨卡托地圖的不足，形狀接近牛津大學這圖上的朝鮮半島。

2.菲律賓北部補充了最新的資料，彌補了原來墨卡托地圖的不足，形狀接近牛津大學這圖上的菲律賓群島。

3. 蘇門答臘島也從矩形縮窄爲長條形，接近牛津大學這幅地圖上的蘇門答臘島。

4.爪哇島南部沒有邊界，但是總體上比較狹窄，不是圓形，形狀接近牛津大學這幅地圖上的爪哇島。

5.克拉地峽比馬來半島粗，越往南越細，形狀接近牛津大學這幅地圖上的克拉地峽與馬來半島。

6.海水波紋類似，牛津大學這幅航海圖的水波紋是罕見的豎波浪線，這種畫法不僅在中國傳統地圖中絕無僅有，在西方地圖中也不是通例。郭亮的《十七世紀歐洲與晚明地圖交流》第五章〈水紋〉專門研究地圖上的海水描繪，歐洲地圖上的海面，有的用空

10 [英]傑瑞米·哈伍德著，孫吉虹譯：《改變世界的100幅地圖》，北京三聯書店，2010年，第86頁。

白表示，有的用小點表示，有的用橫波浪線，有的用美術畫法。奧特留斯早期製作的〈佛蘭德斯地圖〉用密集的細線表示波浪的陰影，這是波浪的寫實畫法，但是他在《地球大觀》地圖集則全部採用小點表示海面。義大利科學家伊格納奇奧·但蒂（Egnazio Danti，1536—1586）在梵蒂岡地圖畫廊上所畫的地圖也用這種畫法，更加逼眞。1597年，佛蘭芒製圖家科內利斯·凡·韋特弗利特（Cornelis van Wytfliet，1555—1597）所作《古巴與牙買加》採用密集的短線表示波浪的陰影，圖上的波浪是豎條。[11]

歐洲地圖中，西班牙地圖〈中華帝國及其周邊王國及島嶼〉採用小點表示海面，普蘭修、林斯豪頓的地圖是用空白表示海面。洪迪烏斯早期製作的地圖採用小點表示海面，但是1606地圖集中的亞洲地圖則用寫實畫法，雖然線條較少，不很逼眞，但是構成明顯的豎波浪線。另有學者指出，這種海洋的描繪方法是洪迪烏斯地圖的特色。[12]因此，牛津大學這幅航海圖的作者摹繪洪迪烏斯這幅地圖時，便畫成更加簡單的豎波浪線。

11　郭亮：《十七世紀歐洲與晚明地圖交流》，商務印書館，2015年，第230—245頁。

12　[義]曼斯繆·奎尼、蜜雪兒·卡斯特諾威著，安金輝、蘇衛國譯：《天朝大國的景象——西方地圖中的中國》，華東師範大學出版社，2015年，第223頁。

▲1610年洪迪烏斯亞洲地圖的東方部分截圖

▲1606年洪迪烏斯地圖集的亞洲地圖

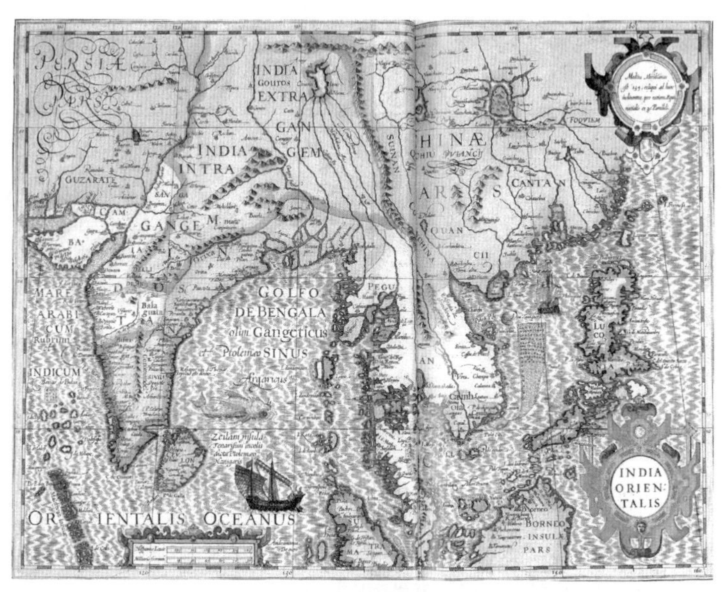

▲ 1606年洪迪烏斯地圖集的《東印度》

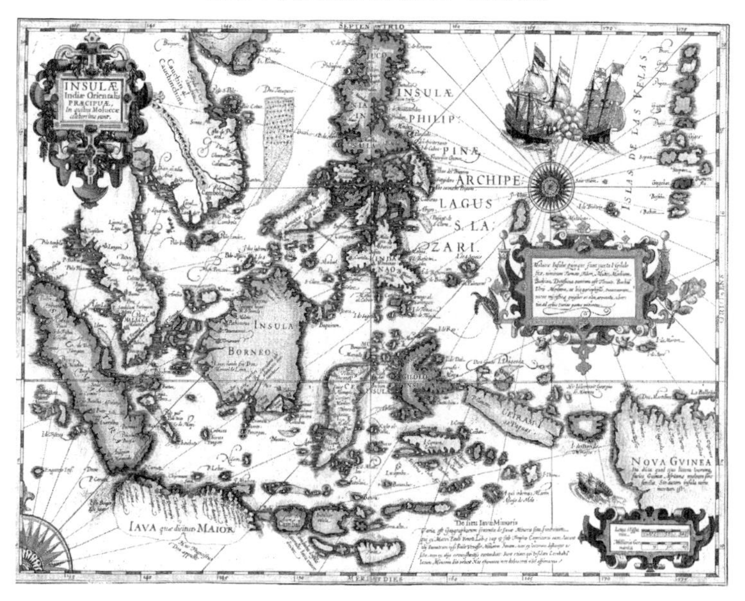

▲ 1606年洪迪烏斯地圖集的《東印度群島》

第二節　黃哇黎、呵難黎是英吉利、荷蘭

這幅地圖長城以北還有三個方框，長城以外的正上方有一方框內標注：「北韃在此。」北韃原指韃靼，明朝又指代所有蒙古人及女眞。

在北韃方框的左上角，也即全圖的最左上角，又有一個方框，框內標注：「黃哇黎番、呵難黎番俱在此後。」我認爲這兩族不是指蒙古或女眞人，否則就稱爲韃靼。

在北韃方框右上角，還有一個方框，框內標注：「化人番在此處。」閩南語的人讀爲lang，閩南語又把f讀成h，所以佛郎機（Frangi）的閩南語是hua-lang-gi，簡譯爲化人。粵語正好相反，化讀成fa，所以這幅圖的作者不可能是廣府人。粵語不把人讀成lang，所以作者一定是閩南人。

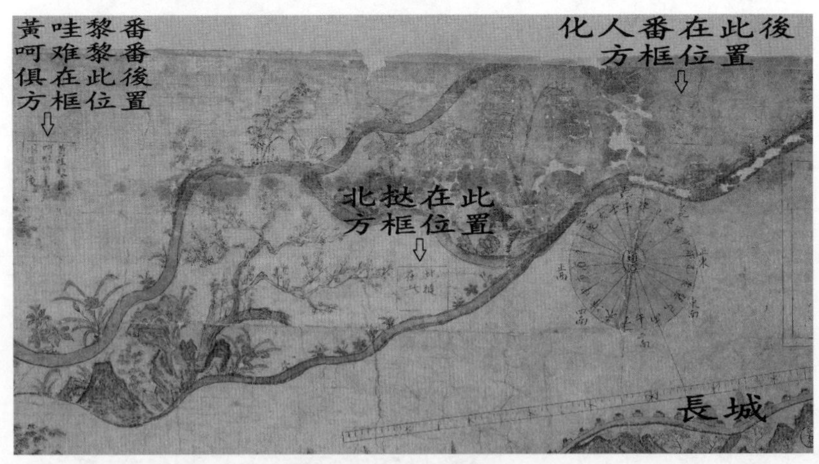

▲ 長城以北的三個方框的位置

◀左上角的方框：黃哇黎番、呵難黎番俱在此後

佛郎機原指法蘭克人，也卽法國人。因爲阿拉伯帝國的西北接壤法蘭克帝國，所以中世紀的阿拉伯人泛稱歐洲人爲佛郎機。明代首先從新航路到達東方的葡萄牙人和西班牙人，被阿拉伯人稱爲佛郎機，中國人也借用此名，此處的化人指佔據馬魯古群島的西班牙人。

我以爲，正如化人必須要用閩南語才能復原爲佛郎機，黃哇黎、呵難黎必須要用閩南語復原，閩南語的黃讀作ng，[13]古代翻譯外國名詞常加口部，所以哇讀爲圭，應是黃圭黎番，黃圭黎卽英吉利English，呵難黎番卽荷蘭。[14]

此圖作者知道從中國西北的陸路也能到歐洲，所以在圖上的左上角標注英國、荷蘭在此後。說明作者不僅知道荷蘭，還知道英國及這二國的準確位置。而荷蘭的兩個譯名呵難、紅毛，反映作者的知識有多重來源。

13　周長楫編纂：《廈門方言詞典》，江蘇教育出版社，1993年，第230頁。

14　2014年6月7日在香港海事博物館會議中，承蒙香港大學錢江教授提示，黃哇黎的黃字也有可能是英字之形訛，英哇黎即英圭黎。

◀右上角的方框：化人番在此處

圖上右上角寫的化人番，也可以理解。因爲本圖作者在呂宋島東部寫有：「化人番在此港，往來呂宋。」說明作者知曉西班牙人從太平洋之東的美洲到達呂宋，所以作者很可能在圖上的東北部標化人在此，表示從中國東北可以通往美洲西班牙的屬地。

李旦早年在菲律賓，熟悉西班牙人通過太平洋航路到馬尼拉。李旦又與荷蘭人、英國人關係密切，瞭解荷蘭、英國的位置，他很可能是這幅圖的作者，參考了荷蘭的地圖。

李旦在菲律賓活動時，地位還不是不高，所以不大可能獲得西班牙地圖。李旦與荷蘭人交往密切，所以他獲得最新的荷蘭地圖很正常。洪迪烏斯地圖集影響巨大，歐洲地圖更新很快，因此李旦在1610—1620年代最有可能獲得洪迪烏斯地圖，而非過時的16世紀地圖。下文還有很多證據，表明李旦等人與這幅地圖的密切關係。

1566年，荷蘭人開始反抗西班牙人的統治，反抗持續了80年。1580年，西班牙吞併葡萄牙，荷蘭人無法再使用葡萄牙人的海港，於是獨立開闢去東方的航路。1594、1595年，荷蘭人試圖開闢北冰洋航線失敗。1594年荷蘭人成立的遠方貿易公司（Compagnie van Verre）準備航行到萬丹。1596年荷蘭四艘船到了萬丹，1597年僅有三艘船回到荷蘭，倖存船員僅有三分之一，獲利不多，但是首次打通了東方航路。1600年，荷蘭人的六艘船開往中國，但是被葡萄牙人阻攔在澳門，殺死17名荷蘭水手。

1602年，荷蘭人的艦隊由韋麻郎（Wijbrant van Warwijck）率領，到了泰國的北大年，經過那裡的閩南商人引導，開往澎湖，試圖開通福建商路。但是總兵施德政和浯嶼水寨把總沈有容到澎湖驅逐荷蘭人，荷蘭人被迫離開，現在澎湖馬公鎮的媽祖廟內，還有一塊著名的沈有容諭退紅毛夷韋麻郎碑。

1622年（天啓二年）4月，荷蘭人的艦隊由賴爾森（C. Reijersen）率領，從巴達維亞（今雅加達）出發。6月，試圖攻佔澳門失敗。7月，轉到澎湖，強迫擄掠來的中國人建造城堡。不久又攻打閩南，福建巡撫商周祚奏報：「紅夷自六月入我彭湖……突駕五舟，犯我六敖……把總劉英用計沉其一艇，俘斬數十名。賊遂不敢復窺銅山，放舟外洋，拋泊舊浯嶼。此地離中左所，僅一潮水。中左爲同安、海澄門戶，洋商聚集於海澄，夷人垂涎。又因奸民勾引，蓄謀並力，遂犯中左，盤踞內港，無日不搏戰。」荷蘭人侵犯六敖（今漳浦縣六鼇鎮），佔據鼓浪嶼、圭嶼（今雞嶼），12月1日才離開。1623年（天啓三年）11月，新任福建巡撫南居益，指揮福建總兵謝弘儀等，在浯嶼用火攻打敗荷蘭人。1624年（天啓四年）2月，南居益開始指揮明軍圍攻澎湖的荷蘭城堡，荷蘭人通過商人李旦聯絡南居益，南居益要求荷蘭人離開澎湖。8月，荷蘭人被迫拆毀澎湖的城堡，轉而佔據臺灣，直到1661年鄭成功收復臺灣。[15]

現在浯嶼天妃宮內有萬曆三十一年（1603年）所立《重建天妃宮記》碑，正文記載萬曆二十九年沈有容率軍到南澳島東南的南澎列島追剿海盜之事。此碑上方，又有清代才補刻的兩行字：天啓元

15　楊彥傑：《荷據時代臺灣史》，江西人民出版社，1992年，第17—29頁。

年蒞吧夷、康熙丁丑復祖宮，記載天啓二年（1622年）荷蘭人侵犯浯嶼與康熙三十六年（1697年）恢復天妃宮之事。天啓元年荷蘭人到浯嶼不見於史載，可能是短暫停留，或是天啓二年之誤，可能因爲碑上這兩行字是康熙丁丑（三十六年，1697年）才補刻，已經過了75年，物是人非，所以記錯。[16]

▲ 漳州浯嶼《重建天妃宮記碑》上部

現在廈門島南部的鴻山寺大殿後，有一方摩崖石刻：「天啓二年十月二十六等日，欽差鎮守福建地方等處都督徐一鳴，督遊擊將軍趙頗坐營，陳天策率三營浙兵把總朱樑、王宗兆、李知綱等，到此攻剿紅夷。」

16　周運中：〈漳州浯嶼重建天妃宮碑所見明末清初閩南史〉，《元史及民族與邊疆研究集刊》第30輯，上海古籍出版社，2015年。

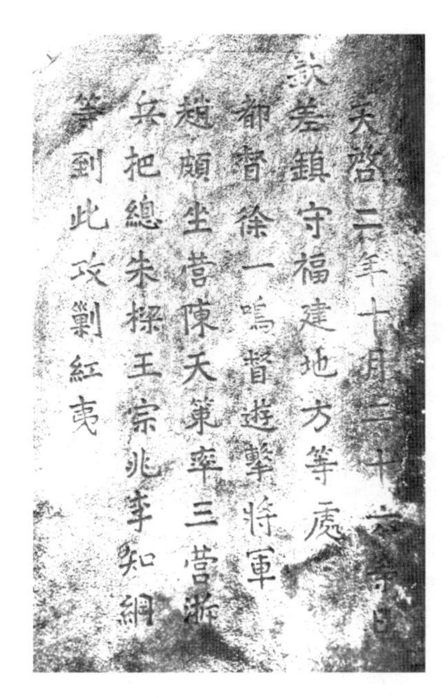

◀ 廈門鴻山天啓攻勦紅夷石刻

廈門白鹿洞寺高處有兩處摩崖石刻，一處是：「天啓癸亥年十一月廿日，廣陵朱一馮以督師勦夷至。」另一處是：「天啓癸亥冬，晉陽趙紓督征到此。」天啓三年（癸亥），朱一馮時任福建左參政，趙紓時任漳州府海防同知。

天啓三年（1623年）中國軍隊打敗荷蘭人的方法是火攻，似乎是中國人的發明，其實未必。池顯方說：「聞欲造快艇，募勁卒，焚夷艦。然艇宜百，以實火銃。商船宜數十，實以薪草。乘風突至，彼銃發上，不過擊我虛舟。發下，不能及我飛艇。交趾、郎機之征和蘭，皆用此法。」又說：「計夷之橫外國也，佛狼機能敵其炮，不能壞其艦。龍編能逐其艦，不能令其火。」[17]龍編是漢代交趾郡的一個

17　[明]池顯方撰、廈門市圖書館點校整理：《晃岩集》，廈門大學出版社，2009年，第256、433頁。

▲ 廈門白鹿洞的天啓督剿紅夷石刻

縣，在今越南河內東北，此處的龍編指代安南，佛狼機即西班牙人。說明中國人早已知道越南人、西班牙人攻打荷蘭船的方法，所以當時各國人在海上資訊交換量很大。我們現在不知明代人如何得到越南人、西班牙人攻打荷蘭人的方法，明代中外資訊交流很多不被史書記載。明代中國人對英國、荷蘭的瞭解，可能超出我們想像的情況。

第三節　中國人在這幅地圖上的八大發明

我們說牛津大學這幅地圖的海外部分的底圖主要來自歐洲地圖，不是說中國人沒有任何發明，相反，閩南海商在改繪歐洲地圖時融入了大量中國傳統因素，不少地方甚至超過歐洲人。除去中國傳統的針路與改繪的錯誤外，在海陸輪廓上也有很大不同。

中國人在這張地圖上的第一個重大發明是畫出了南沙群島與西沙群島，上文已經說過，早期歐洲人的地圖上只有帕拉塞爾，沒有南沙與西沙兩大群島，後來他們增加了西沙群島，但是仍然沒有南沙群島，但是中國人的這幅地圖上畫出了萬里石塘，也即南沙群島，這是因爲中國人熟悉南海諸島。

中國人在這張地圖上的第二個重大發明把臺灣畫成一個島，早於歐洲人。有學者開始看到的版本不清，以爲畫成兩個島。現在我們看到清晰的圖版，發現中間畫的是是一道山，不是海峽，所以是一個島。

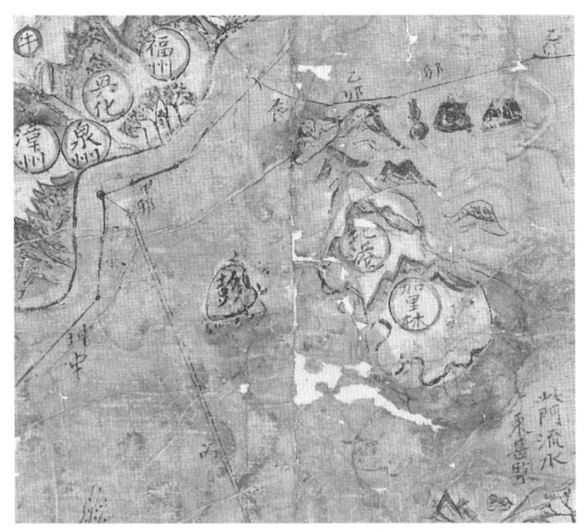

◀ 臺灣附近截圖

早期歐洲地圖把臺灣畫成三個島，有學者誤以爲明代中國人的地圖也把臺灣畫成兩個或三個島。其實明代〈福建海防圖〉畫出臺灣島西部的二十個地名，從到黃麻嶼（今黃尾嶼）到沙馬頭（今鵝鑾鼻），均勻分佈，我已有詳細考證。[18]說明中國人早已畫出詳確的臺灣地圖，不可能把臺灣畫成幾個島。

歐洲人首次把臺灣畫成一個島，現在已知的地圖，最早的是1597年西班牙人Hernando de los Rios的地圖，但是這幅地圖僅有少數西班牙官員獲知，沒有外傳。1624年荷蘭人佔據臺南，1625年開始環繞臺灣島測繪，荷蘭人雅各·諾德羅斯（Jocob Noordeloos）首次在荷蘭地圖中把臺灣畫成一個島。把臺灣畫成一個島的臺灣地圖爲中國人所知，時間更晚。牛津大學這幅航海圖不可能晚於1625年，所以這幅地圖把臺灣畫成一個島是中國人的獨立發明，不是來自歐洲地圖。

圖上臺灣僅有北港、加里林兩個地名，北港，前人多認爲在今雲林縣北港鎮與嘉義縣新港鎮之間，我認爲不確，因爲明代〈福建海防圖〉上的北港靠近大線頭和魍港，魍港在今臺南的北門鄉，大線頭是其西北部的沙洲，[19]則北港應在今嘉義的南部。而且顏思齊的墓在今嘉義東南，雲林北港的位置太偏北。早期漢人集中在臺南，逐漸向北開發，嘉義的南部正是鄰接臺南。北港是地名通名，很多地方都有北港，所以容易被誤解。

加里林應是屏東萬丹北部的加禮濫，源自原住民的加里濫社。林和濫的上古音都是來母談部lam，讀音相通。因爲萬丹在下淡水溪和東港溪之間的高地，所以成爲古代臺灣南部最重要的海港。下淡水溪在古代非常重要，明代陳第《東番記》記錄的臺灣南部

18 周運中：《明代〈福建海防圖〉臺灣地名考》，《國家航海》第十三輯，上海古籍出版社，第157—173頁。收入周運中：《正說臺灣古史》，第234—245頁。

19 周運中：《正說臺灣古史》，第240頁。

地名有小淡水、雙溪口，小淡水即下淡水溪，相對北部的上淡水而言，雙溪口是東港溪和林邊溪口。萬丹在下淡水溪的海口，是進入內陸的要道。現在屏東還有俗語說：「屏東古早是阿猴，萬丹街仔頭。」說屏東最初是阿猴社，市鎮在萬丹。我已考證隋煬帝大業六年（610年），陳稜率軍，從此地進入屏東的東部。[20]說明隋代的航路，有六朝的基礎。屏東縣的南部有原住民傀儡番，閩南語的傀儡和加里讀音相同，所以加里濫和傀儡番或許有關。

雖然圖上只有這兩個地名，但是這兩個地名最重要。明代〈福建海防圖〉是明代最詳細的臺灣地圖，南臺灣也有北港、魍港。魍港是閩南海商較早開闢的港口，圖上沒畫，可能因爲魍港此時衰落。

中國人在這張地圖上的第三大發明是在臺灣島的北部又畫出了八個小島，很可能就是現在臺灣島北部的彭佳嶼、棉花嶼、花瓶嶼、釣魚島、南小島、北小島、黃尾嶼、赤尾嶼，詳見本章第四節。

中國人的第四個重大發明是首次在大型航海圖上畫出了南澳氣，也即東沙群島與臺灣淺灘，詳見本章第五節。

中國人的第五大發明是南海的放大，早期歐洲地圖上的南海極爲狹窄，加里曼丹島北部與巴拉望島似乎緊貼越南，這個錯誤居然直到19世紀的歐洲地圖才被修正！而牛津大學這幅航海圖上的南海極爲開闊，所以很多學者說這幅地圖的中心是南海，既非中國，也非海外某國，這個看法有道理。卜正民也看到了這一點，但是他說這是地圖的作者故意耍的伎倆，爲了誤導對手。這個看法不對，這幅圖上的南海之所以被拉開，原因很簡單，因爲中國人傳統

20　周運中：〈夷洲與流求新考〉，《廈大史學》第四輯，廈門大學出版社，2013年。又見周運中：《正說臺灣古史》，第87—113頁。

的東西洋航路正是在南海的東西兩邊。因為中國人分開東西洋航路可以追溯到唐宋時期，歷史悠久，所以中國人特地把南海拉開，強調東西洋的分野。

中國人這樣畫圖其實比歐洲人還要精確，因為加里曼丹島最西端與越南的最東端基本不重合，而歐洲地圖上的加里曼丹島最西端與越南的最東端重合太多，其實不合實情。歐洲人之所以在這一點上不及中國人精確，是因為中國人最遲在宋代就開闢了從越南的南部直往南，經過加里曼丹島西部，航向爪哇的航線。南宋吳自牧《夢粱錄》卷一二〈江海戰艦〉說：「若欲泛外國買賣，則是泉州，便可出洋，迤邐過七洲洋，舟中則水，約有七十餘丈。若經昆侖、沙漠、蛇龍、烏豬等洋，神物多於此中行。」[21]昆侖即越南的昆侖島，蛇龍洋因為蛇龍山得名，是今納土納島東南的塞拉桑（Serasan）島。沙吳皮即沙湖嶼，應即塞拉桑島南面的Karang Sembuni，包括四個珊瑚礁，音譯為沙吳皮、沙湖，Karang是馬來語的礁石。宋人所說的沙漠洋即元人所說的沙磨洋，此名來自沙吳皮。沙吳皮一帶礁石很多，所以沙漠洋特別有名。[22]

因為這條經過加里曼丹島西部的航線基本是南北走向，所以中國人能夠發現加里曼丹島的最西端與越南的最東端基本不重合。而歐洲人不熟悉這一航路，葡萄牙人東來是從麻六甲海峽到越南再到中國，西班牙人則是從太平洋向西到菲律賓再到中國，他們的航線不以越南到爪哇的南北航路為主，所以很晚才糾正加里曼丹島與越南在經度上重合的錯誤。

21 周運中：《中國南洋古代交通史》，第336頁。

22 周運中：《鄭和下西洋新考》，第153—161頁。

中國人在這幅航海圖上第六個重大發明是泰國灣的輪廓，早期歐洲地圖上的泰國灣基本都是三角形，而中國人畫得這幅地圖上的泰國灣是長條形，其實中國人畫得更準確。因爲中國人比歐洲人更熟悉泰國灣，閩南海商活躍在泰國灣周圍，圖上畫出泰國灣頂端的暹羅國與泰國灣西南的六坤（洛坤）、佛頭郎（博他侖）、大泥（北大年）。

中國人在這幅航海圖上的第七個重大發明是琉球群島畫出很多島嶼，數量超過早期歐洲地圖。因爲中國人比歐洲人熟悉琉球國，福建海商最熟悉琉球，所以島嶼更多。又標注：「野故門水流甚緊。」野故卽屋久島，野故門是屋久島南面的海峽。

圖上琉球國所在的沖繩島畫得很大，比臺灣還大，因爲琉球是明朝扶持建立的藩屬國，所以明朝熟悉琉球，認爲琉球面積比臺灣大。所以明朝人稱臺灣爲小琉球，稱沖繩爲大琉球。洪武年間繪製的〈大明混一圖〉有大琉球、小琉球，建文四年（1402年）來中國的朝鮮使臣金士衡、李茂、李薈歸國之後與權近繪製了〈混一疆理歷代國都之圖〉，跋文說，此圖是根據蘇州人李澤民〈聲教廣被圖〉和台州人清浚〈混一疆理圖〉繪製，又由權近根據朝鮮的地圖增繪了朝鮮和日本部分，所以此圖的域外部分依據〈聲教廣被圖〉。雖然此圖的底圖是元代地圖，但更新了很多資訊。圖上的琉球國就是新資訊，畫得比小琉球大數十倍。羅洪先的〈廣輿圖〉本自對元代朱思本〈輿地圖〉的增廣，其中的〈東南海夷圖〉、〈西南海夷圖〉和〈混一疆理歷代國都之圖〉的域外部分同源，〈東南海夷圖〉的小琉球也比大琉球小。

牛津大學這幅中國人航海圖的第八個重大發明是巴拉望島的

位置，歐洲地圖上的巴拉望島位置往往偏北，因爲西班牙人首先到達菲律賓群島的東南部，所以熟悉巴拉望島的南部，而中國人從北方來，所以航線在巴拉望島的北部，不會把巴拉望島往北畫，而是畫在航線以南。

如果這幅圖的作者是李旦，則可以解釋這幅地圖上的諸多重大發明。因爲閩南人向來熟悉臺灣、沖繩，李旦也往來臺灣、沖繩。但是這幅圖最大的問題是把日本九州、本州畫成一個島，說明作者不熟悉日本地理。可能是因爲這幅圖作于李旦初到日本時，那時還不熟悉日本地理。

洪迪烏斯地圖集出版于17世紀初，而李旦到日本也是在17世紀初，時間接近。1609年荷蘭人在日本平戶設立商館，1613年英國人在平戶設立商館。英國到日本時，李旦已有很大勢力，所以才能幫助英國人設立商館，說明他此前與荷蘭人關係緊密。則李旦很可能在1613年之前就看到了荷蘭人的地圖，很可能就是洪迪烏斯地圖集。1619年，荷蘭東印度公司遷往巴達維亞（雅加達），荷蘭人與英國人聯合，在東方海域襲擊葡萄牙與西班牙海船。1621年，荷蘭人與西班牙人訂立的12年休戰條約到期，荷蘭人準備捲土重來。

這幅地圖上把黃哇黎（英國）、呵難黎（荷蘭）畫在一起，又把化人（西班牙）畫在另一角，正是因爲荷蘭與英國聯手對抗西班牙，所以作者以爲荷蘭、英國緊鄰，畫在一個方框內。

第四節　圖上的臺灣北方三島、龜山島與釣魚島列島

這幅地圖上在臺灣島北部畫出八個小島，這八個小島應是臺灣島的北方三島與釣魚島列島。因爲我們看到這八個小島可以分爲

三組，左邊四個是一組，右邊兩個是一組，中間兩個是一組，但是中間這一組的兩個小島明顯很小，這兩個很小的島正是對應釣魚島東南的兩個較小的南小島、北小島。

左邊的四個是臺灣北方三島及釣魚島，臺灣北方三島由近及遠是花瓶嶼、棉花嶼、彭佳嶼。

花瓶嶼位於東經121度56分，北緯25度25分，在基隆港東北約38千米，面積約0.03平方千米，主島東西長約176米，寬約80米，最海拔51米。

棉花嶼位於東經122度6分，北緯25度29分，在基隆港東北約39千米，東西長約300米，南北長約400米，面積0.13平方千米，最高海拔61米。

彭佳嶼位於北緯25度37分、東經122度04分，在基隆港東北約56公里。海岸線約4300米，面積約1.14平方千米，最高海拔142米。彭佳嶼是北方三島唯一住人島嶼，有人說此島因爲彭姓得名，此說不能成立，也沒有史料根據。彭是閩南小姓，不太可能先發現此島。彭佳嶼或許本指瓶架，因爲花瓶嶼聳立如花瓶，而彭佳嶼地形平坦，所以組成合成地名。或許來自南島語艋舺banga，讀音很近。

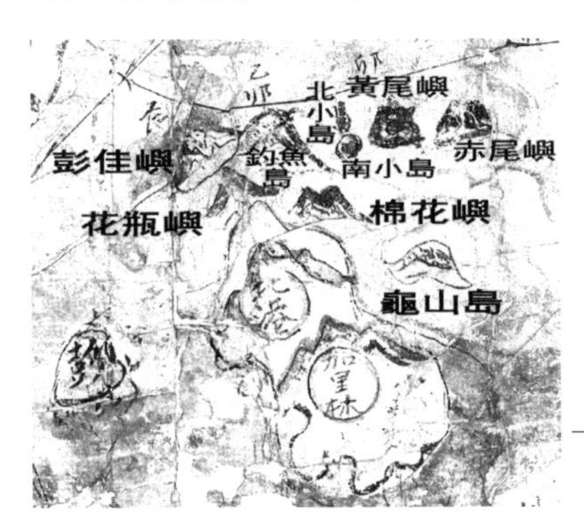

◀ 圖上臺灣北方三島與釣魚島列島截圖[1]

1　圖上的黑體字是我添加，說明地名。

圖上臺灣北方三島，從上到下依次是彭佳嶼、花瓶嶼、棉花嶼，唯一美中不足的是把棉花嶼畫到了東南部，其實是在花瓶嶼的東北部。因爲棉花嶼偏東，所以航路不經過棉花嶼，作者又要詳細畫出這八個島，圖上沒有地方，所以把不在航道上的棉花嶼畫到了東南部。

花瓶嶼是一個尖高的石島，四周都是陡峭岩壁，船舶無法靠岸，所以圖上畫得很尖。棉花嶼、彭佳嶼較平，所以圖上畫得較平。彭佳嶼最高大，所以圖上的彭佳嶼畫得最高大。

臺灣北方三島，不僅有生態與經濟價値，還是臺灣島北方門戶，具有重要的戰略地位。臺灣北方三島屬於基隆市中正區，是臺灣省不可分割的一部分。從臺灣北方三島向東航行，先到釣魚島，再到北小島與南小島，所以圖上把臺灣北方三島與釣魚島畫在一起。

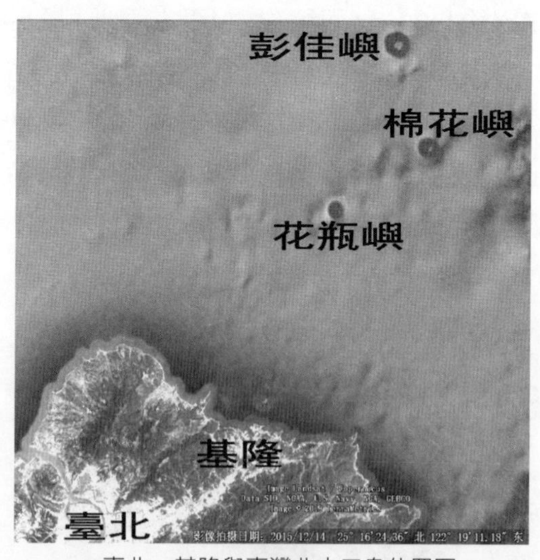

▲臺北、基隆與臺灣北方三島位置圖

圖上棉花嶼東南，臺灣島東部，還有一個島，恰似龜形，正是今臺灣宜蘭東部的龜山島，龜山島遠望極似龜形，因而得名。龜山島距離臺灣島僅有10千米，所以非常顯著。龜山島在地形上分爲龜頭、龜甲、龜尾三部分，龜頭在東，龜尾在西，圖上恰好是龜尾、龜尾翹起，而且左邊的龜尾很尖，右邊的龜頭較圓，惟妙惟肖，極爲逼眞，所以這幅圖的作者一定非常熟悉臺灣周邊島嶼。

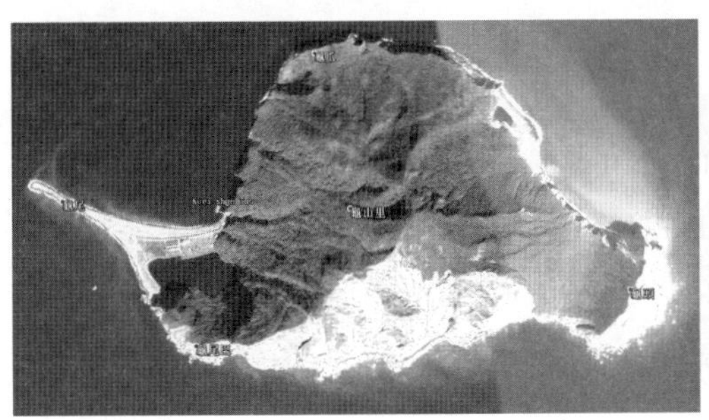

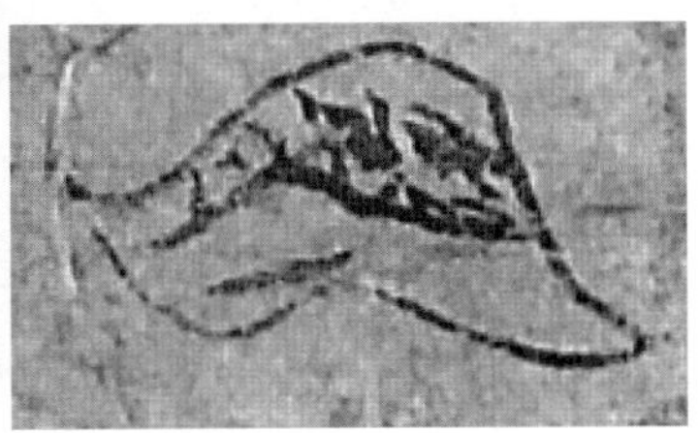

▲ 龜山島的衛星照片與圖上的龜山島

圖上靠近北小島與南小島的釣魚島明顯比臺灣北方三島大，因爲釣魚島面積是3.91平方千米，[23]比臺灣北方三島合計面積還大，所以圖上把釣魚島的面積畫得完全正確。

北小島面積是0.33平方千米，南小島面積是0.45平方千米，[24]所以圖上畫得很小。不僅如此，圖上還把北小島畫成接近矩形，南部稍寬，北部稍窄，完全符合北小島的實際形狀。圖上還把南小島畫成圓形，因爲南小島正是橢圓形，所以這幅圖畫得很準確。南小島

23　國家海洋局：《中國釣魚島地名冊》，北京：海洋出版社，2012年，第3頁。

24　國家海洋局：《中國釣魚島地名冊》，第15、19頁。

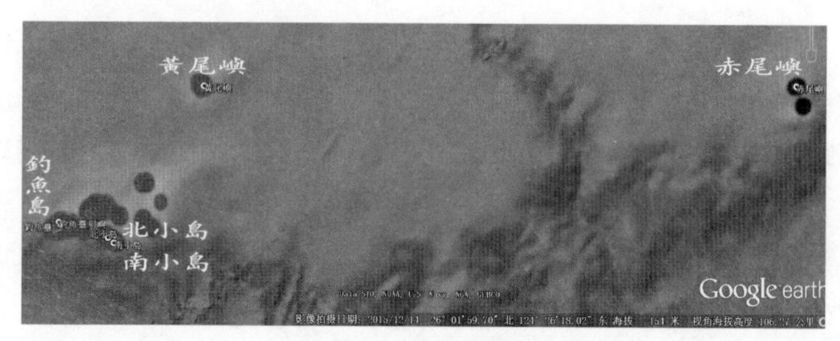

▲釣魚島列島[25]

與北小島之間有一個海峽，長約150米，寬約200米，稱爲橄欖門。[26]南北小島其實距離很近，所以並稱。所以圖上把兩個小島之間的海峽畫得很窄，因爲釣魚島列島是中國領土，中國人自古以來熟悉這些島嶼，所以能畫得很準確。

釣魚島東北先到黃尾嶼，再到赤尾嶼，黃尾嶼在釣魚島東北27千米，面積0.91平方千米，赤尾嶼在釣魚島東北110千米，面積0.065平方千米。[27]這兩個島的面積不及釣魚島，所以圖上畫得比釣魚島小。

至於釣魚島東部的北嶼、南嶼、飛嶼因爲太小，所以沒有畫出，北嶼僅有0.02平方千米，南嶼僅有0.007平方千米，飛嶼僅有0.001平方千米。[28]因爲這三個嶼更小，所以稱嶼，不稱島。

據我所知，這幅明代閩南商人繪製的大型航海圖是全世界第一幅完全畫出臺灣北方三島與釣魚島列島五大主島的地圖，而且

25　國家海洋局：《中國釣魚島地名冊》，第1頁。
26　國家海洋局：《中國釣魚島地名冊》，第16頁。
27　國家海洋局：《中國釣魚島地名冊》，第9、12頁。
28　國家海洋局：《中國釣魚島地名冊》，第22、25頁。

◄ 北小島與南小島地圖[29]

很多地方畫得非常準確，這就證明中國人最早繪製了這些島嶼的詳細地圖。因爲這幅圖的作者是閩南海商，所以能畫得如此準確。

第五節　圖上的東沙群島與黃岩島

牛津大學這幅航海圖還有一個很顯著的特徵，就是畫出了南澳氣，即東沙群島。圖上的南澳氣，外形渾圓，中間標注其名，東北有長尾，左下方似乎還畫了一個島。這個圓圈無疑是東沙環礁，因爲東沙環礁是圓形。東沙島在環礁西部，圖上左下方的小島如果不是筆誤的墨蹟，似乎就是東沙島。可能是作者根據的地圖方向有誤，所以畫在西南方。

美國耶魯大學收藏的一套清代航海圖，是鴉片戰爭時期外國軍艦從中國海船上掠奪的實用航海圖，[30]這套圖上的南澳氣，畫出了東沙島與環礁，東沙島也在西南，說明這種畫法有根據。這套圖

29　星球地圖出版社：《中華人民共和國釣魚島及其附屬島嶼地圖》，星球地圖出版社，2012年。

30　李弘祺：〈美國耶魯大學珍藏的古中國航海圖〉，《中國史研究動態》1997年第8期。

上的東沙環礁畫出了西北與西南的口門，標注：「中門可過船，流蓋多水，甚急。」圖上的東沙島與其左上方的礁石畫成灰色，東部的環礁畫成白色，東沙島標注南澳氣三字，其實應該與其左上方的礁石連接。

這幅圖上南澳氣下有文字：「南澳氣有三嶼，具有樹木。東有澳拖尾，似萬里長沙樣。過南看一湖，甚好拋船，是泥地。若見此山，可以過航，鬚子細。西北有沉礁，東北有沙壇，似萬里長沙，東北拖尾。若對東去，水盡流東，可轉回，看此山。用乾戌針十更，停是大星針。氣是乾造過巽有四更船，長橫闊，是寅申有二更遠。」

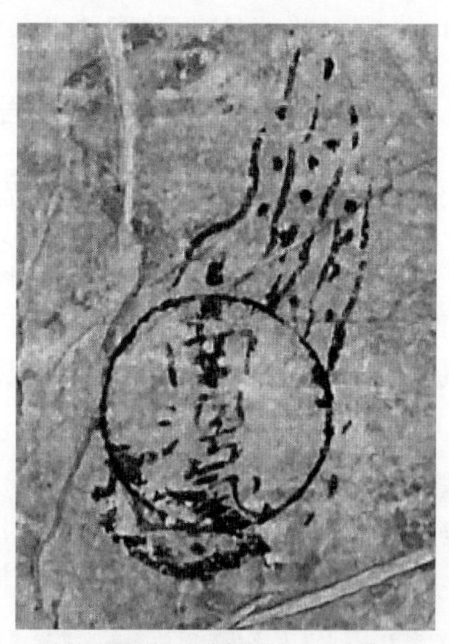

▲牛津大學明末閩商航海圖上的南澳氣

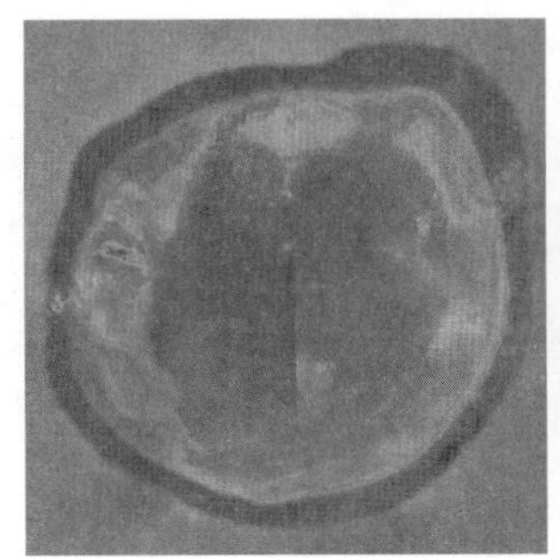

▲東沙環礁與東沙島

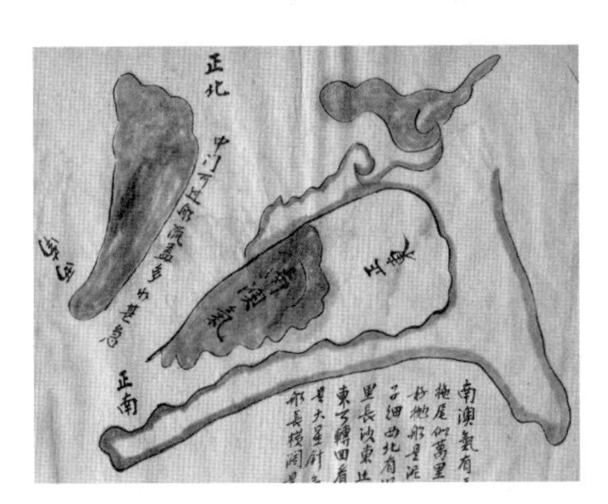

▲耶魯藏清代航海圖的南澳氣

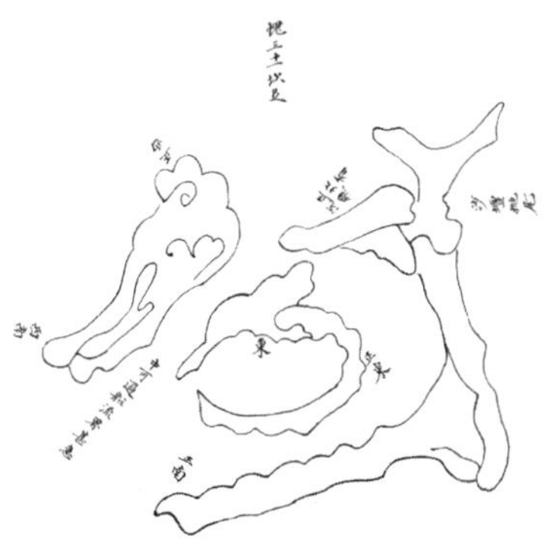

▲章巽藏清代航海圖的南澳氣

《指南正法》的〈南澳氣〉一條說：

南澳有一條水嶼，俱各有樹木。東邊有一個嶼仔，有沙灣拖尾，看似萬里長沙樣。近看南勢有一灣，可拋舡，是泥地，若遇此山可防。西南邊，流界甚急。其中門後，急可過舡。西北邊有沉礁，東北邊有沙坡，看似萬里長沙，拖尾在東勢，流水盡皆拖東，可記可記。若見此山，用乾戌使朧，是大星。[31]

這段話與耶魯所藏清代海圖極爲類似，此處一條水嶼卽所謂有三嶼，指東沙島原由三塊組成，東部主島及西北、西南的沙堤。所謂東有澳拖尾，似萬里長沙樣，指東沙島東部的環礁。過南看一湖，甚好拋船，是泥地，指的是環礁內的海灣。又說西北有沉礁，東北有沙壇，似萬里長沙，東北拖尾。西北的沉礁卽南衛灘、北衛灘，在東沙島西北45海里處。東北的沙壇，其實是指南澳氣東北的臺灣淺灘，東西長約250千米，南北最寬約130千米，面積約8800平方千米。南北衛灘與臺灣淺灘都被看成是南澳氣的一部分，臺灣淺灘的水深低於40米，屬於淹沒的水下丘陵，最淺的地方只有10米，低潮時有的地方甚至可以露出水面，長度超過200里，[32]此處把東北的沙壇看成是與我此前的論證完全吻合。

復旦大學教授章巽1956年春在上海來青閣書店舊書堆撿出一套清代航海圖，店員云係從浙江吳興購得。此圖有69幅，內容北到遼東，南到廣東，其實就是耶魯這套航海圖的同源地圖。圖上的南澳氣極爲類似，但是東北多出沙壇拋尾四個字，應是沙壇拖尾之形訛。

清代兩種航海圖上的南澳氣東北的沙壇拖尾正是三角形，耶魯藏圖的沙壇拖尾還用了灰色，牛津大學藏圖的南澳氣東北的尾巴也是三角形，極爲類似，都是指臺灣淺灘。

陳倫炯的《海國聞見錄·南澳氣》說：

31 向達校注：《兩種海道針經》，北京：中華書局，2000年，第121—122頁。

32 戴昌鳳：《臺灣的海洋》，臺北：遠足文化事業股份有限公司，2003年，第35頁。

南澳氣，居南澳之東南。嶼小而平，四面掛腳，皆嶁岵石。底生水草，長丈餘。灣有沙洲，吸四面之流，船不可到。入溜，則吸擱不能返。隔南澳水程七更，古為落漈。北浮沉皆沙垠，約長二百里，計水程三更餘。盡北處有兩山：名曰東獅象，與臺灣沙馬崎對峙。隔洋闊四更，洋名沙馬崎頭門。氣懸海中，南續沙垠，至粵海，為萬里長沙頭。南隔斷一洋，名曰長沙門。又從南首復生沙垠，至瓊海萬州，曰萬里長沙。沙之南又生嶁岵石，至七州洋，名曰千里石塘。長沙一門，西北與南澳、西南與平海之大星鼎足三峙。長沙門，南北約闊五更。廣之番舶、洋艘往東南洋呂宋、汶萊、蘇祿等國者，皆從長沙門而出。北風以南澳為准,南風以大星為准。惟江、浙、閩省往東南洋者，從臺灣沙馬崎頭門過，而至呂宋諸國。西洋呷板，從昆侖七州洋東、萬里長沙外，過沙馬崎頭門而至閩、浙、日本，以取弓弦直洋。中國往南洋者，以萬里長沙之外渺茫無所取准，皆從沙內粵洋而至七州洋。此亦山川地脈聯續之氣，而于汪洋之中以限海國也。沙有海鳥，大小不同，少見人，遇舟飛宿，人捉不識懼，搏其背吐魚蝦以為羹。

前人多以爲南澳氣特指東沙群島，我已從方向、里程、北部沙垠長二百里、沙馬崎（鵝鑾鼻）對峙、西南是大星尖這五個方面論證了南澳氣其實還包括臺灣淺灘。[33]

臺灣淺灘在南澳島與東沙群島之間，所以被看成是連接二者的地脈，正是因爲有了臺灣淺灘這條地脈，所以東沙群島被稱爲南澳氣，也卽南澳島向南延伸的崎頭。崎是閩南語常見地名，潮汕說

33　周運中：《南澳氣、萬里長沙與萬里石塘新考》，《海交史研究》2013年第1期。又見周運中：《中國南洋古代交通史》，第315—325頁。

閩南話，崎訛爲氣。元代汪大淵《島夷志略》之〈萬里石塘〉說：

> 石塘之骨，由潮州而生，迤邐如長蛇，橫亙海中，越海諸國。俗云萬里石塘，以余推之，豈止萬里而已哉？舶由玳嶼門，掛四帆，乘風破浪，海上若飛，至西洋，或百日之外。以一日一夜行百里計之，萬里曾不足，故源其地脈，歷歷可考，一脈至爪哇，一脈至勃泥及古里地悶，一脈至西洋，極昆侖之地。

汪大淵說萬里石塘的地脈由潮州生出，其實就是指南澳島向南延伸到南澳島，再延伸到西沙、南沙。元代人就把南海諸島看成一個整體，而且都是從中國大陸延伸出去，這是南海諸島屬於中國的鐵證。清代人把東沙群島看成是萬里長沙之頭，其西是長沙門，介於西沙群島與大陸之間，往菲律賓、汶萊等地的海船從門中開出。

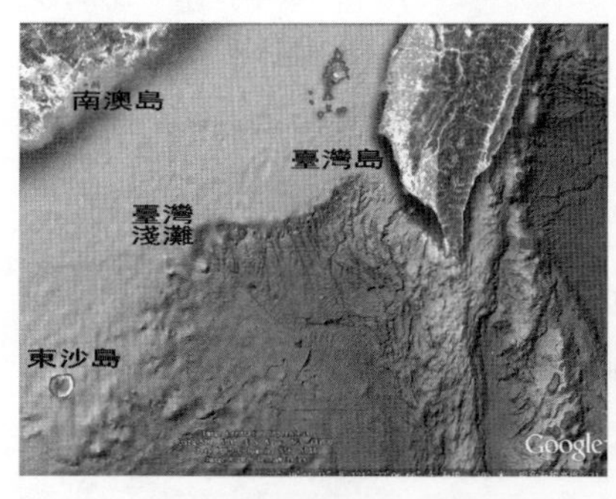

▲ 東沙島與臺灣淺灘、南澳島

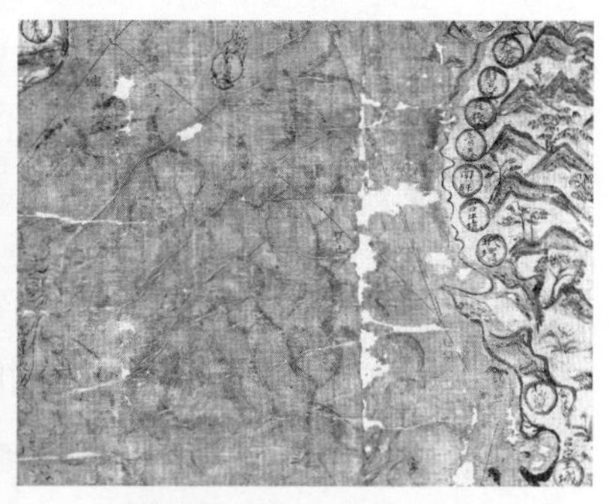

▲ 廣東往呂宋的航線

牛津大學這幅航海圖上的有一條航路從珠江口直航呂宋島，經過南澳氣之西南，開始是巽針（135度），又轉爲巽巳針（142度）。到呂宋島，改用丙巳（157度），到馬尼拉灣口，進入是呂宋王城（馬尼拉）。

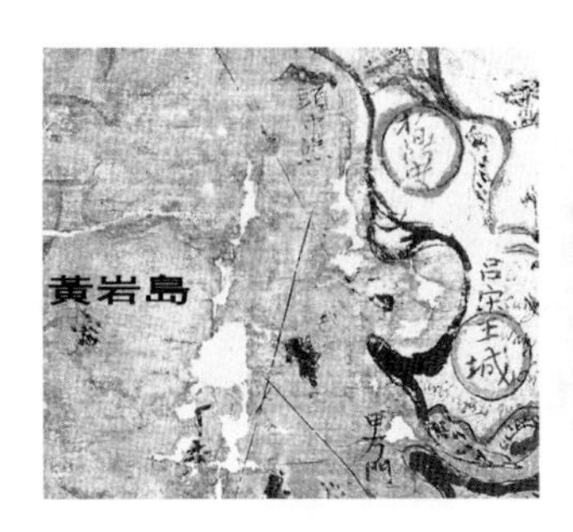

▲ 呂宋島西部的黃岩島(圖上黃岩島三字爲本書添加示意。)

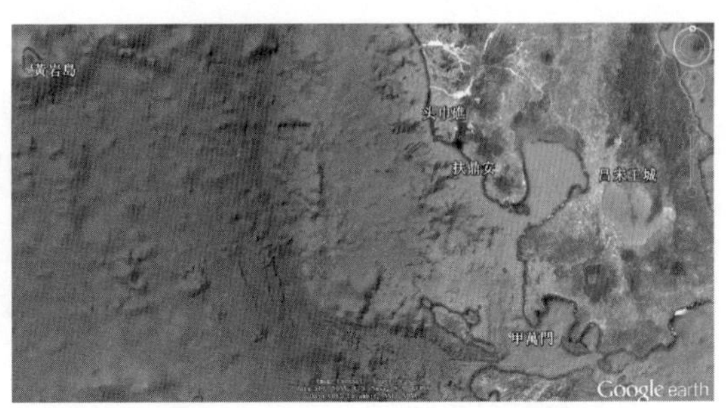

▲ 呂宋王城（馬尼拉）、黃岩島

非常值得注意的是，馬尼拉灣口的航線左側，圖上還畫了一個小島，因爲是黑色，所以很顯著。這個小島很可能就是黃岩島，黃岩島在北緯15度07分，東經117度51分，正是在馬尼拉灣口的西北，位置符合。

謝清高《海錄》小呂宋說：

> 千里石塘是在國西，船由呂宋北行四五日，可至臺灣，入中國境。若西北行，五六日經東沙，又日餘見擔幹山。又數十里即入萬山，到廣州矣。東沙者，海中浮沙也。在萬山東，故呼為東沙，往呂宋、蘇祿者所必經。其沙有二，一東一西，中有小港可以通行。西沙稍高，然浮於水面者亦僅有丈許。故海船至（北）[此]遇風雨，往往迷離，至於破壞也。凡往潮、閩、江、浙、天津各船亦往往被風至（北）[此]，泊入港內，可以避風，掘井。西沙亦可得水。沙之正南是為石塘，避風於此者慎不可妄動也。[34]

34 清・謝清高口述、楊炳南筆錄、安京校釋：《海錄校釋》，第194頁。原文及點校有誤，本處改正。

謝清高說東沙島又分爲東沙、西沙，西沙稍高，東沙島的西沙是東沙島，東沙島的東沙是東沙環礁，中間的小港可以通行，卽東沙島與環礁之間的航道。廣東海船往潮州、福建、江浙、天津經常漂流至此，說明中國人古代很容易發現東沙島。東沙群島、西沙群島都有水源，所以中國人很早就能在南海諸島生活，現在南海諸島發現大量中國人古代生活遺址，包括廟宇，散落的文物很多。現在有些外國人說，不能因爲中國人到南海諸島早就說南海諸島屬於中國，說明他們還不瞭解中國歷史。中國人不是僅僅路過南海諸島，而是數千年來在南海諸島上長期生活，在這一海域生產、經營，最早記錄、研究南海諸島，所以南海諸島自古以來屬於中國無可置疑。

謝清高又說中國海船從珠江口去呂宋，必經東沙島。中國人在宋元時期就活躍在中國到菲律賓的航線上，非常熟悉這條航線。這條航線稍往西偏，就能發現黃岩島了。中國人比歐洲人早一千年就熟悉這條航線，自然最早發現黃岩島。所以明代中國人在地圖上畫出黃岩島很正常，這也黃岩島屬於中國的最早的古地圖證據。

2016年，我在清代廣東陽春縣人劉世馨的筆記《粵屑》中首次發現一則珍貴史料，詳細記載了古代中國漁民開發南海諸島的細節，證明古代中國人是南海諸島的唯一主人。

劉世馨《粵屑》卷五〈崖島〉條說：

> 蔡士陽，欽州士人也，讀書不成，棄而為賈。地瀕海，買舟出洋，營魚鹽之利。一日，偕十九人同舟，至三娘灣，遇大風，吹出大洋，巨浪滔天，任其漂泊。一晝夜，抵一島。舟近崖，衝激將覆，眾急登岸逃生。回望原舟，片板不存。眾遂入島周覽，

冀有居民，為棲息之所。乃四顧，絕無人跡。惟一小廟中立神像，神前有珓杯一對，亦不知其何神。其中器皿鑊灶皆備，甚訝之，不解其故。眾相與枕藉其中，拾乾葉作席，幸攜有火鐮引火各物，群拾乾柴燃，不令絕。但無由得食，見其地產小薯，大如指，若天冬然，煨而食之。廟前有雞成群，捕之不得，禱於神而擲珓若勝，捕得數只，以此度日。遙望大海茫茫，杳無片葉。仰天長嘯，艱苦備嘗，死者已十餘人，自分為異域之鬼。居八十餘日，忽一夜，聞島邊人聲嘈雜，若有舟泊此者。蔡等不能行，拊膺大哭，冀其援拯。舟中人聞之，並見火光，亦大驚異，入島探問，見存者六人，病莫能興，泣訴情由，咸哀憐之。轉扣舟問何來，乃知此地近崖州，名蓬島，每年七月，舟人乘風來此，取鮑魚、帶子各海味，秋末則回，餘月虛無人焉。其食具留於廟，以為來時之用，雞亦彼放生者云。於是客人扶歸舟中，先與糜粥調養，三日後漸與之飯，半月始能行。至九月載以俱還，由崖州渡海，一路乞食回里。家中以其死久矣，一旦忽歸，喜從天降。其子在學署讀書，士陽至署詳言之，如聽世外事，此《山海經》所不載者。[35]

劉世馨曾在欽州、雷州、長寧、豐順、番禺等地任訓導或教諭，所著《粵屑》八卷在道光十年（1830年）由聚錦同記出版，2015年由黃國聲點校，收入《嶺南隨筆（外五種）》在廣東人民出版社出版，可惜整理本的前言未曾提到劉世馨的這一珍貴記載。欽州人蔡士陽之子在學署讀書，劉世馨曾在欽州任教，所以劉世馨一定是親耳聽說此事，說明此事可信。三娘灣在今欽州灣口東面，蔡士陽在此

35　清・關涵等著、黃國聲點校：《嶺南隨筆（外五種）》，廣東人民出版社，2015年，第264頁。

遇到大風，吹到大洋，一定是到了南海。

蔡士陽跟隨來這個島的漁民又回到崖州，再回到家鄉，也說明這個島靠近海南島，無疑是中國的南海諸島。

從崖州來的漁民在島上建有廟宇，每年七月來島上捕魚，秋末回海南島。所以他們在島上的廟宇中留有生活用品，還養有雞群，蔡士陽等人吃的小薯很可能也是海南島的漁民栽種。蔡士陽等人在島上住了八十多天，未見他國海船，而海南島的漁民把很多生活用品放心地留在島上，也是因爲從無他國人來島。蔡士陽應是在三四月漂到島上，此時正是北風季節，五月改爲南風，海流向北，漂到南海諸島的機會很少。

這則清代中期的史料非常珍貴，證明最遲在清代中期，我國海南島的漁民就在南海島嶼上長期居住，建廟捕魚，養雞種薯，而且每年必來。考古工作者在西沙群島發現大多數島嶼有古廟，現在發現古廟十四座。韓振華主編的《我國南海諸島史料彙編》收有1977年海南文昌縣老漁民蒙全洲的口述資料，蒙全洲在光緒二十五年（1899年）15歲時就去西沙群島捕魚，光緒二十七年（1901年）17歲就去南沙群島捕魚，他的祖父蒙賓文在嘉慶年間就去南海諸島捕魚，他的父親蒙輝聯在清代晚期也每年去南海諸島捕魚。蒙全洲說他親眼看到父輩在南沙島嶼種番薯等蔬菜，南沙有人居住的島就有廟。蒙全洲在南海諸島從未看到外國漁船，他說越南漁船是竹編小船，不能去大海。[36]

劉世馨的珍貴記載證明了蒙全洲所說歷史可信，而且能到清

36 韓振華主編、林金枝、吳鳳斌編：《我國南海諸島史料彙編》，東方出版社，1988年，第404—408頁。

代中期。近代以來的外國殖民者對南海諸島中國廟宇多有破壞，使我們不能瞭解這些廟宇的本來用途。劉世馨的珍貴記載告訴我們，南海諸島上的中國廟宇也是漁民存放生活用品的倉庫。

劉世馨《粵屑》在這一條之後是〈泥龜〉，記載：「陽江大朗鄉許姓，亡其名，花號泥龜……隨人趁洋，遭風飄泊，舟覆……飄至島邊，急登岸，絕無人煙……遂拾岸旁螺蛤、山中薯果生食之……忽一日，有船飄至島邊……又能於船板上以手寫字，云乾隆四十二年飄至此間。」此條有明確時間，可惜不能確定位置，不過很可能也在中國南海諸島。劉世馨的書中喜歡收錄這類故事，他還查考不少古書，說《山海經》也未記載崖州海中的蓬島，說明劉世馨的記載嚴謹。

另外清代東莞茶山人歐蘇《靄樓逸志》卷四〈烏雲國〉說東莞人陳訥人告訴他，康熙初年雷州、廉州有會試僚友二十餘人乘船，被狂風吹到烏雲國，又被風吹回。[37]這個故事雖然有神話色彩，但也有眞實依據，說明雷州半島一帶海船確實容易被吹到海外。

從劉世馨《粵屑》卷五〈崖島〉的這條極其珍貴的史料可以知曉，早期海南島漁民來西沙群島捕撈的海鮮以鮑魚、帶子爲主，這些都是名貴海鮮。因爲當時人口遠比今日稀少，技術不及今日發達，航行更加危險，所以漁民去必須捕撈最名貴的海鮮，才能獲利較多。

現在不少外國人不明白中國人在古代常年開發南海諸島並且長期居住在島上的歷史，他們或許以爲中國人是近代才去南海諸

37　李龍潛等點校：《明清廣東稀見筆記七種》，廣東人民出版社，2010年，第240頁。

島，或許以爲中國人在古代開發南海諸島的歷史僅有考古資料、地方資料和口述資料可以證明。現在劉世馨在道光十年（1830年）刻印出版的書中的這一珍貴記載，告訴世人中國人不僅在清代就是南海諸島的唯一主人，而且有清代文獻的鐵證。[38]

38 周運中：〈清代中國南海諸島的珍貴新史料〉，劉遠生、曹晨主編：《南海收藏文化研究》，海南出版社，2017年，第11—24頁。

第二章　地圖作者是東洋商人

中國古人把海洋分爲東洋、西洋，一般而言，每個海商的活動範圍不可能遍佈東西兩洋，就是明朝鄭和七下西洋也沒有去東洋。我們可以對比圖上東西洋的精確程度，先確定作者是東洋商人還是西洋商人。

第一節　作者不是西洋海商

此圖作者一定是個平民，因爲圖上多用俗字、別字或諧聲字，比如浙江的衢州寫作渠州，江西的撫州用簡化的抚字，山西的潞安寫作路安，洞庭湖寫作洞廷湖。此圖作者是閩南人，所以圖上到處都是花果和大樹，黃河源頭的青藏高原居然也畫了南方才有的竹林和熱帶才有的棕櫚樹。作者可能長期在南洋活動，或者因爲沒有讀過太多書，否則一個飽讀詩書或到過北方的福建人不可能不明白中國北部的環境和嶺外大相徑庭。

此圖作者對中國邊疆多不熟悉，貴州省城南面有個地名是宣慰，其實宣慰司是通名，不是專名，這個宣慰司是貴州宣慰司。作者不熟悉江浙地理，淮安、揚州、常州、松江居然被東西並列。連江浙地區都這樣，更不要說北方。

此圖的東北地區除了標出遼東，還有五國城和金阮上都，後者是金朝的上京會寧府（今哈爾濱市阿城區），這種傳統至少可以追溯到元末明初的〈混一疆理歷代國都之圖〉，後者不但標出當時地名，還標出歷代國都。

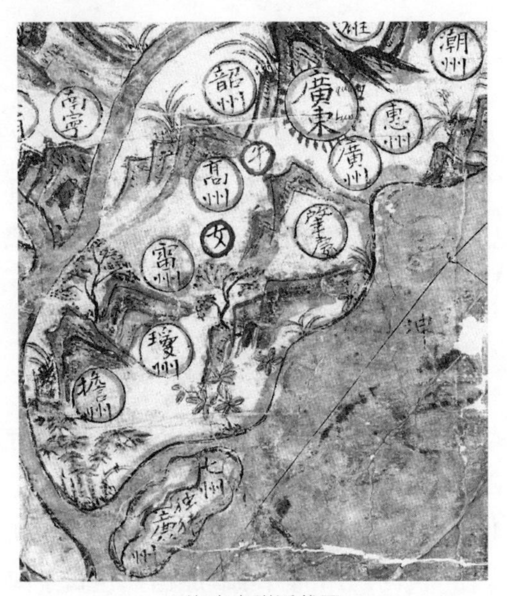

▲海南島附近截圖

圖上從泉州出發的航路，在中國海岸最北到達長江口，所以圖上江南海岸多數沒錯。在福州東部海上，去日本的航路和到長江口的航路分開。

圖上的西洋地理錯誤很多，首先是海南島上的儋州、瓊州居然畫在廣東省的西南陸地，而海南島上標有七州、獨豬、廉州，廉州在今廣西合浦，七州是文昌東北的七洲列島，獨豬山是萬寧東南的大洲島，隋代以來一直是西洋航路必經之地，此圖居然把如此重要的地名全部標錯，說明作者沒有去過西洋。

鄭芝龍在澳門下海，往來於閩粵，但是圖上沒有畫出重要的東山島、南澳島及澳門，所以此圖的作者不應是鄭芝龍。

據〈鄭和航海圖〉及《順風相送》、《指南正法》針路，越南中部的靈山（今達別山，Da Bia）是一個重要的航海節點，從中國來的船隻在此處分道揚鑣，一路向南到爪哇，一路向西南到柬埔寨和泰國，還有兩條線路到馬來半島，圖上居然沒有標出靈山這個地名。

圖上越南的東南部有玳瑁州，在西董山、東董山之西，玳瑁州是今富貴（Phu Quy）島，又名平順海島，又名秋（Thu）島。西董山是大卡特威克（Great Catwick）島，東董山是薩巴德（Sapate）島，東西董在玳瑁州的正南。[1]玳瑁州東西有兩條航路，東面一條通往加里曼丹島，西面一條通往爪哇，所以玳瑁州也是重要的航路節點，但是圖上居然有如此錯誤，說明作者不曾走過西洋航路。

作者不熟悉的還有泰國灣，圖上有個慈字，還有不清楚的幾個字，應該是眞磁、假磁，向達先生已經指出卽眞嶼、假嶼。[2]中國東南沿海方言的嶼、慈、磁音近，讀作su或si。泰國灣島嶼很多，〈鄭和航海圖〉畫出很多島嶼，而此圖的泰國灣別無地名，說明作者對這一帶不熟悉。

地圖上的馬來半島的東部，彭坊的東南有個大島，應卽苧盤（雕門島），這個島極爲重要，是諸多航線的節點，阿拉伯人和歐

1　朱鑒秋、李萬權主編《新編鄭和航海圖集》，人民交通出版社，1988年，第49頁。

2　向達校注：《兩種海道針經》，北京中華書局，2000年，第246、249頁。

洲人都有記載，可惜圖上沒有標名，因爲作者不熟悉西洋航路。

圖上蘇門答臘島的丁機宜，緊鄰占卑，這也不對，因爲此處的丁機宜是新加坡之西的直名丁宜（Tebingtinggi）島，距離占卑很遠，兩地航行距離超過300千米，說明作者沒有到過蘇門答臘島東部，很可能也沒有到過新加坡。《順風相送·苧盤往丁機宜針》：「苧盤開船，五更過東西竹、將軍帽，有帽帶礁，仔細。丙午四更，見緬丹山及過長腰嶼。用坤未及單坤，入長腰第二嶼齊，用單坤入門妙。出豬母頭，用庚酉、庚申二更見崑宰，使沿崑宰去，見港須認是也。」[3]苧盤山是雕門島，東竹山是其東南的奧爾（Aur）島，馬來語是竹島。西竹山是其西南的巴比（Babi）島，馬來語是豬島。將軍帽是其南的丁宜（Tinggi）島，馬來語是高島。緬丹山是新加坡之南的巴談（Batam）島，長腰嶼即〈鄭和航海圖〉長腰嶼，在新加坡西南，向西南出海峽，見到沙洲，入港就是直名丁機宜島。

圖上蘇門答臘島的西部有個地名是：茅陣及貓離。其南有巴里野蠻，陳佳榮先生認爲茅陣是今南蘇門答臘省的省會巴東（Padang），貓離是巴里散（Barisan）山脈。法國學者蘇爾夢（Claudine Salmon）認爲茅陣是茅陳之形誤，指今巴塔含（Batahan），巴里野蠻是帕里亞曼（Pariaman）。

我認爲茅陣，應是茅陳之形誤，貓離是貓東之形誤，即巴東（Padang）。舟子慣用俗字，離字俗寫作离，形近東字而訛。巴里散山脈在蘇門答臘島南端，所以不是貓離。巴東是蘇門答臘島西海岸最大城市，所以不是巴塔含。

3 向達校注：《兩種海道針經》，第63頁。

▲玳瑁州附近截圖

▲蘇門答臘島中部截圖

廈門人李增階（1774—1835）所著《外海紀要》有一段〈福建廈門行舟外海番國順風更期水程〉，記載了廈門到南洋的28條針路，說到：「至此把東，過西出金，三百五十更。」[4]依照上下文，此字是衍字，把東卽巴東。閩南話陣讀din，陳讀dan，離讀li，東讀dang，所以應是茅陳、貓東而非茅陣、貓離，說明作者不熟悉蘇門答臘島西部。

其實巴里野蠻確實是今帕里亞曼（Pariaman），也卽《順風相送》的加里仔蠻，〈加里仔蠻回萬丹〉：「加里仔蠻開船，丙午四更到浮呂，有小嶼四個，丙巳七更到雞里蠻，丙午七更到崑宰……巽巳九更到大山下是浮呂螺岅，外有浮呂居靜、浮呂池掘二嶼……單巳四更，巽巳五更到大山尾，看山行船……到息里巫洋。辰巽七更取大山尾，巽巳三更到雞里蠻嶼內過……單卯五更到浮呂勿系，可拋。單卯三更浮呂上香，順覽旁邊仔盡了……單卯四更取師公大

4　[清]陳倫炯等著、陳峰輯注：《廈門海疆文獻輯注》，廈門大學出版社，2013年，第209頁。

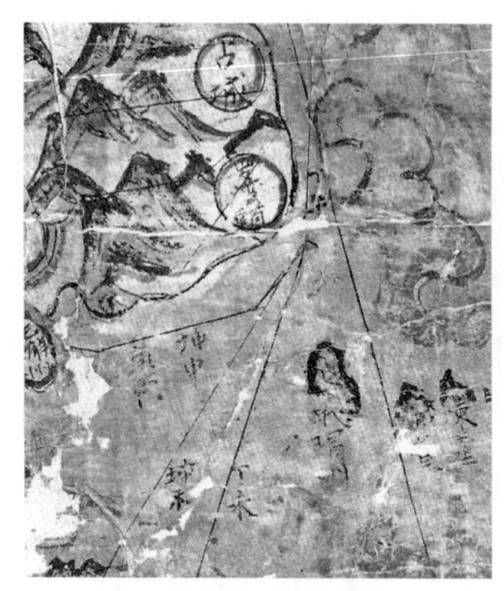

山，巡山行，入班讓進港。」[5]

從帕里亞曼用丙午（157度）四更（60千米），正是海岬處的四個小島，向東南十四更到沙洲，正是西蘇門答臘島與明古魯省交界處的沿海平原，這是蘇門答臘島西南海岸最大的平原。

再向東南九更有浮呂，卽馬來語的島（palau）的漢譯，正在今明古魯一帶。池掘島是今Tikus島（3°50′S　102°10′E）的閩南語音譯，其西還有一島。閩南語的池是ti掘是kut翻譯很準。螺�疑卽明古魯（Bengkulu），應是�螺。

▲ 巴里野蠻到小嶼四個

再向東南九更，到息里巫洋，息里巫卽今塞盧馬（Seluma）。再向東南十更，到蘇門答臘島的西南角，海岸線轉往東北，進入覽

5　向達校注：《兩種海道針經》，第75頁。

旁，即蘇門答臘島最南部的楠榜（Lampung）灣。

所以其下的針路全爲單卯，即正東。五更到浮呂勿系，是色北系島（Palau Sebesi），向東三更到浮呂上香，就是上洋島（Palau Sangiang），向東四更到師公大山，即今萬丹西北的芝勒貢（Chilegon）之北的大山，師公是閩南語音譯芝勒貢，再東即萬丹。

既然圖上的巴里野蠻就是帕里亞曼（Pariaman），則在茅陣（巴東）之北，而圖上畫在茅陣之南，說明作者不明西洋地理。作者之所以不明白此點，是因爲他看到了《順風相送》記載的加里仔蠻航路，但是《順風相送》沒有記載到巴東的距離，所以作者以爲巴東更遠，因而畫錯了。

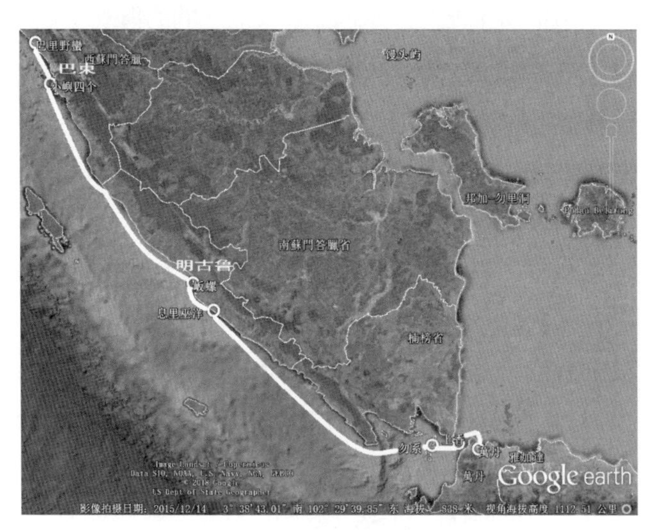

▲ 加里仔蠻（巴里野蠻）到萬丹航路圖

圖上爪哇島及其以東的地理也多有錯誤，饒洞在今爪哇島東部的泗水，即泗水的外港Jortang，今名Djartan。饒洞東部的磨里是巴厘島（Bali），再東的里嗎在今松巴哇島（Sunbawa），可能是指此島上的比馬（Bima），再東的池汶是今帝汶島（Timor），圖上居然把這四個重要的島畫成一個島，可見作者對這一帶是極不熟悉。

張燮《東西洋考》卷九〈舟師考·西洋針路〉說：「磨里山，卽《星槎勝覽》所謂彭里者也，俗尚寇掠。用單乙三更，取郎木山。郎木山，山下有三吧哇嶼，嶼前有老古淺。用單卯五更，取重迦羅。重迦羅，舶人訛呼高螺，《星槎勝覽》曰地與爪哇界相接，高山奇秀，內一石洞，前後三門，可容萬人。用單卯針五更，取火山。火山內是里馬山，有眞里馬，假里馬，過火山門，用辰巽針二更，取大急水。」[6]郎木山是龍目島（Lombok），三吧哇嶼卽松巴哇島，重迦羅卽Tengara，火山門是松巴哇島和Sangeang島之間的海峽。

不僅如此，到池汶的針路其實也是錯的，圖上磨里到里嗎都是乙卯，里嗎往東突然變成辰巽和巽巳，然後是乙和乙卯，其實這一段改變方向的針路是穿過松巴哇島和佛羅勒斯島（Flores）之間的海峽，進入南面的薩武海（Laut Sawu）的，但是在圖上全在北方。

《順風相送·萬丹往池汶精妙針路》說：「用乙辰三更，取麻離大山。用乙卯三更，取郎木山。乙卯八更，灣內是三巴哇大山，不可入灣。灣尾盡，見有昆宰平嶼二個，嶼頭有老古淺，石坪看頭仔細。用乙卯針三更，見一員嶼，取高螺大山東頭，山尾有三個饅頭嶼，一大二小似饅頭樣，內有灣，遠看成門，與麻離大山相對。連用辰巽五更，取火山門過，門右邊山尾，近看似山寨，嘴頭有老古淺，東邊是火山二尖，東邊山尖高，西邊山尖出火，船近火山，進門妙。過門，右邊有灣，好泊船，待流水過急水門祭獻。單巽更半，取急水

6 [明]張燮著、謝方點校：《東西洋考》，北京：中華書局，2000年。

門，右邊是色力礁牌港，門中有嶼一列，四五個，不可近，東邊有老古坪，對中央流勢是。丙午更半，取單戎武岩。山頭邊看是鵝角樣，嘴頭，開有嶼，流水甚急。出門外，用乙辰三更，取髻仔山，山尖似髻樣。對開，南邊有見巡巴山港口，亦出香。前去見雲螺二大小山，用乙卯針八更，見蘇律門，乃是佛郎所住之處在左邊，右邊是池汶山。」[7]

麻離大山，即巴厘（Bali）島，郎木山是龍目（Lombok）島，三巴哇大山是松巴哇（Sumbawa）島，火山門是松巴哇島與桑洋（Sangeang）島之間海峽，桑洋島是火山，急水門是松巴哇島和班他（Banta島）之間的海峽，其中有四五個小島，航道在東北，色力礁牌應該是克力牌礁之形訛，即克拉牌（Kelapai）島，巡巴山是松巴島（Sumba），髻仔山在今佛羅勒斯島西南。

《東西洋考》卷九〈舟師考·西洋針路〉說：「大急水，一名雙牌，水深，流急。出門，用乙辰針三更，至髻嶼。髻嶼，用乙卯十更，取大雲螺、小雲螺。大小雲螺，又乙卯針，六更，單卯針，七更，取蘇律山。蘇律山，有紅毛番居此，不宜進泊。用乙辰三更，收山，取印嶼。印嶼，用單卯針二更，至美羅港，即是池悶。池悶，即吉里地問，是諸國最遠處也。」

從髻仔山向東十更（150千米）到大小雲螺，大小雲螺即佛羅勒斯島南部的別奧（Wolo Beo）山，Wolo是山，主峰2130米，東北有一峰2100米。再向東十三更（165千米），到蘇律山，蘇律山即今索洛島（Solor）。在《順風相送》中，索洛島還是佛郎（葡萄牙）人所住，到《東西洋考》成書時已經被紅毛番（荷蘭）人佔領。

7　向達校注：《兩種海道針經》，第67頁。

▲ 饒洞、磨里、里嗎、池汶

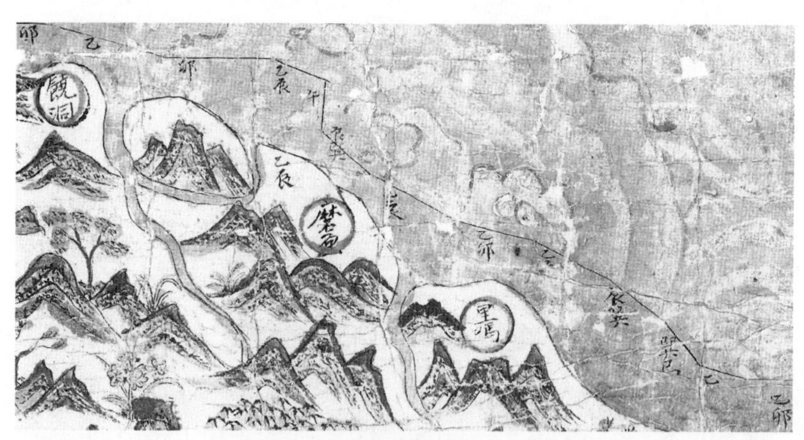

▲ 里嗎附近針路

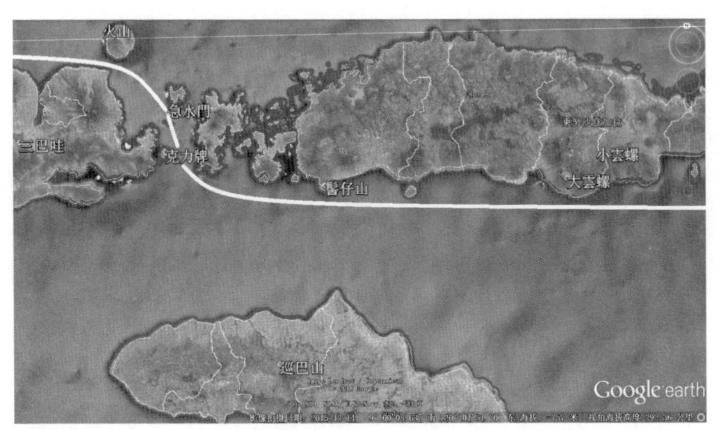

▲《順風相送》松巴哇島附近航路

爪哇島、巴厘島、帝汶島的北面也有錯誤，圖上把班格爾馬辛（班賈爾馬辛，Banjarmasin）、傍伽虱、唵汶畫在加里曼丹島上，東面還有一個很近的島上標有援丹，其實班格爾馬辛在加里曼丹島南部，傍伽虱是今蘇拉威西島（Pulau Sulawesi）的最大城市望加錫（Makassar，即烏戎潘當，Ujung Pandeng），唵汶是今安汶島的安汶（Ambon），援丹即班達島（Banda），說明作者對今印尼的大部分地區也不熟悉。

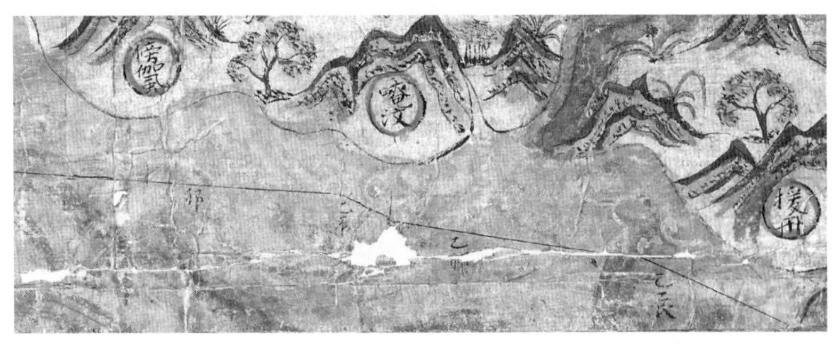

▲傍伽虱、唵汶、援丹

清代謝清高《海錄》細利漥說：「自咕嗹至此，同據息力大山西南半面，而各分港口。」[8]此處息力大山指加里曼丹島，見本章第二節，細利漥是蘇拉威西島別名西里伯斯（Celebes）島的音譯，則謝清高看到的地圖上把《海錄》咕嗹、細利漥之間的唵悶（安汶）等地畫在一個島上，這個錯誤與牛津大學藏圖相同，反映出明末清初有一類中國人的地圖都有這種錯誤。牛津大學這幅明末地圖時間上較早，不知是不是這一類地圖的源頭。

作者熟悉的是東洋航路，比如呂宋島和臺灣之間的海峽標注：「此門流水東甚緊。」圖上只有這兩處標注洋流，另外一處是日本屋久島（Yakushima）附近標注：「野故門，水流東甚緊。」野故卽屋久島，野故門是屋久島南面的海峽。呂宋島北部連標大港、射昆美、月投門、香港、南旺、台牛坑、玳瑁共七個地名，南面還有扒鼎安、呂宋王城兩個地名。

◀呂宋島中部

8 清・謝清高口述、楊炳南筆錄、安京校釋：《海錄校釋》，北京：商務印書館，2002年，第182頁。

不過圖上的航路不到這七個地名，而是從閩南海域直航到呂宋王城（Manila），再向南到馬軍礁老（Maguindanao）和萬老高（Maluku）。呂宋島東面標注：「化人番在此港，往來呂宋。」人在閩南話的白讀爲lang，閩南話r讀l，所以化人卽佛郎機（Frank）異譯，明代指葡萄牙人和西班牙人，此處指西班牙人，詳見下文。

該圖把蘇祿畫在馬軍礁羌之東，其實是馬軍礁老之誤，卽今棉蘭老島的馬京達瑙省（Maguindanao）的省會哥打巴托（Cotabato），考證詳見下文，蘇祿（Sulu）在其西部的蘇祿群島，說明作者對菲律賓南部地理也不是太熟悉。

安汶和圖上的萬老高（馬魯古）近在咫尺，而作者居然能把安汶畫錯，說明作者確實不明白塞蘭海（Seram Sea）以南的地理。

作者對日本不熟悉，所以圖上居然把日本的九州和本州畫成一個島。圖上除了有到五島、籠仔沙機（長崎）的航路外，還有一條到兵庫。《順風相送》有〈福建往琉球針路〉、〈琉球往日本針路〉，終點就是兵庫港，其回程就叫〈兵庫港回琉球針路〉。

◀馬軍礁（羌）[老]、蘇祿

西班牙國王1642年任命的新西班牙（墨西哥等地）代理總督帕萊福《韃靼征服中國史》說一官（鄭芝龍）到澳門不順，又回到南安家鄉，再去日本，得到一個中國富商的賞識，應是指李旦，這個富商教他經商，還給他幾艘船及貨物，派他去交趾支那與坎貝（Cambaye）貿易，鄭芝龍果然獲得豐厚利潤。有一次他正在坎貝經商，日本發生瘟疫和饑荒，他的主人死去，鄭芝龍侵吞了主人的財產，買了幾艘船，開始發跡，逐漸建立了船隊。[9]

帕萊福的說法頗為可信，不過鄭芝龍不可能遠去印度的坎貝。此處的坎貝可能是柬埔寨（Cambodia）或蘇門答臘島甘巴（Kampar）之誤。但是鄭芝龍一定是在西洋航路經商，鄭芝龍熟悉澳門，李旦是東洋商人，所以他自然很有可能讓鄭芝龍經營西洋貿易。

耶穌會士魯日滿（Francisco Rogemont，1624—1676）在1658年抵達澳門，到中國傳家，1665年北京教案之後被驅逐到廣州，寫出《韃靼中國史》，他在此書中說鄭芝龍在澳門致富，[10]也說明鄭芝龍熟悉西洋。鄭芝龍既然在西洋經商，他不可能把地圖上的西洋航路畫出如此多的錯誤。

第二節　圖上航線與《順風相送》、《指南正法》

這幅地圖與《順風相送》、《指南正法》關係密切。《順風相送》原藏牛津大學鮑德林圖書館，封面題有順風相送四字。《指南

9　[西]帕萊福等、何高濟譯：《韃靼征服中國史》，中華書局，2008年，第53—55頁。

10　[西]帕萊福等、何高濟譯：《韃靼征服中國史》，第224頁。

正法》是清初盧承恩和呂磻所輯《兵鈐》附錄。《順風相送》、《指南正法》的最大區別就在於前者詳於西洋針路，後者詳於東洋針路。

《順風相送》序：

> 予因暇日，將更籌比對稽考通行較日，于天朝南京直隸至太倉並夷邦巫里洋等處更數針路山形水勢澳嶼淺深，攢寫於後，以此傳好遊者云爾……其正路若七州洋中，上不離艮，下不離坤，或過南巫里洋及忽魯謨斯，牽星高低為准……永樂元年，奉差前往西洋等國開詔，累次較正針路、牽星圖樣、海嶼水勢山形，圖畫一本，山為微簿。[11]

說明此書的底本出自永樂年間下西洋，所謂正路就是鄭和下西洋主船隊的航路，也即《順風相送》第一篇針路〈各處州府山形水勢深淺泥沙地礁石之圖〉所記航路，此篇從五虎門出發，到波斯灣的忽魯謨斯。實際是永樂十九年（1421年）鄭和下西洋第六次的主航線，從福州到霍爾木茲海峽。其後全是西洋航路，直到最後的14條航路才是東洋航路。可見《順風相送》的東洋航路不太重要，很可能是後來附入。

《順風相送》還有〈古里往忽魯謨斯〉、〈古里往阿丹〉、〈古里往祖法兒〉等篇，無疑也是出自鄭和下西洋時代，這也證明此書底本來自鄭和下西洋。所以這幅明末地圖上雖然沒有畫出印度洋，但是仍然標出古里，旁注：「古里往阿丹國，去西北計用一百八十五更。古里往法兒國，去西北計用一百□□更。古里往忽魯謨斯，用乾針五更，用乾亥四十五更，用戌一百更，用辛戌一十五更，用子癸

11　向達校注：《兩種海道針經》，第21頁。

二十更，用辛酉五更，用亥十更，用乾亥三十，用單子五更。」

《指南正法》的序言則明確說到作者是漳州人，序說：「指定手法乃漳郡波吳氏，氏居澳，擇日閒暇，稽考校正。」[12]此書作者波吳氏，黃盛璋先生懷疑是漳州詔安縣人吳樸，我認爲也有可能，波、樸音近，或是吳波之倒誤。波或是詔字之形訛，原本是詔安吳氏。泉州海外交通史博物館藏《石湖郭氏針路簿》序言說：

> 上古周公諸位（堅）[聖]賢，設指南法，通行海道，往昔逮今，流水行久遠，或有山形水勢，世世抄寫，略有差訛，或更數增減，籌頭差別。查古本汙爛破壞，後人難以比對，登舟從原本抄寫為准，恐其事廢。餘如廣東，後往漳州。吳日波因在廣東，擇閒暇之日，思其差（悟）[誤]，另將對稽詳考，所以差（悟）[誤]無多，通行校正，更加增減。蓋自天朝南京直（穎）[隸]太倉，至於夷狄南巫[里]等處，更數針法以及（按）[垵]澳山形水勢、遠近深淺，傳至於今。

此段接近《順風相送》，而寫明針路整理者是吳日波，很可能是吳波，日是曰之誤。[13]

明代泉州同安人林希元說：「（吳）華甫名樸，性善記，書過目輒不忘，于天文地理、古今事變、四夷山川道路遠近險易，無不在其胸中。所著有《醫齒問難》、《樂器》、《渡海方程》、《九邊圖本》諸書，又校補《三國志》，當道見之，無不珍愛，乃不能推轂，使

12 向達校注：《兩種海道針經》，第107頁。

13 陳佳榮：〈再說《順風相送》源自吳樸的《渡海方程》〉，《海洋史研究》第十輯，社會科學文獻出版社，2017年。

流落不偶。予甚憐焉，故嘗方之史遷云。」[14]

明代浙江海寧縣人董穀《碧里雜存》下卷〈渡海方程〉說：

> 余於癸丑歲（嘉靖三十二年，1553年）見有〈渡海方程〉，嘉靖十六年福建漳州府詔安縣人吳樸所著也。其書上卷述海中諸國道里之數，南自太倉劉家河開洋，至某山若干里，皆以山為標準。海中山甚多，皆有名，並圖其形，山下可泊舟或不可泊皆詳備。每至一國，則云此國與中國某地方相對，可於此置都護府以制之。直至雲南外忽魯謨斯國而止，凡四萬餘里。且云：至某國，回視北斗離地止有幾指，又至某國視牽牛星離地則二指半矣。北亦從劉家河開洋，亦以山紀之。所對之國，亦設都護府以制之，直至朵顏三衛、鴨綠江盡處而止，亦約四萬餘里云。
>
> 下卷言二事：其一言，蠻夷之情，與之交，則喜悅，拒之嚴，反怨怒。請于靈山、成山二處，各開市舶司以通有無，中國之利也。其二言，自山東抵北直隸，瀕海數千里，皆沮洳膏腴之地，今皆棄於無用。合於其間，特置一戶部衙門，專管屯田之務，募民耕之。臣頗諳區田之法，又傳得外國金稷米種。見在每種一畝，可比十畝。如是數年，得穀不可勝計，則江南漕運可免。其言如此，雖未知可用與否，亦有志之士也。據其所言，則至忽魯謨斯國，當別有一天星斗矣。永樂中，太史奏南極老人星現，廷臣稱賀。南極入地三十六度，不可見，豈即其地歟？則所言牽牛止有二指，又何疑哉！南極乃遠而不可見，

14　[明]林希元：《林次崖文集》卷七序〈龍飛紀錄序〉，《四庫全書存目叢書》集部第76冊，第568頁。

> 非入地也。《程氏遺書》言，天地升降在八萬里中，豈亦自星而驗之歟？

康熙《詔安縣志》卷十一〈人物·文學〉說：

> 吳朴，字子華，初名霓。貌不揚，而博洽群書，于天文、方域、黃石、陰符之秘，莫不條分縷析。不修邊幅，人以狂士目之。時有督學，欲為死義陳教授立碑，莫詳金陵之入為何日。霓上詳其事，以此補邑諸生，更名樸。嘉靖中，林希元從征安南，辟為參軍，機宜多其謀。安南平，樸竟功弗錄。歸，以他事下獄，著書自見，《龍飛紀略》乃成之獄中者。又有《皇明大事記》、《醫齒問難》、《渡海方程》、《九邊圖要》、《東南海外諸夷》及《復大寧、河套諸計畫》，今多散逸。[15]

吳樸在嘉靖十六年撰有《渡海方程》，記載從太倉到忽魯謨斯的航海圖，其實出自鄭和下西洋的資料，向北到遼東的海圖見於元代地圖和《海道經》的海路圖，吳樸要從閩南船上找到這些資料易如反掌。

《指南正法》一書可以分爲10個部分：

1.開篇是航海天文和地理總論。

2.其後是〈東洋山形水勢〉，其實就是大擔島到馬尼拉的航路，其後是〈雙口針路〉、〈雙口往惡黨〉及回針，仍然是馬尼拉附近。

3.其後是三篇國內沿海山形水勢。

---

15 康熙《詔安縣志》，《中國地方志集成·福建府縣志輯》第31冊，上海書店出版社2000年版，第578頁。

4.接著是〈泉州往邦仔系蘭山形水勢〉、〈三嶽貌山〉，之後是雙口到宿霧、萬老高、汶萊、長崎的針路，這是往馬尼拉航路的南延。

5.之後有一篇大擔往交趾針路，應該歸入第7部分。

6.然後是福州往琉球、寧波往日本、溫州往日本針路，都是往日本針路。

7.大擔往柬埔寨、雙口往柬埔寨、大擔往暹羅針路，這一段都是往暹羅針路。

8.浯嶼往咬留吧、咬留吧往暹羅，應該歸入第10部分。

9.暹羅往日本，其後18篇都是往日本、臺灣航路。

10.太武到大泥、浯嶼往麻六甲、太武往彭亨、太武往咬留吧，是往馬來半島和爪哇的航路。

可見《指南正法》詳於東洋，而且首列東洋。通過下表可以看得更清楚，《指南正法》的很多東洋針路不見於《順風相送》，《順風相送》的很多西洋針路不見於《指南正法》。

向達先生說：「在《順風相送》裡，收有自阿齊至別羅里、傍伽喇、古里的針路，也收有自古里至忽魯謨斯、祖法兒、阿丹的針路。到了《指南正法》，麻六甲以北才不見著錄。」[16]向達說《順風相送》：「很可能成於十六世紀。」又說《指南正法·咬留吧回長崎日清》提到乙丑年，根據月建是康熙廿四年（1685年），〈長崎往咬留吧〉提到己丑年，根據月建是康熙四十八年（1709年），又有東都、思明，在康熙廿二年（1683年）明鄭滅亡不久之後，所以《指南

16　向達校注：《兩種海道針經》，第10頁。

正法》成書於康熙末年即十八世紀。[17]

張崇根認爲《順風相送》提到帝汶島的佛郎番，即葡萄牙人，又提到呂宋的佛郎，即西班牙人，所以此書成書於十六世紀末。《指南正法》的己丑年是永曆三年（順治六年，1649年），乙丑年是永曆四年（順治七年，1650年），應是庚寅年，誤記爲己丑、乙丑，〈咬留吧往臺灣日清〉的辛卯年是永曆五年，〈大泥回長崎日清〉的戊子年是永曆二年，〈往長崎正月丁丑年〉的丁丑年是崇禎十年（1637年），明鄭的東都、思明不可能出現在清代，所以此書是明清交替之際完成，卷首〈定羅經中針祝文〉的大清國是最好改入。[18]

陳佳榮認爲《順風相送》約在萬曆二十一年（1593年）成書，[19]《指南正法》在康熙二十四年（1685年）之後成書，因爲書中出現了天后，康熙二十三年（1684年）才冊封媽祖爲天后，乙丑年是康熙二十四年（1685年）。[20]

張榮、劉義傑認爲《順風相送》成書於十六世紀中期，[21]張崇根說：「一些學者和媒體，爲了論證釣魚島自古就是中國領土，不加分辨地照抄照傳，一股風地認定《順風相送》的成書年代爲永

---

17 向達校注：《兩種海道針經》，第4頁。

18 張崇根：〈關於〈兩種海道針經〉的著作年代〉，中外關係史學會編《中外關係史論叢》第一輯，世界知識出版社，1985年。

19 陳佳榮：〈〈順風相送〉作者及完成年代新考〉，《跨越海洋——「海上絲綢之路與世界文明進程」國際學術論壇文選（2011・中國・寧波）》，浙江大學出版社，2012年。

20 陳佳榮：〈〈指南正法〉完成年代上限新證〉，《國家航海》第七集，上海古籍出版社，2014年。

21 張榮、劉義傑：〈〈順風相送〉校勘及編成小考〉，《國家航海》第三輯，上海古籍出版社，2011年。

樂元年。我認爲，這不是實事求是的科學態度。」[22]謝必震說現存的《順風相送》成書於十六世紀，他說：「《順風相送》是古代中國人航海的經驗集成，一代一代人傳抄而來。現藏於鮑德林圖書館的《順風相送》編成時間應在明萬曆年間。」[23]

今按《順風相送》祖本在明初完成，但是今本則是明末出現，《指南正法》無論是明清之際還是康熙年間成書，確實稍晚。但是二書很多內容相同，因爲航路必須穩定，否則會出現事故，所以針路圖書多是世代傳抄。因此我們除了注意二書的時代差異，還要注意其共同點，不能忘記分析其地域差異。《順風相送》作者是西洋航路商人，《指南正法》作者是東洋航路商人。

順風相送	牛津圖	指南正法	東南圖	宇內圖
各處州府山形水勢深淺泥沙地礁石之圖	示意			
靈山往爪蛙	有	無		
福建往交趾	有	大擔往交趾	有	廈至交趾
往柬埔寨	有	大擔往柬埔寨	有	有
往暹羅	有	大擔往暹羅	有	廈至暹羅
浯嶼往大泥吉蘭丹	有	太武往大泥	有	有
太武往彭坊	有	太武往彭亨	有	有
廣東往磨六甲	有			
苧盤往舊港並順塔	有			
福建往爪蛙	有			
赤坎往柬埔寨	有			
赤坎往彭亨	有			
柬埔寨往大泥	有			

22　張崇根：〈也談〈兩種海道針經〉的編成年代及索引補遺〉，《國家航海》第四輯，上海古籍出版社，2013年。

23　謝必震：〈中琉航海與釣魚島問題〉，《國家航海》第六輯，上海古籍出版社，2014年。

暹羅往大泥彭亨磨六甲	無			
羅灣頭往[磨]六甲	有			
苧盤往丁機宜	有			
赤坎往舊港順塔	有			
順塔外峽	有			
萬丹往池汶	有			
順塔往遮里問淡目	有			
萬丹往馬神	無			
舊港往杜蠻	有			
大泥往池汶	無			
浯嶼往豬蠻饒潼	有			
浯嶼取諸葛擔籃	無			
浯嶼往荖維	無			
馬神往高兜令銀	無			
阿齊回萬丹	有			有
加里仔蠻回萬丹	有			
磨六甲往阿齊	有			
阿齊往羅里	示意			
阿齊往古里	示意			
古里往阿丹	示意			
古里往祖法兒	示意			
柬埔寨南港往筆架並彭坊西	有			
柬埔寨往烏丁礁林	有			
柬埔寨往暹羅	有			
暹羅往馬軍	無			
苧盤往汶萊	有			
瞞喇加往舊港	有			
往彭湖	無			
南澳往彭湖	無			
太武往呂宋	有	浯嶼往雙口		廈至呂宋
呂宋往汶萊	有	往汶萊		
松浦往呂宋	有			
泉州往勃泥即汶萊	有			
浯嶼往麻里呂	有	大擔往雙口		
泉州往彭家施蘭	有	泉州往邦仔系蘭		
泉州往杉木	無			
福建往琉球	有	福州往琉球		

琉球往日本	有			
無	有	浯嶼往麻六甲		廈至麻六
無	有	浯嶼往咬留吧		廈至咬留
無	有	雙口往惡黨		
無	有	磁頭往盡山		
無	有	北太武往廣東		
無	無	雙口至宿霧		
無	有	往網巾礁荖萬荖膏		
無	無	長崎往雙口		
無	無	寧波往日本		有
無	無	溫州往日本		
無	無	雙口往柬埔寨		
無	無	咬留吧往暹羅		
無	有	暹羅往日本		
無	有	鳳尾往長崎		
	有	僚羅往彭湖		
無	無	普陀往長崎		
無	無	沙埕往長崎		
無	無	盡山往長崎		
無	無	烏丘往彭湖		
無	無	廣東往長崎		
無	無	廈門往長崎	有	廈至日本
無	有	長崎回廣南		
無	無	長崎往咬留吧		
無	無	大泥回長崎		
無	有	寧波往東京		
無	有	太武往咬留吧		
			有	廈至蘇祿
			斜仔	
			有	廈至六坤
			宋龜朥	
			有	廈至柔佛
			丁佳奴	
				咬留至萬丹
				咬留至馬神

非常有趣的是,《順風相送》的〈浯嶼往大泥吉蘭丹〉其實僅記到大泥,沒寫繼續往南到吉蘭丹,地圖上也是畫出到大泥,沒寫吉蘭丹,沒有到吉蘭丹的針路,很可能地圖作者看到的《順風相送》就是如此。

地圖上沒有畫出的十條《順風相送》針路是:

1.暹羅往大泥彭亨磨六甲:這一條是沿泰國灣南下,路線簡單。

2.萬丹往馬神:從爪哇吧哪大山(木里阿山Muria)向北到加里曼丹島的三皮特(Sampit)港口,再向東到馬神(班格爾馬辛Banjarmasin)。

3.馬神往高兜令銀:從馬神(班格爾馬辛)向西,沿海岸到加里曼丹島西南的哥打瓦林金(Kotawaringin),即《大德南海志》的訖丁銀。

4.大泥往池汶:「單午五更取地盤山,乙辰十更取七嶼。單辰廿五更取吉寧馬踏。」[24]七嶼是圖居群島,此處到吉寧馬踏(卡里馬塔島,Karimata)是98度390千米,接近單辰(120度)廿五更(375千米)。地盤山(雕門島)到七嶼不可能是乙辰十更,所以從雕門島到七嶼針路有脫文。

5·浯嶼往荖維:下圖ADJK。《浯嶼往荖維》:「(苧盤山)單乙五更,見偏舵山,乙辰十更,取仙丹山在正手邊,單辰七更取旗嶼,東邊有尖山四個,甚尖,單午五更見崑宰,便是荖維港口,開勢有二個大山,名隴膠山……乙辰三更荖維港口有淺……入港用丙巳甚

24 向達校注:《兩種海道針經》,第70頁。

妙。」[25]

荖維是今坤甸（Pontinak）以南卡普阿斯（Kapuas）河口的勞特（Laoet）島，其西北的兩個大山是達瑪律（Damar）島、西亭當（Sitingdjang）島，隴膠山即龍牙，閩南語的膠是ka，隴膠音近龍牙，閩南語的龍牙是ling-ga。山名源自印度教濕婆的生殖器崇拜柱狀物linga，閩南人音譯爲龍牙，形狀也像龍牙，這是音譯兼義譯。新加坡南面的的龍牙門，因爲有礁石如龍牙得名，隴膠山的外形也很類似。

其北的旗嶼是卡本（Kabung）島，其東部還有四個小島，則仙丹山也是森美蘭（Tembelan）群島，讀音接近。從森美蘭大島東北到卡本島南部是103度127千米，接近單辰（120度）七更（115千米）。

偏舵嶼是彭布島（Pengibu，1°34′N 106°19′E），偏舵或是音譯。從彭布島到森美蘭群島北部是113度150千米，接近乙辰（112度）十更（150千米）。但是從雕門島東南的東竹山到彭布島是115度217千米，方向接近單乙（105度），距離則是十五更，而非五更，原文脫一個十字。

6.浯嶼取諸葛擔籃：下圖ADJKL，從苧盤山經過淡勿蘭（森美蘭群島）、吉寧馬哪（卡里馬塔島），[26]也即從荖維繼續南下，前一段航線與到荖維相同。

7.暹羅往馬軍：從大橫山直航赤土白麵山，再到馬軍（馬京達瑙）。地圖上的航路在汶萊之東與這一條航路才有重合，〈暹羅往

25　向達校注：《兩種海道針經》，第72—73頁。

26　向達校注：《兩種海道針經》，第72頁。

馬軍〉:「離淺用單午十更取筆架山。丙午五更取大橫山。辰巽八十更取赤土白面山,打水三十二托。丑艮十五更,取淡水港。丑艮十更,取長腰嶼,此是索羅港口。在馬戶邊,有一昆宰,東北邊有一小嶼。丑艮五更取昆侖山,遠看三個尖山,內過。丑艮十更,取聖山五嶼,在帆鋪邊。艮寅五更,取犀角山。子癸五更,取蘿葡山,門中有青嶼,在馬戶邊,帆鋪邊有香爐礁,大小四個。辰巽及巽巳,取羅婆畔。甲卯、乙卯,三十更取馬鞍山。丑艮十更,取巴里山,巡山使,丑艮十更,取陀羅山,望見馬軍山婆婆門,進港是也。」[27]

我已考證筆架山是曼谷灣東南的普紹岬(Leam Pu Chao),大橫山是當島(Koh Tang),[28]從此處到馬來西亞沙撈越州民都魯(Bintulu)是125度1343千米,接近辰巽(127度)八十更1200千米,則赤土白面山在民都魯,此處恰好有山臨海,而其南北海岸都是平原。

從民都魯向東北,沿海岸到巴蘭(Baram)河口的距離大致是十五更(225千米),巴蘭河是沙撈越北部最大的河,河口突出,舟人在此汲取淡水,故名淡水港。

從此向東北十更(150千米)到汶萊都城,有長腰嶼在東北,《苧盤往汶萊》說汶萊港口:「北是長腰嶼。」

汶萊東北五更(75千米)的昆侖山是提加(Tiga)島,此島有三個山頭,所以說遠看三個尖山,牛津大學這幅航海圖上標出昆侖。

聖山是加里曼丹島北部的基納巴盧山,高達4010米,故名聖

27 向達校注:《兩種海道針經》,第83—84頁。

28 周運中:《鄭和下西洋新考》,第189頁。

山。五嶼是其西北五個小島，犀角山是加里曼丹島最北部的錫誇提（Sikuati），音譯爲犀角。蘿葡山是其北的巴蘭班幹（Balembangan）島，從此處改向東行，到羅婆畔，卽馬拉韋（Mallawi）島。

東南三十更到馬鞍山，是蘇祿島，巴里山是描西蘭（Basilan）島，向北到棉蘭老島，沿岸到陀羅山，是今奧盧丹牙島，島的南部有達盧散（Talusan），音譯爲陀羅山，向東卽馬軍。

8.往彭湖：東牆（今平潭縣東庠島）往彭湖。

9.南澳往彭湖：從南澳島直往東到澎湖。

10.泉州往杉木：從呂宋到蘇祿，再向西到麻里奔山，卽今塔威塔威島，西南有馬魯穆（Malum）河，河口有巴林賓（Balimbing），卽麻里奔。又向西南到杉木，卽今加里曼丹島東北的仙本那（Semporna）。

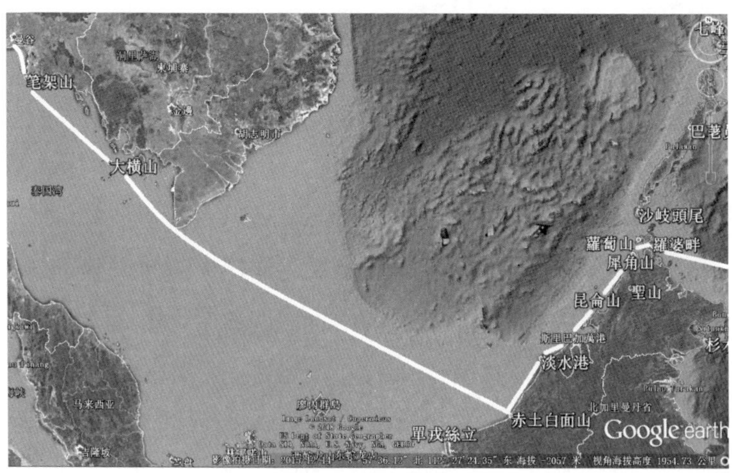

▲ 暹羅往馬軍航線西段

這十條針路分爲三組：

第一組是第1條、第7條，都是從泰國灣出發，說明作者不熟悉泰國。

第二組是第2條到第6條及第10條，都在加里曼丹島周圍，說明作者不熟悉加里曼丹島周圍。

第三組是第8條、第9條，都是福建很短的航路，不太重要。

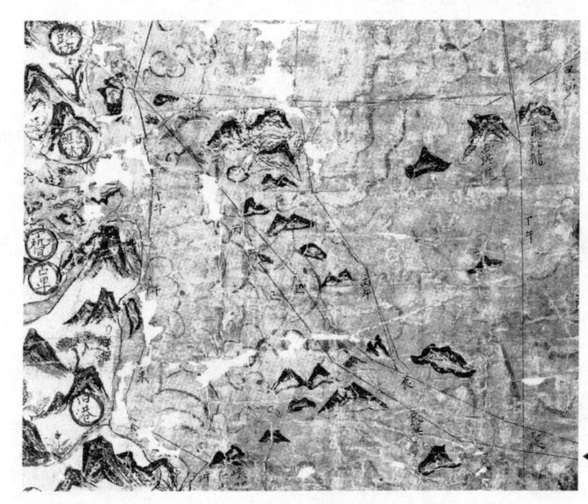

◀ 雕門島的五條航線

圖上從雕門島出發有四條航路：

1.向西南到麻六甲海峽，下圖AB，《順風相送》有。

2.向南，航線標注丙，下圖AC。《順風相送》有，見第二章第一節考證。標注丙、丁午、午、丁、未，到舊港，東南有島，中間的海峽標注：「峽門在此」再南的航線標注坤、丁未、丁午、丙午、乙辰、午、巽巳。這條航線其實就是《順風相送·苧盤往舊港並順塔針路》，從苧盤山：「用丙午針過東西竹山。用丙午針十更，取長嶼。

用丁午針十更，取龍牙門，在馬戶邊來過山。用單午針三更，取饅頭嶼。用單丁三更取七嶼。在帆鋪邊第二山有沉礁。用坤申針取舊港正路用辰巽針十更船取進峽門……使單丁針及丁午針五更船，丁未船五更船都取麻橫港口。單午針收林麻塔……用乙辰三更……單午針五更船取石旦。」[29]

長嶼是賓坦島之東的馬普爾（Mapur）島，從東竹山到馬普爾島是170度156千米，接近丙午（172度）十更（150千米）。此處的龍牙門不是新加坡海峽，而在林加島（Lingga），閩南語的龍牙讀爲lingga。從馬普爾島到林加島東南角是170度146千米，接近丁午（187度）十更（150千米）。

饅頭嶼是沙加島（Saja），從林加島東南角到沙加島是182度52千米，接近單午（180度）三更（45千米）。

七嶼是邦加島之北的圖居（Tudjuh）群島，這個群島由七組小島構成，故名七嶼。馬來語的七是tujuh，所以Tudjuh卽七嶼。從沙加島到圖居群島是138度49千米，接近三更（45千米），不是單丁，而是單巽之誤。

從七嶼向西南到舊港，再向南到峽門，卽蘇門答臘島與邦加島之間的邦加海峽。圖上標注：「峽門在此。」再向南到順塔（巽他），也卽萬丹。

3.向東南，航線標注巽，其下似乎還有一個巳字。又分爲兩條支線，北面一條是巳、巽、辰、乙辰（下圖ADEF），南面一條是巽辰（ADGF），在加里曼丹島西南海域匯合。這兩條航線不見於《順風

29　向達校注：《兩種海道針經》，第56—57頁。

相送》，可能是從東竹山向東南到卡里馬塔島，兩條支線可能在班達斯群島西南與東北分出，經過卡里馬塔島的東西。班達斯群島很小，不太可能爲航路所經，所以這兩條航路很可能是地圖作者的猜測，因而《順風相送》不記。

4.向東，航線標注乙，其下似乎還有一個辰字，可能因爲破損修復而使字體縮小，《順風相送》有此航線，下圖AHI。我在《鄭和下西洋新考》中考證了這條航線，《苧盤往汶萊》說：「苧盤用乙卯十五更取林哪喏山，在帆鋪邊。乙卯二十五更，見東邊有大山，即是東西蛇羅山，番名叫單戎獨山，並有小嶼。用單寅二十更到單戎嘮梅山，番名單戎絲立山……用單寅十一更取赤土白面山，遠看山上有石壁似帆樣。沿山使十更，取淡水港口，亦有淺，打水三四托，船不可開。甲寅並單寅十更取汶萊港口。」[30]

林哪喏山在阿南巴斯群島南部的艾拉布（Airabu）島或附近，[31]從離門島到這兩小島是94度225千米，接近乙卯（97度）十五更（225千米）。從艾拉布島到蛇羅山（塞拉散島Serasan）是95度305千米，接近乙卯二十五更（375千米），再向東到汶萊。林哪喏，顯然也是源自濕婆崇拜物林伽。

蛇羅山是這幅明末航海地圖上的東蛇龍山，其西的沙拉加島（Seraja）是西蛇龍山。《順風相送》的原文有誤，應該是先從蛇羅山向南，再到加里曼丹島西北部的達土角（Tanjong Datu），馬來語的單戎（Tanjong）是海角，單戎獨即達土角，從此處到詩巫（Sibu）西北的絲立（Sirik）角的直線距離是66度203千米，實際航線稍爲

30 向達校注：《兩種海道針經》，第84頁。

31 艾拉布島南有兩個小島，或許因為形似龍牙得名。

彎曲，接近單寅（60度）二十更（300千米），單戎絲立即絲立角。從絲立角到民都魯之北的海岬的直線距離是76度194千米，實際航線接近單寅（60度）十一更（165千米）。

▲ 苧盤往汶萊航路東段

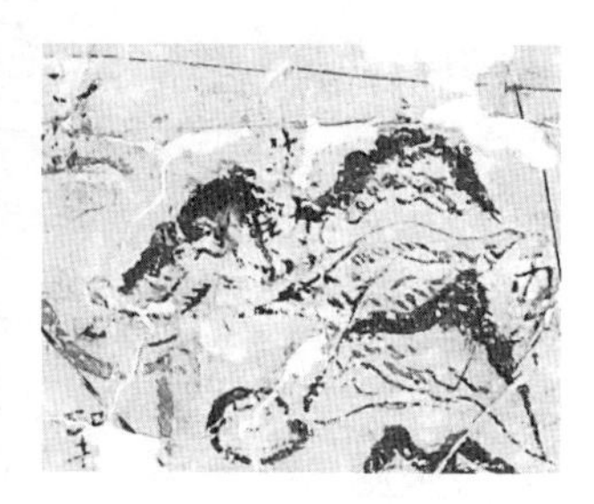

▲ 失勒山(見X頁彩圖)

離門島向東南與向東兩條航線之間的大島，其實標名失勒山，前人沒有注意到這個地名，因爲原圖破損，字跡不清，通過高清版本才能看到失勒二字。

失勒即馬來語的海峽selat的音譯，古人又譯爲質、薛盧都、薩廬都、失力、石叻、是叻、息力等，[32]指新加坡海峽，所以新加坡又名石叻、叻埠。

賓坦島是新加坡海峽最大的島，又名失勒山。《順風相送·苧盤往丁機宜針》回針：「用壬子及單壬十更，取失力馬鞍嶼山。用壬子、壬亥二更取東西竹，前去苧盤是也。」[33]賓坦島在東西竹的正南，所以此處的失力山就是賓坦島。

《指南正法·長崎往咬留吧日淸》也說到失力大山，向達誤

32　唐代人譯為質，見《新唐書·地理志》，薛盧都見《太平寰宇記》，薩盧都即《新唐書》，見周運中：《中國南洋古代交通史》，第183—184頁。

33　向達校注：《兩種海道針經》，第63頁。

以爲是浡泥的息力大山。[34]其實浡泥的息力大山是加里曼丹島，謝清高《海錄》咕噠國：「在尖筆蘭山東南海中，別起一大山，迤邐東南，長數千里，十數國據之。或謂之息力大山，此其西北一國也。由尖筆蘭東南行，順風約二三日可到……沿西北海，順風約一日到山狗王。」[35]咕噠，呂調陽注即婆羅洲，馮承鈞說咕噠語源不知，或是馬來語的城寨kota，或是加里曼丹島東北的古戴（Kutai）。其實二者都不對，kota即從泰米爾語進入馬來語的城寨，今譯爲哥打，一般在地名詞頭，不是專名。Kutai在加里曼丹島東北，不在西部。下條吧薩國說：「一名南吧哇，在咕噠東南。」咕噠在山狗王（Singkawang）、南吧哇（Mampawah）之間，應是加里曼丹島最西部的貢多（Gondol）角。尖比蘭即森美蘭（Tambelan）群島，其正東就是旗嶼（卡本島）與貢多角。十數國包括咕噠之下的吧薩、昆甸、萬喇、戴燕、卸敖、新當、馬神等。

息力即失力，但是加里曼丹島極大，不太可能稱爲海峽島。所以原來可能有一幅地圖可能把息力大山四個字寫在加里曼丹島之西，指加里曼丹島之西的海峽諸島，包括森美蘭群島、廖內群島等，但是又有人摹繪，把息力大山四個字寫到了加里曼丹島，謝清高看到的地圖就是如此，所以誤以爲加里曼丹島名爲息力大山。第一節說過，謝清高看到的地圖上還把蘇拉威西島與加里曼丹島畫成一個島，說明地圖在流傳過程中易誤。

34　向達校注：《兩種海道針經》，第186頁。

35　[清]謝清高口述、楊炳南筆錄、安京校釋：《海錄校釋》，第150頁。

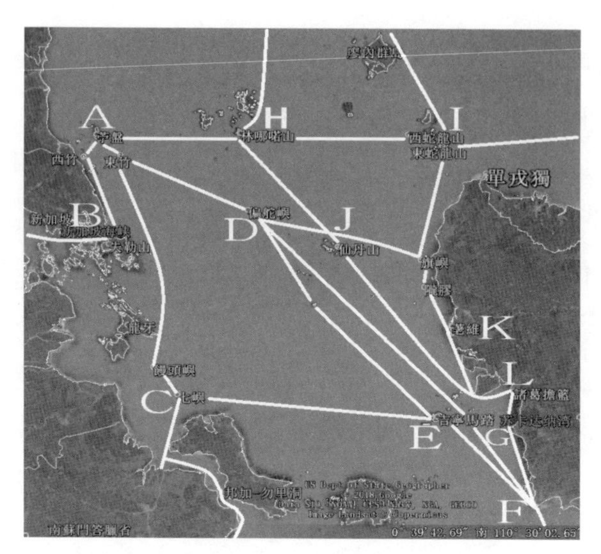

▲地圖與《順風相送》的加里曼丹島西部航線

牛津大學這幅航海圖上的東洋部分多參考《指南正法》，《順風相送》沒有萬老高，而《指南正法》有〈往網巾礁荖、萬荖膏〉針路。《順風相送》沒有惡黨，圖上有福堂，卽《指南正法》惡黨，是今班乃島（Panay）的奧董（Oton），卽《大德南海志》佛泥國管小東洋的啞陳。

這幅地圖上畫出了從福建到舟山群島的航線，《順風相送》無，《指南正法》有，《指南正法》多次提到寧波、普陀、盡頭（嵊山）。

但是《指南正法》與這幅地圖也有不同，主要是：

1.地圖上沒有《指南正法》所記寧波、舟山、溫州、沙埕往日本航線。

2.地圖上也沒有從福建烏丘島直接到臺灣再到日本的航線，

也即《指南正法》的廈門到長崎、暹羅往日本等航線所經。

3.地圖上僅畫出了從福州到臺灣、琉球、日本的航線，沒有經過臺灣島南北的航線，但是《指南正法》大量航線是從日本經過臺灣到菲律賓。

4.雙口到柬埔寨的航線，經過東西洞（東西董）、加里曼丹島，地圖上沒有畫出。

第五章將要說明這幅地圖的作者很可能是李旦，但是這幅地圖上的日本畫得不精確，可能是李旦未到或初到日本時繪製，所以這幅地圖上的福建到日本航線還是傳統的航線，沒有畫出日本經過臺灣到菲律賓的航線，也沒有畫出寧波、溫州、沙埕到日本的航線。

第三節　紅毛與化人爭奪萬老高

圖上在菲律賓東南部的角落標注：萬老高，同一地方又標注：紅毛住、化人住。萬老高即今印尼的馬魯古（Molucca）群島的音譯，又特指馬魯古群島首府所在的特爾納特島（Ternate）。

特爾納特島很小，但是因爲在馬魯古群島的最西部，靠近爪哇和菲律賓、中國航路，所以控制了香料群島的香料出口，成爲香料群島的首府所在。這個島上很早就出現了地方政權，並接受了伊斯蘭教，出現了蘇丹。

化人即西班牙人，紅毛是荷蘭人。荷蘭人的頭髮是紅色，所以明代人稱爲紅毛。圖上到荷蘭人住地和西班牙人住地還分出兩條航路，到萬老高之前的一段航路還有曲折，極爲精確。這是圖上唯一標出的外國島嶼分區，特爾納特島很小，但是如此清晰，說明作者熟悉此地。

◀ 萬老高

荷蘭人與西班牙人一度爭奪馬魯古群島，張燮《東西洋考》卷五〈美洛居〉記載此事說：「先是佛郎機來攻，國人狼籍，請降。赦其酋，令守舊為政于國，歲輸丁香若干，不設兵戍，令彼國自為守。和蘭既翰張海外，無安頓處，忽舟師直搗城下，虜其酋語曰：若善事吾，吾為若主，殊勝白頸（佛郎機人皆白頸，故云）。酋唯唯，又裨理國事如故。佛郎機聞之怒曰：悔不殺奴汙吾刃，奴故反耶。亟治兵征美洛居，驅澗內華人，命當一隊，刑法酷急，華人中途殺夷王，駕其舟遯歸。事具《呂宋考》。王子自朔霧馳還，呂宋嗣立為王，飲恨久之，益出兵竟父所志。紅夷雖主美洛，每一二載大衆輒返國，既去復來，呂宋王兵抵境外，值紅夷空國言返，斬關以入，遂殺美洛居酋，立所親信主之。紅夷繼至復破呂宋酋，逐之去，更立美洛居酋子為嗣。自是每歲爭鬥，遞為勝負。華人某者，流寓彼中，慧而黠，有口辯，遊說兩國間，分萬老高山山半為界，山北屬和蘭，而山南屬佛郎機，各罷兵，並雄茲土。」

美洛居即馬魯古的音譯，也即萬老高，指特納特島。因爲馬魯古群島是香料集中產地，所以歐洲人爭奪激烈。白頸也是frangi的漢語異譯，白是唇音，讀音近fran，頸的南方話是gin。

1521年葡萄牙人開始在特爾納特島上定居，1570年被蘇丹包圍，1575年退往安汶。1581年葡萄牙、西班牙合併，1599年荷蘭人聯合特爾納特人，進攻蒂多雷島的葡萄牙人。[36] 1603年，西班牙軍隊從菲律賓討伐特爾納特島，但是荷蘭人援助成功。1605年荷蘭人幫助特爾納特島的土著把葡萄牙人趕出此島及蒂多雷島，次年西班牙軍隊反攻，在特爾納特島駐軍。[37] 1607年荷蘭人反攻，幫助新蘇丹建造Malayo要塞。1609年西班牙人、荷蘭人休戰，即《東西洋考》所說二國休戰，各占美洛居一半。荷蘭人把Malayo要塞擴建爲奧蘭治（Orange）要塞，成爲荷蘭東印度公司首府。1619年，公司遷往雅加達。

1621年，葡萄牙船長安德列·科埃略（Andre Coelho）給伊比利亞國王的報告說：「摩鹿加群島（Malucas）的大部分地區同樣被這些荷蘭人[佔領著]，尤其是丁香群島。特爾納特島上有四座要塞，分別爲馬拉若（Malajo）、塔克美（Tacome）、塔洛克（Taloco）和卡拉馬塔（Calamata）。陛下在該島擁有三座要塞：我們的老要塞，另一個叫東吉爾（Dongil），以及桑塔露西亞（Santa Luzia）要塞。」[38]

36 [葡]洛瑞羅：〈沒有南部就沒有印度——葡萄牙人對荷蘭人來到東方的感受〉，澳門《文化雜誌》中文版，2010年夏季刊。

37 [英]D·G·E·霍爾著、中山大學東南亞歷史研究所譯：《東南亞史》，商務印書館，1982年，第312—313頁。

38 [葡]安德列·科埃略：〈1621年關於荷蘭在東方實力的報告〉，澳門《文葡萄牙的老要塞是葡萄牙人1522年最早在特爾納特島西南角建立的要塞，荷蘭人沿用島上土著的地名，稱爲Gammalamma，荷蘭人繪製的馬魯古地圖上卽用此名。今名Kastella或Castela，卽城堡。

塔克美在島的西北方，塔洛克在島的東北方，卡拉馬塔要塞在島的東南方，正對蒂多雷島，在今Kayu Merah。根據荷蘭人1622年的地圖，距離卡拉馬塔要塞西部不遠處有西班牙人的要塞，有學者推測是桑塔露西亞要塞，這座要塞直接抵抗荷蘭人的卡拉馬塔要塞。再往西還有一座聖彼得與保羅（Sant Peter and Paul）要塞，建於16世紀，可能是葡萄牙人所說的東吉爾要塞。

總的來看，荷蘭人佔據了島的東部和北部，而西班牙與葡萄牙人佔據島的西南部。荷蘭人佔據的多是平地，包括蘇丹都城，人口稠密，經濟發達，所以西班牙人最終撤退。

西班牙人1663年放棄了特爾納特島與蒂多雷島，此時已是淸代康熙二年。而此圖是明代政區，所以應是1644年前的明代人繪製。從圖上萬老高同時有紅毛（荷蘭人）和化人（西班牙人）居住來看，這張圖的繪製時間在1610年—1644年間，和《東西洋考》、《指南正法》的成書時間接近，最遲不到1663年。

牛津大學這幅地圖上的化人畫在特爾納特島的北部，紅毛畫在島的南部，事實正好相反，說明這是示意圖，作者沒有到過特爾納特島。

特爾納特島又名千子智，也是音譯，詳見下一節。《東西洋考》

化雜誌》中文版，2010年夏季刊。

卷九〈東洋針路〉:「千子智港:對面是直羅里,稍上是紹武淡水港,紅毛夷駐處。紹武淡水港:此處大山凡四,進入卽美洛居,舶人稱米六合。」

直羅里是特爾納特島東南的蒂多雷島,說明此處的千子智港是距離蒂多雷島最近的港口,中國海船停在荷蘭與伊比利亞人控制區之間。紅毛夷駐處是蘇丹所在的都城,所以說稍上,卽稍往北。

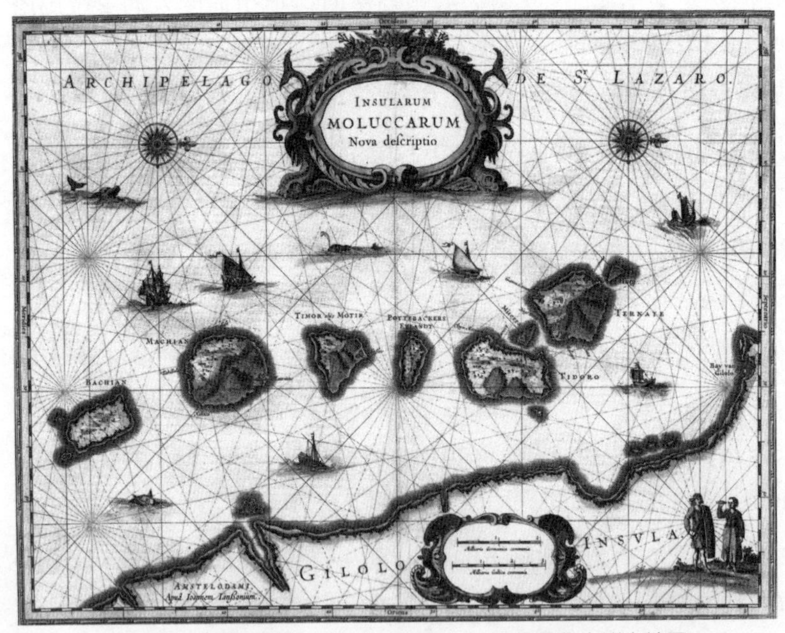

▲ 1633年荷蘭人霍安・布勞(Jan Blaeu)的馬魯古群島地圖

▲特爾納特島放大圖

▲葡萄牙、西班牙、荷蘭在島上的要塞分佈圖

第四節　菲律賓到萬老高的航路

這幅圖的東洋航路很可能參考《指南正法》，此書的《往網巾礁萬荖賫》記載了從呂宋往萬荖賫（萬老高）的航路：

紅面大山：沿山使一更取以能外文武大樓大山門中。
能久大山
以能嶼：外過放洋仔，乾巽八更開嶼收。
高樂山
漢降岐山
系羅裙山：沿山使，盡山尾是交逸泉，番仔甚多，可防。
交逸山：沿山使去，有港便是三寶顏。
三寶顏：對開南面大山是獨奇馬山。
獨奇馬山：有三州相連二邊可行舡，落去是山尾。
三寶顏山尾：有嶼，斷腰，內深，可行船，單卯五更，取里高耀
網巾礁荖：里高耀沿山使，盡四更，大灣卽網巾礁荖。
小相逸：巽巳十三更，取沿山，名曰髻仔山。
髻仔山：其山甚大，五個山頭，東高西低，有一列嶼，七八個。
龜魚山
大相逸：此山卽腳桶嶼。
千仔致大山
紹舞：到萬荖賫[39]

文武樓大山在馬尼拉灣南口，以能嶼是民都洛島西南的伊林（Ilin）島，《東西洋考》卷九〈東洋針路〉：「以寧港：山尾十更，西

39　向達校注：《兩種海道針經》，第162—163頁。

邊取里擺翰至高藥港。」《指南正法》的高樂山應是高藥港，即今民都洛島南的庫約（Cuyo）群島，從伊林島南到庫約群島之東是130千米175度，距離接近，方向有誤，乾巽或是巽巳之誤。里擺翰，是庫約群島之北的奎尼盧班（Quniluban）群島。

漢降岐山是庫約群島之南的卡加延（Cagayan）群島，音譯爲漢降，岐可能是崎之誤。

系羅裙山在棉蘭老島西邊的錫奧孔（Siocon），其南有交逸山，是考逸（Kauit），再南是三寶顏（Zamboanga）。

獨奇馬山是描絲蘭（Basilan）島，古地圖作Tagima，即獨奇馬。[40]在三寶顏正東的半島之南，所以說是對開南面大山。

里高耀山在獨奇馬山正東五更（75千米），則是哥打巴托西北的本高（Bongo）島，從此島到哥打巴托最近，島上有地名Litayen，網巾礁荖即地圖上的馬軍礁羌，羌是老之誤，閩南話礁是ta，即今棉蘭老島南部的馬京達瑙省會哥打巴托。

從哥打巴托向南沿岸航線，到棉蘭老島最南端大致是十三更（195千米），所以髻仔山在棉蘭老島最南。

大小相逸即印尼的桑義赫島（Sangihe），音譯爲相逸，閩南語的相是[siang]。桑義赫島由南北兩個火山組成，北山大，是大相逸。因爲火山形似腳桶，又名腳桶嶼。南山小，是小相逸，這個火山口的西南殘缺，而且東高西低，其南還有七八個小島。原文的小相逸、髻仔山兩條顯然標題顚倒，中間還有大相逸，應該是：「髻仔山：巽巳十三更，取沿山，名曰髻仔山。大相逸：此山即腳桶嶼。小相逸，

40　吳文煥：〈中國古籍中菲律賓地名考證〉，《北大史學》第9輯。

其山甚大，五個山頭，東高西低，有一列嶼，七八個。」

紹舞即桑義赫群島南面的紹（Siau）島，從此向東南到特爾納特島。千仔致大山其實就是特爾納特島，因爲閩南語的千仔致是[tshian][a][ti]，即Ternate的音譯。

所以《東西洋考·東洋航路》說：「紹山，又用乙辰針，十更，入千子智港，是米洛居地，今佛郎機駐此。」紹山即紹舞，千子智即千仔致，其實是從蘇拉威西島的東北角航行到特爾納特島，方向111度，距離254千米，接近乙辰（112度）十五更（225千米），此處針路有誤。應是先向南到蘇拉威西島，再向東南到特爾納特島。

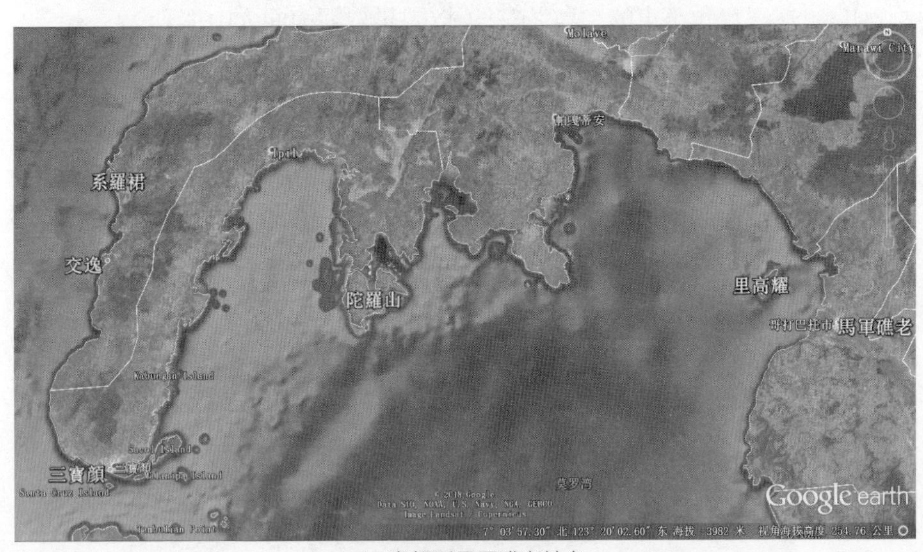

▲ 三寶顏到馬軍礁老地名

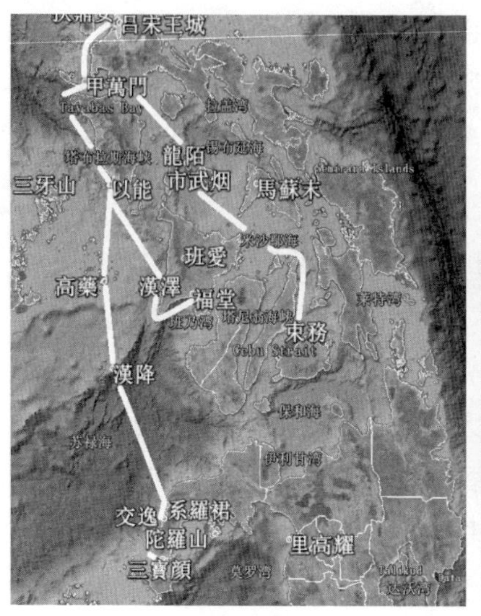

◀從馬尼拉到三寶顏、宿務、福堂的航路

▼馬軍礁老到萬老高的航線

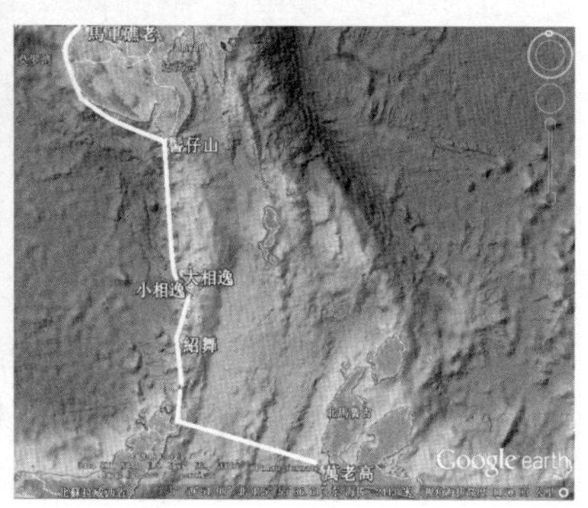

還有一條米沙鄢群島的航路，《東西洋考》卷九〈東洋航路〉：「又從以寧港，用丙巳針，取漢澤山，即屋黨港口……又從漢澤山，用丙午針，二十更，取交溢，一名班溢。交溢，稍下為逐奇馬山，用乙辰七更，取魍根礁老港。」漢澤山是班乃（Panay）島西南的漢狄（Hamtic），閩南語的澤是[tik]，班溢即班乃。屋黨是班乃島南部的奧董（Oton），《大德南海志》作啞陳。向南二十更，即棉蘭老島。交溢即交逸，逐奇馬即獨奇馬，閩南語逐、獨同音，此處說稍下，即沿山航行。從奧盧丹牙島東部到哥打巴托是136千米95度，接近乙辰（112度）七更（115千米）。

《順風相送》也記載了這一條航線，〈泉州往杉木〉：「單巽取芒煙大山，沿山使用巽巳，取平嶼過洋。單辰五更，取高西山右邊離山。辰巽取里沙大山，沿山落，丙巳取大山尾，丙巳好風二十更單巳取麻安大山，單午見雙里山，船在山西邊過。丙午十五更取蘇祿。」[41]芒煙大山即民都洛島，又名麻逸（Mait），巽巳是在民都洛島西南航行，里沙大山應是班乃島，向南二十更則到棉蘭老島，即麻安大山，單午到雙里山，疑即錫奧孔，再南到蘇祿。

從呂宋到宿務的航線，即《指南正法·雙口至宿霧山形水勢》，記載九個地名，其中龍陌大山：「有四個嶼。」即龍波羅（Rombolo）島及其北部的三個小島。其下是馬蘇末：「有腳嶼，對開是巫里仔嶼，即芒路，市武煙大山對開。」馬蘇末即馬斯巴特（Masbate）島，市武煙大山是市布煙（Sibuyan）島，巫里仔的閩南語是ma-li-a，即班乃（Panay）島。其下是白表仔：「對門市武祿。」其下是竹篙嶼：「牛嘴吼到宿務。」〈宿務回雙口〉開頭是竹篙嶼、市武祿、對開班愛大山、腳桶嶼、市武淵。[42]班愛大山即班乃島，腳嶼是腳桶嶼，是馬斯巴特島西南的金托托羅（Jintotolo）島，市武淵是市布煙島。

從呂宋到福堂（Oton）的航路，即《指南正法·雙口往惡黨》，從漢澤大山尾用單午沿山直落惡黨，即從班乃島西南角向北開。

呂宋到汶萊的航線，即《指南正法·往汶來山形水勢》：

呂帆紅面山：文武樓出舡，坤未十三更平麻茶洋。丁未二十更，此內小羅房山、小煙可窯山、七峰三牙山。

七峰山：七個大山頭，高尖峰。

三牙山：丁未五更取巴荖員。

巴荖員：丁未五更，平沙岐頭尾。

---

41 向達校注：《兩種海道針經》，第94—95頁。

42 向達校注：《兩種海道針經》，第162頁。

沙岐頭尾：有老石淺，行船仔細，丁未五更，取羅僕山。

羅僕山：此山高大。

犀角山：丁未八更及單丁，取聖山。

聖山：充天高大。聖山下，對二個嶼是五嶼。

五嶼：丁未五更，平三嶼叫昆侖。

昆侖山：近看三個，遠看一個，開洋有老古石。坤申更半長腰嶼門，巡昆身使。

長腰嶼

鯉魚塘

渤黎：亦做毛花臘，卽汶來。[43]

呂帆卽盧邦（Lubang）島，麻茶洋是佛得（Verde）島海域，閩南語的茶是te，小羅房山是小盧邦島，在盧邦島附近，七峰山是布桑加（Busanga）島北部的一組小島，主島七個，其實不高，最高的才135米，高尖峰是《指南正法》的文字最初整理者看到航海圖上畫的樣子而寫出，下文說五嶼是兩個島，也是因爲圖上畫了兩個島，應該是五個島。有學者認爲七峰山在巴拉望島西南部，[44]此說不合針路。

三牙山卽布桑加島，三牙是音譯，巴荖員是巴拉望（Palawan）島，沙岐頭尾卽巴拉望群島最南端的海岬，西南到羅僕山正是五更（75千米），羅僕山卽《順風相送．暹羅往馬軍》的蘿蔔山，今巴蘭班幹島。以南到汶萊，見上文〈暹羅往馬軍〉。

43　向達校注：《兩種海道針經》，第164—165頁。

44　吳文煥：〈中國古籍中菲律賓地名考證〉，《北大史學》第9輯。

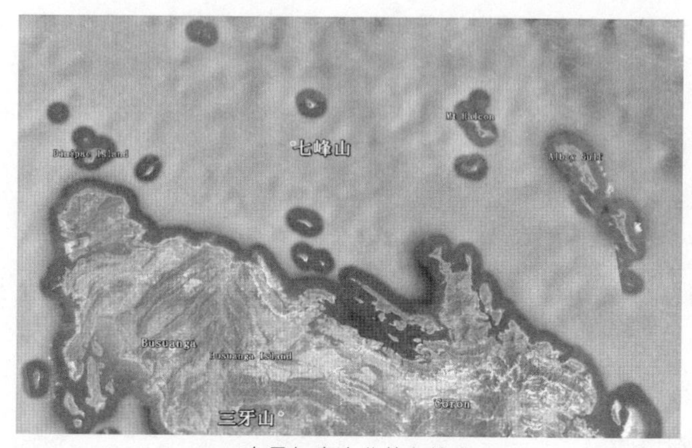

▲布桑加島之北的七峰山

《順風相送·呂宋往汶萊》：「雞嶼開船，用巳丙及乙辰十更，沙塘石開船，到呂蓬港口。若是呂蓬山外過，討麻里呂。坤未五更取芒煙山，丁未及午丁十更取麻幹洋了討鬱山，無風搖櫓二日三夜。單午及丁未取小煙山前密。丁未五更取三牙七峰山。單丁五更取芭荖員。」[45]航線相同，但是開頭方向有誤，因爲文字的整理者看到的地圖旋轉到了垂直方向，所以針路旋轉了90度。雞嶼是馬尼拉灣口的科雷希多（Corregidor）島，從此到呂蓬山（盧邦島）是西南，但是此處誤爲東南。從盧邦島到芒煙山（民都洛島）是東南，但是此處誤爲西南。麻幹洋是民都洛島西部的薩布拉延（Sablayan）之北的潘丹（Pandan）島海域，音譯爲麻幹。討鬱山是薩布拉延之南的東公（Dongon）岬，音譯爲討鬱。回路從七峰山丑癸五更到赤葉，赤葉即薩布拉延的音譯。

《順風相送》的〈泉州往杉木〉是從米沙鄢群島到蘇祿，但是〈杉木回浯嶼〉則是從麻里奔山（塔威塔威島）直航三牙七峰山。

45 向達校注：《兩種海道針經》，第89—90頁。

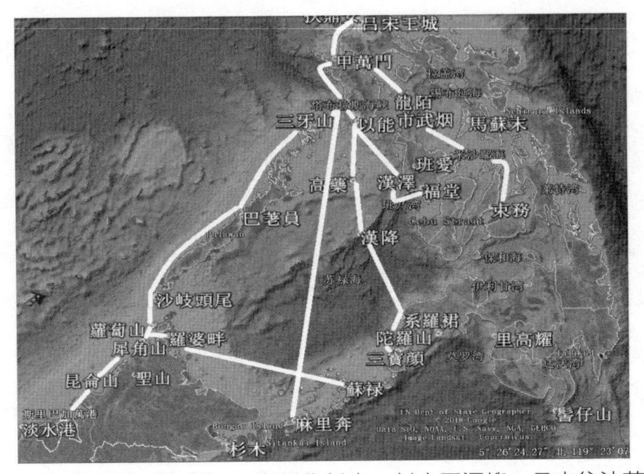

▲ 暹羅往馬軍（東段）、泉州往杉木、杉木回浯嶼、呂宋往汶萊

第五節　中國到菲律賓的航路

此圖的呂宋島西北部連標大港、射昆美、月投門、香港、南旺、台牛坑、玳瑁、頭巾礁、扶鼎安、呂宋王城十個地名，呂宋王城即馬尼拉。這是圖上地名最密之地，說明此圖作者很重視呂宋島。

從閩南到萬老高的航路很遠，必經菲律賓群島，呂宋島則是菲律賓的中心，中國人到呂宋經過其西北部，所以圖上的呂宋島西北部的地名最密。

但是學界對這些地名的研究還很少，前引陳佳榮先生之文，解釋菲律賓西北部九個地名的今地是：

1.大港：《順風相送》、《東西洋考》均載，今呂宋島北部的阿帕里（Aparri）。

2.射昆美：《順風相送》作射昆美，《指南正法》作謝昆米，在呂宋北部阿帕里西面的桑切斯米拉（Sanchez Mira）。

3.月投門：《順風相送》亦載。在呂宋西北端的美賴拉角（Mayraira Pt.）。

4.香港：本圖獨載，應在呂宋西北岸的布戈斯（Burgos）。

5.南旺：《東西洋考》亦載，在呂宋島西北岸的拉奧（Laoag）。

6.台牛坑：《順風相送》作殺牛坑，另有刣牛坑、宰牛坑等地名，《順風相送》、《東西洋考》又作樸頭門，按閩南語表示宰殺的的刣、宰，讀若台，在呂宋西岸的維甘（Vigan）。

7.玳瑁：《順風相送》、《東西洋考》均作玳瑁港，呂宋西岸的仁牙因（Lingayen）。

8.頭巾礁：《順風相送》、《東西洋考》均載，指呂宋巴丹(Bataan)省西岸外的卡彭斯島（Capones I.）。

9.扒鼎安：是扶鼎安之誤，《順風相送》作覆鼎安山，《東西洋考》作覆鼎山，即馬尼拉灣附近的巴丹山。

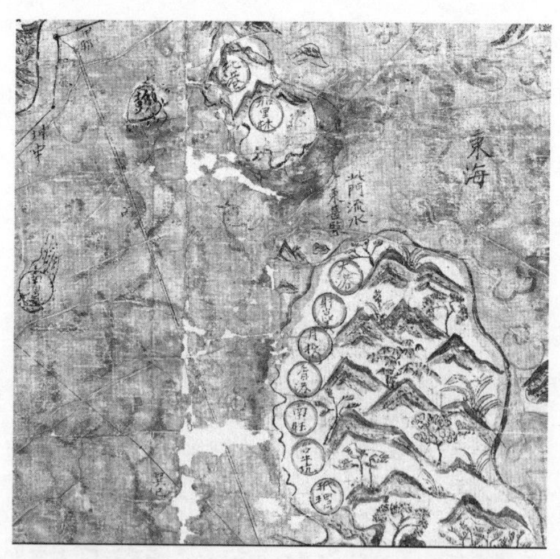

▲ 呂宋島西北的七個地名和南澳氣（東沙群島）

今按，大港確實是阿帕里灣，頭巾礁確實是卡彭斯島，玳瑁港是今林加延灣，以上地名爭議不大。但是另外六個地名可以據《順風相送》、《指南正法》重考，因爲必須全面考證臺灣到呂宋航路的沿途地名，所以我們可以連帶考證巴坦群島和巴布延群島的諸多地名。

《指南正法》的〈東洋山形水勢〉其實是從大擔島到馬尼拉的航路指南，也是《順風相送》、《指南正法》二書中最詳細的一篇從中國到菲律賓的航路指南，出現地名最多，特別是巴坦群島和巴布延群島地名，此篇說：「琉球仔生開津嶼，有椰樹，有番住，及郎嬌大山，前流水過，西北轉灣，灣內有天古石礁牌，有十里之地。下東大低尾，卽岐尾山岐頭尾，到只有五更，門中流水東北甚緊，遠看三個近成一個。東邊有一個小嶼，西[大]東小。近山用祭獻剪草，辰巽取藤宗，遠看二個，近成一個，另開。有山名夷播草，有番住。播武開山大，多樹木，番亦多。東有筆架，又名播武闌仔，南是巴踏山門，流水甚緊，去東。謝昆米尾崎山，大灣內是烏人磨，過，額頭有石佛叫大明神。大明神內有沙灣，是凹眉光眼。又額頭東去，隨昆身見巴踏，有厝，一針一巡，昆身過三次，柳樹有五更，船是豬膀港。」[46]

此處的琉球仔是今屏東縣西南的小琉球島，郎嬌大山卽恒春半島的高山地區，恒春鎭的前身是原住民的琅嶠社，清光緒元年（1875年）設恒春縣，郎嬌卽琅嶠。船到貓鼻頭，轉進西北的海灣，卽臺灣最南部的南灣。天古石是老古石之訛，老古石是閩南船民對礁石的稱呼。向東的低山卽岐尾山岐頭尾，是臺灣島最南部的海

46　向達校注：《兩種海道針經》，第138—139頁。

岬鵝鑾鼻，所謂流水甚緊，即牛津大學所藏明末閩商航海圖上的所說：「此門流水東，甚緊。」指的是巴士海峽的洶湧海流。

夷播草山應是夷播葉山之形訛，草、葉二字形近，即今伊特巴亞島（Itbayat）的音譯。或說是呂宋島北部的布林戈（Burgos），[47] 誤。

播武開山應是播武蘭山之形訛，開、蘭形近，下文又說到播武蘭仔，可知不是開。播武蘭山從讀音來看是今巴布延島（Babuyan），主峰1088米，所以說山大。閩南語的播武蘭是pobulan，音近Babuyan。但是從伊特巴亞島向南，應該先到巴坦島，不應該先到巴布延島，所以此處可能有誤抄。

夷播葉山之東有筆架，應是指巴坦（Batan）島，此島東北和西南有兩個高山，中間低矮，所以可以稱爲筆架。〈鄭和航海圖〉曼谷灣口也有筆架山，是今梭桃邑（Sattahip）西南的普紹海岬（Laem Pu Chao）。[48]

東高見紅荳嶼，指臺灣島東南部的蘭嶼，又名紅頭嶼，因爲紅色岩石得名。東高指航路偏向東北，則到蘭嶼。

謝昆米嶼有兩個相排，即並列，又名播武蘭仔，南是巴踏山門，應是指巴坦島西部的薩布唐（Sabtang）島，音近謝昆米。其西還有兩個小島，靠近薩布唐島的一個稍大，即所謂謝昆米嶼有兩個相排。或說播武蘭仔是呂宋島北部的潘普洛納（Pamplona）河，[49]誤。

---

47 陳佳榮、謝方、陸峻嶺：《古代南海地名匯釋》，北京：中華書局，1986年，第310頁。

48 周運中：《鄭和下西洋新考》，第189—190頁。

49 陳佳榮、謝方、陸峻嶺：《古代南海地名匯釋》，第842頁。

其南是巴踏山門，卽巴林塘（Balintang）海峽。流水甚緊，去東，指向東的海潮很急。

從巴踏島往南五更，到豬勝，豬勝的閩南語讀音是tilo或tulo，應是今加拉延島（Calayan）北港，其西北角是都母落（Tumulod），音譯爲豬勝。此地距離巴坦島是五更，距離大港是三更，距離符合。或說豬勝港在呂宋島北部的阿布魯（Abulug），[50]誤。

加拉延島之南有富加（Fuga）島，因爲讀音接近筆架，也叫筆架山，《順風相送》的〈太武往呂宋〉說：「（沙馬歧頭）單丙二十更，取筆架山，與大港口相對，及紅荳嶼，丙午七更取射昆美山。丙午及單巳十更，取月投門。」[51]沙馬歧頭應是沙馬頭，卽鵝鑾鼻，光緒二十一年（1895年）《恒春縣志》卷十五〈山川〉說：「鵝鑾鼻，舊名沙馬崎。」[52]筆架山在鵝鑾鼻正南，不可能是巴坦島，而是富加島，其南正對大港口，在呂宋島北岸。射昆美山也在呂宋島，下文要論證月投門卽今巴多克（Badoc）附近，其北十更卽約150里的射昆美，正是在呂宋島的西北角。

《順風相送》的〈松浦往呂宋〉說：「（沙馬頭大灣山）丙午三十五更取射昆美山，丙午、單巳十更，取月投門。」[53]沙馬頭卽鵝鑾鼻，從此處向正南三十五更，到射昆美山，也說明射昆美山在呂宋島西北角，疑卽蘇吉布（Sugiab）角，音近，北緯18度36分，東經120度46分。這個射昆美在呂宋島西北角，不是謝昆米嶼（薩布唐

50　陳佳榮、謝方、陸峻嶺：《古代南海地名匯釋》，第709頁。

51　向達校注：《兩種海道針經》，第88頁。

52　[清]屠繼善：《恒春縣志》，《臺灣文獻史料叢刊》第8冊，大通書局，1984年，第253頁。

53　向達校注：《兩種海道針經》，第91頁。

島），二者是同源地名。

《順風相送》的〈泉州往彭家施蘭〉說：「沿山五更取沙馬頭，住船二邊有雞籠嶼。辰巽十更，取（毛）[筆]架及五嶼，遠看見是紅荳嶼並東浮甲在東邊，及甘里，輕取大港。若風東，用辰巽，取小港，出港，辛酉七更，取射昆美。若見紅荳嶼，不收入大港，當用丙午，沿山使，一二更，取哪哦。」[54]

五嶼是巴布延群島的五個主島，浮甲山即富加島，在紅荳嶼之東，前人已指出紅荳嶼是富加島之西的達盧皮里島（Dalupiri），[55]原名可能也是紅頭嶼，也因爲紅色的岩石得名，和臺灣東南的紅頭嶼（蘭嶼）是同源地名。前人已指出甘里是富加島東面的甘米銀島（Camiguin），[56]甘里是音譯。

此條說如果看到達盧皮里島及其以東的富加島、甘米銀島，則向南，進入大港，如果被風吹往東面，則向東南入大港，原文缺一句，再向西到小港，出港向西七更到射昆美。如果僅僅看到達盧皮里島，則不去大港，直接到呂宋島的西海岸，沿岸到哪哦（Laoag）。說明大港在東，小港在西，而且都在呂宋島西北角，則大港即呂宋島東北部的阿帕里（Aparri）灣，小港是今帕薩倫（Pasaleng）灣，小港是其西部的班基（Bangui）灣，小港面積略小。射昆美在小港之西的七更，不是大港，所以不是阿帕里灣內的桑切斯米拉。

張燮《東西洋考》卷五〈呂宋〉說：「大港，是東洋最先到處，彼中一大部落也。砌石爲城。佛郎機以酋來鎮。米穀繁盛，他產不

54 向達校注：《兩種海道針經》，第94頁。
55 陳佳榮、謝方、陸峻嶺：《古代南海地名匯釋》，第390頁。
56 陳佳榮、謝方、陸峻嶺：《古代南海地名匯釋》，第250頁。

過皮角之屬。未至港，有筆架山。」[57]阿帕里在呂宋島最大的卡加延（Cagayan）河的河口，平原廣闊，所以米穀繁盛。其北是巴布延群島，所以歷史上和臺灣交通便利。原來就是呂宋島和中國、日本交往的要地，西班牙人很早就在此建城，現在是卡加延省的省會及最大城市。

明末閩商航海圖上的大港在呂宋島西北角，而非東北角，射昆美在大港西南，其實大港在呂宋島東北角，射昆美在其西北。

〈東洋山形水勢〉下文又說說：「豬勝港港口有沙淺，開防之。用乙辰三更，巡坤身六托到[大]港，大港口拋椗，進港俟水漲，舡尾坐筆架，淺上三托，過淺卽深。刣牛坑灣內出來，單酉三更，過三十一坡頭，六七托（土）[水]，白土坡有老古石仔。丁午針三更，見茬沃港口。」所謂舡尾坐筆架，卽船尾對富加島，此時是繞過阿帕里灣、帕色棱灣之間的海岬，進入班基灣，說明刣牛坑灣就是班基灣，再轉入呂宋島西海岸。此段中間應有脫文，從卡拉延島到大港之間還有富加島，從阿帕里灣到班基灣中間還有帕色棱灣。

《東西洋考》卷九〈舟師考〉說大港：「用辛酉針，三更，取哪哦山。」[58]其實《東西洋考》有誤，拉瓦格在島西，大港在島北，應是辛酉三更，轉到西岸，再向南三更才到拉瓦格。《東西洋考》是張燮等文人搜集船民航海指南再次彙編作品，所以不及《順風相送》與《指南正法》可信。《東西洋考》卷九又說：「筆架山，遠望紅頭嶼並浮甲山，進入爲大港。」[59]浮甲山卽富加島，但是《東西洋

57　張燮著、謝方點校：《東西洋考》，第182頁。

58　張燮著、謝方點校：《東西洋考》，第182頁。

59　張燮著、謝方點校：《東西洋考》，第182頁。

考》使人誤解從筆架山向南就是大港，其實是從浮甲山向西南。

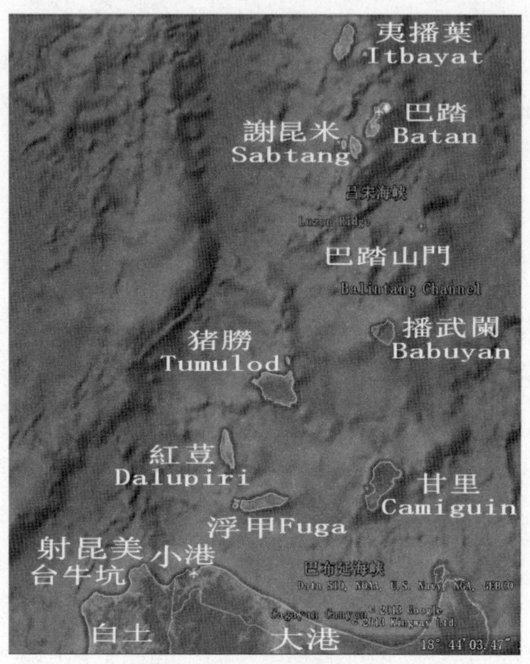

▲臺灣到呂宋島航路地名圖

Laoag不是南旺，向達先生在《兩種海道針經》的索引已經指出《指南正法》的荖沃是今拉瓦格（Laoag），《指南正法》的〈泉州往邦仔系蘭山形水勢〉說哪哦山皇山尾：「沿山使，一日好風，見一、二、三嶼是月投門。」[60]哪哦山，向達說無考，其實就是Laoag的音譯。

白土山在荖沃港口之北三更，則在今波波多（bobodo）海岸，音譯正是白土，不是意譯或漢人命名的地名。〈泉州往邦仔系蘭山形

60　向達校注：《兩種海道針經》，第161頁。

水勢〉的哪哦山皇山尾，其實就是白土山，白土二字上下連寫，訛爲皇字。或說白土是巴達（Badoc），[61]但是此地在拉瓦格之南，白土山在其北部。

《東洋山形水勢》說荖沃之後是一嶼、二嶼、三嶼、四嶼，其中二嶼相對灣內額頭港口是南旺。或說二嶼在蘇比克灣附近，三嶼在維甘附近，四嶼在坎當之南，位置不詳。[62]

其實這四個嶼是拉瓦格南面海岸四個突出的海島，一嶼卽今巴多克（Badoc）島，二嶼是今坡羅（Poro）島，南旺是該島東南的拉布格（Lapog），音譯正是南旺。有學者認爲南旺是呂宋島西北角的Namoac，[63]今按此說位置不合。

三嶼是今平格特（Pinget）島，又說：「三嶼卽密岸表尾，生開洋及剖牛坑大山，生落港是剖牛坑。」《順風相送》的〈泉州往彭家施蘭〉說：「取哪哦山尾，見白土山，沿山使，好風，使一日一夜，收三嶼密雁港口，便是襆頭門，卽殺牛坑。」密岸、密雁卽今維甘（Vigan），其東北卽剖牛坑大山。

這是南部的剖牛坑，也卽明末閩商航海圖上的台牛坑，不是上文所說呂宋島北海岸的剖牛坑。有學者認爲這個剖牛坑是維甘南北的Rancho，是西班牙語的牧場，可能是屠宰場。[64]

61　陳佳榮、謝方、陸峻嶺：《古代南海地名匯釋》，第291頁。

62　陳佳榮、謝方、陸峻嶺：《古代南海地名匯釋》，第106、126頁。

63　吳文煥：〈中國古籍中菲律賓地名考證〉，《北大史學》第9輯。

64　吳文煥：〈中國古籍中菲律賓地名考證〉，《北大史學》第9輯。

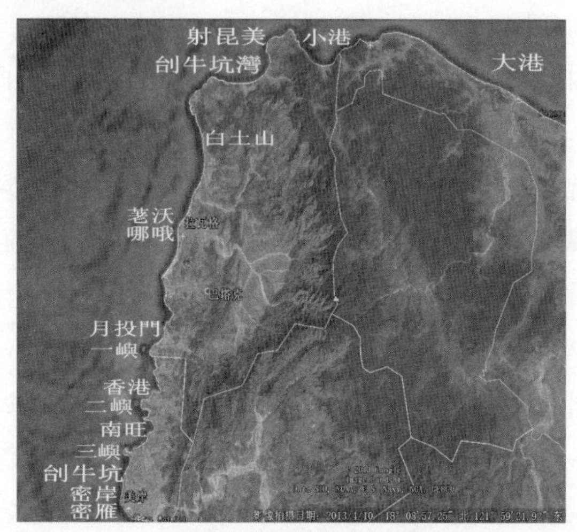

▲ 呂宋島西北部地名圖

〈東洋山形水勢〉又說:「麻祿水,過密岸,一山灣內有一老古潭是也。內有小尖嶼,似鯽魚嘴,相喊岸童山,山下有一港,多岐仔,南山,山邊有老古石。丙午針見(凹)[四]嶼布樓山,與岸童相連,山邊四嶼,內可寄椗討柴水。四嶼開在布樓前,東邊是午律大山。」前人已指出岸童即今坎東(Candon),[65]四嶼今已連陸,即聖費爾南多角(San Fernando Pt.),其東連陸處有珀羅(Poro),即布樓。

〈泉州往邦仔系蘭山形水勢〉哪哦山過一二三嶼是月投門,說明月投門在一嶼之前,月投門不是美賴拉角,《順風相送》的〈太武往呂宋〉說:「(射昆美山)丙午及單巳十更,取月投門,單丙三更,坤未三更,取麻里荖表山。」說明月投門在射昆美山之南十更,

65 陳佳榮、謝方、陸峻嶺:《古代南海地名匯釋》,第501頁。

也說明在一嶼附近，很可能就是巴多克的音譯，所以明末閩商航海圖上的月投門在南旺之北。

香港在月投門、南旺之間，可能是卡布高河口的潘奧甘（Panaogan），音近閩南語的香港。

張燮《東西洋考》卷五〈呂宋〉說：「南旺，在大港相連，再過爲密雁，爲雁塘，皆小小村落。」[66]其實南旺和大港很遠，張燮看到的地圖上畫在一起，張燮誤以爲二地相連，雁塘卽岸童，卽今坎東。

〈東洋山形水勢〉說：「（午律大山）巳針入玳瑁，辛酉過表。玳瑁表在房仔系蘭生來，表腰有港可過船，名麻里荖。麻里荖在表腰。港內出蘇木，可收船。白表仔生開船，有老古礁，須防之。」

《順風相送》的〈泉州往彭家施蘭〉說：「單午取麻里荖斷嶼，丁午五更取蘇安港，沿山使是玳瑁港，過東是傍家施蘭港。」

彭家施蘭、傍施蘭、房仔系蘭，向達指出卽《明史》馮嘉施蘭，卽今班詩蘭省（Pangasinan）所在的林加延（Lingayen），麻里荖是林家延灣西北角的博利瑙（Balinao），其東有聖地牙哥島（Santiago）和卡巴魯延島（Cabarruyan），周圍有珊瑚礁，這就是斷嶼，再南是蘇安港，卽蘇阿爾（Sual），其東卽玳瑁港，再東是林加延。麻里荖的玳瑁表，指從林加延一直延伸而來的珊瑚礁、沙洲，中間有水道可以過船。

博利瑙卽宋元時期的蒲哩嚕、麻里魯，南宋趙汝適《諸蕃志》三嶼：「蒲哩嚕與三嶼聯屬，聚落差盛。人多猛悍，好攻劫。海多鹵

66　張燮著、謝方點校：《東西洋考》，第95頁。

股之石，槎牙如枯木，芒刃銛於劍戟，舟過其側，預曲折以避之。產青琅玕、珊瑚樹，然絕難得。風俗、博易與三嶼同。」[67]三嶼在今呂宋島南部，我另有考述。[68]元末汪大淵《島夷志略》第14條麻里魯：「小港迢遞，入於其地。山隆而水多鹵股石，林少，田高而瘠，民多種薯芋。」藤田豐八認爲是馬尼拉，夏德與柔克義認爲是呂宋東部海上的波利略（Bolillo）群島，蘇繼廎認爲是馬尼拉。[69]今按馬尼拉地處平原，不是山地，也沒有礁群，鹵股石卽老古石，源自馬來語的礁群batu rongkol。博利瑙讀音接近，地處山區，周圍多礁石，所以是蒲哩嚕、麻里魯。

張燮《東西洋考》卷五〈呂宋〉：「玳瑁港，地勢轉入，故稱玳瑁灣，而表山環其外。凡舟往呂宋必望表而趨，故茲山推望鎮焉。灣名玳瑁，然玳瑁非其所出，所出蘇木耳。再進爲里銀中邦，是海中一片高嶼。」[70]《順風相送》的〈泉州往彭家施蘭〉說的玳瑁港似乎是林加延之西的一個小港，但是《東西洋考》的玳瑁港似乎是指全部林加延灣，或許是從博利瑙南部的小地名擴展爲大地名。張燮說林加延是一片高嶼，其實林加延同在呂宋島，可能是張燮所見地圖有誤。張燮又說表是環繞在外的表山，不確，應是礁石，張燮沒有出海，故有誤記。

1572年，西班牙人首次從馬尼拉向北，探索呂宋島北部，第三

67 [宋]趙汝適著、楊博文校釋：《諸蕃志校釋》，北京：中華書局，2000年，第144頁。

68 周運中：《島夷志略地名與汪大淵行程新考》，《元史及民族與邊疆研究集刊》第二十七輯，上海古籍出版社，2014年。

69 [元]汪大淵著、蘇繼廎校釋：《島夷志略校釋》，北京：中華書局，1981年，第90頁。

70 張燮著、謝方點校：《東西洋考》，第95頁。

天到達麻里荖（Balinao），遇到一艘中國人的帆船，解救船上被劫往中國販賣的麻里荖原住民，五六天后離開此地，到達傍佳施欄（Pangasinán）。[71]

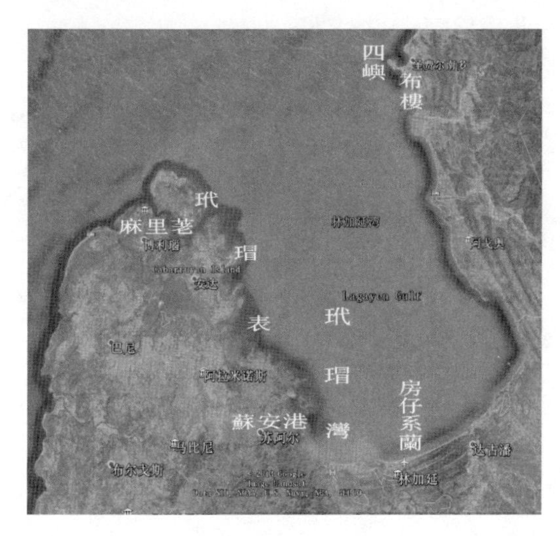

◀ 林加延灣附近地名

頭巾礁是今卡彭斯（Capones）島，扶鼎安即《順風相送》覆鼎安大山，即今馬尼拉灣口之北的兩座相連的火山，火山形似覆鼎，鼎是閩南語的鍋。覆鼎安即覆鼎垵，閩南語地名多有垵字，即山凹。也有可能是指兩山之間的鞍部，鞍部也是山凹。北面的納提布（Natib）山是假覆鼎，南面的馬里韋勒斯（Mariveles）山是正覆鼎。北山又名巴丹（Bataan），而覆鼎安是兩座山的總名。

〈東洋山形水勢〉：「假港中門有嶼，似雞嶼，西北有礁大小名豬母焦。假覆鼎與假港相連，西南有山是呂蓬，流水甚緊，挨開。正覆鼎巡山使，入去是雙口，與假覆鼎相連。」所謂假港是指其

71　李毓中主編、譯注、陳柏蓉協譯：《臺灣與西班牙史料彙編 I》，國史館臺灣文獻館，2008年，第134—135頁。

西北的蘇比克灣（Subic Bay）也是西南開口，會使人誤以爲是馬尼拉灣，因而稱爲假港。雙口即馬尼拉灣口，其中有兩島，北島稍大，名爲科雷希多（Corregidor）島，《順風相送》的〈太武往呂宋〉稱爲雞嶼。[72]航路在此島南北分爲兩條，故名雙口。

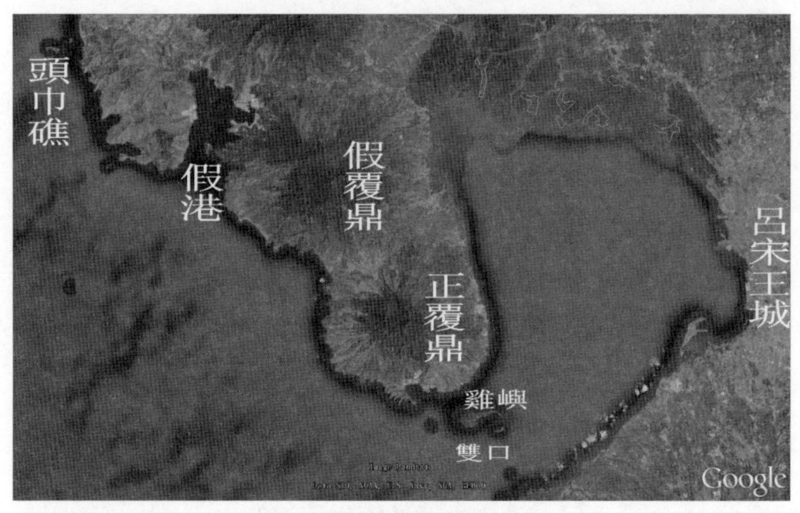

▲馬尼拉灣附近地名

萬曆十七年（1589年），福建巡撫許孚遠列舉東洋商船44只，在菲律賓各地分佈如下：「呂宋十六隻、屋同、沙瑤、玳瑁、宿霧、汶萊、南旺、大港、吶嗶嘽各二隻，磨老央、筆架山、密雁、中邦、以寧、麻里呂、米六合、高藥、武運、福河侖、岸塘、呂蓬各一隻。」[73]當然，這只是官府統計的數字，也即拿到官方許可出洋的商船。其實走私下海的商船是這個數字的很多倍，所以這個數字只是在一

72 陳佳榮、謝方、陸峻嶺：《古代南海地名匯釋》，第465頁。

73 [明]許孚遠：《敬和堂集》卷七《海禁條約行分守漳南道》。

定程度上反映商船在菲律賓各地的差異，而不能代表晚明在菲律賓的閩南商船總數。

呂宋王城（馬尼拉）的商船最多，占菲律賓所有商船的三分之一。上文已經考證，玳瑁、南旺、大港、中邦、磨老央（巴拉延Balayan）、密雁（維甘）、岸塘（坎東）、麻里呂（伯利瑙）等地也在呂宋島上，呂蓬卽盧邦島，筆架山卽巴坦島，以寧卽以能（伊林島）、高藥卽高樂（庫約群島）、米六合卽萬老高（特爾納特島），屋同卽奧董，宿霧卽宿務。

沙瑤是Sayao，菲律賓的宿務島與馬林杜克島都有Sayao，《東西洋考》卷五說：「沙瑤、吶嗶嘽，其地相連，吶嗶嘽在海畔，沙瑤稍紆入山腰。」吶嗶嘽，或以爲是棉蘭老島西北角的達皮丹（Dapitan），但馬林杜克島的Sayao在海邊，宿務島較遠，而且《東西洋考》宿霧在前一條，沙瑤在網巾礁老之下，兩地待考。武運或是棉蘭老島東北的武端（Butuan），宋元稱爲蒲端，[74]福河侖待考。

74　周運中：《中國南洋古代交通史》，第305、327頁。

第三章　地圖上的日本與日本的地圖

日本後奈良天皇天文十二年（1543年），一艘葡萄牙海船前往中國的途中遇風，漂流到九州島東南的種子島，船上的中國海商王直用筆談方式告訴日本人，他們是西南蠻人。因爲葡萄牙人從馬六甲海峽而來，在中國的西南部。中國人看見葡萄牙人從南洋來到中國，以爲是南洋人，從此日本人稱歐洲人爲南蠻。歐洲火炮從此傳入日本，加劇了日本戰國時代的紛爭。

天文十六年（1547年），西班牙傳教士方濟各·沙勿略（Francisco de Xavier，1506—1552）在馬六甲傳教給逃亡的日本薩摩武士彌次郎，十八年（1549年），沙勿略與彌次郎等人來到日本，拜見了薩摩藩領主島津貴久，不久被驅逐離境。十九年（1550年），沙勿略乘葡萄牙船來到日本平戶，進入山口，掌握中日勘合貿易的大內義隆與豐後藩主大友義鎮允許他傳教。二十年（1551年），沙勿略回印度果阿。天文二十一年（1552年），沙勿略病死在中國廣東新寧縣（今臺山）的上川島。

永祿六年（1563年），肥前國的大名大村純忠（1533—1587）入天主教。十一年（1568年），弗洛伊斯（Luis Frois，1532—1597）拜見織田信長，安土城建立天主教堂。天正四年（1576年），大村純忠之兄有馬義貞（1521—1577）入教。六年（1578年），豐後國領主大友宗麟（1530—1587）入教。七年（1579年），范禮安（Alessandro Valignano，1539—1606）來日本，受到織田信長禮遇。次年，有馬義貞之子有馬晴信（1567—1612）入教。十一年（1583年），日本已有天主教堂200所，教徒10多萬人。

天正十五年（1587年），豐臣秀吉驅逐傳教士。慶長元年（1596年），西班牙商船漂流到土佐，次年幕府處死26名信徒。十七年（1612年），有馬晴信被秀吉流放賜死。十九年（1614年），秀吉驅逐148名教徒到馬尼拉。元和二年（1616年），全國禁教。六年（1620年），英國伊莉莎白號抓捕一艘載有西班牙傳教士的日本朱印船，交給幕府，幕府處死25名傳教士與教徒。寬永十年（1633年）到十六年，幕府發佈五次鎖國令。十八年（1641年），僅有荷蘭人被限制在長崎外海的人工島出島，日本從此閉關鎖國。日本人認爲荷蘭人不像西班牙人和葡萄牙人那樣狂熱傳教，也不是天主教信徒，所以允許荷蘭人與日本人貿易。[1]但是在此前一百年，歐洲文化已經如海潮一樣湧入日本。牛津大學所藏的這幅航海圖畫在日本紙上，不僅關係中日交流，也直接牽涉日本與歐洲的文化交流。

第一節　圖上的日本地名考

圖上的日本地名，陳佳榮先生等已有考證，有的地名未考或誤考，本文考述如下：

殺子馬：鹿兒島縣西南部的薩摩（Satsuma），《指南正法·普陀往長岐針》設子馬。

1　鄭彭年：《日本西方文化攝取史》，杭州大學出版社，1996年，第4—30頁。

殺身灣子：前人說或在今鹿兒島（Kagoshima）縣的鹿兒島灣，圖上畫在九州最南端，似在鹿兒島縣。但是《指南正法·咬留吧回長崎日清》說：「十一早，北風創門，用丁午、單坤，暗在天堂內嶼仔後。西南風，用壬亥及乾，暗平紅尾里開。夜，東風，用壬亥光平設身灣在下勢。」設身灣或卽殺身灣子，應在長崎西南，圖上位置有誤。

籠仔沙機：《順風相送·女澳內浦港》：「長岐港，卽籠仔沙機，有佛郎番在此。」卽今長崎（Nagasaki），閩南語譯爲籠仔沙機。

永祿四年（1561年），葡萄牙人從平戶轉到大村領內的橫瀨浦。不久在橫瀨浦發生衝突，港口被燒毀，葡萄牙人再到平戶。八年（1565年）又離開平戶，來到大村領內的福田浦，但是浪高風急。1571年，葡萄牙船初到長崎，發現長崎水深風小，是天然良港。1579年，因爲耶穌會傳教士范禮安到有馬晴信的領地口之津視察教會，恰好佐賀城的龍造寺隆信出兵到此，范禮安爲有馬提供糧食彈藥，有馬把長崎東北的浦上獻給教會，大村純忠也把長崎與其南面的茂木獻給教會，長崎日益繁榮。1622年，幕府把外貿港口限定在長崎、平戶。1635年，長崎外海建造完成人工島出島。1641年，荷蘭商館限定在出島。1859年，荷蘭商館關閉。

一插花大王：一插花或卽《指南正法·普陀往長岐針》的一枝花，前人或未考出，或以爲在長崎西南面，其實是長崎東部的諫早（Isahaya），卽《籌海圖編·倭國事略》的一掃拂。〈普陀往長岐針〉：「野馬居沙，上四更洋審馬己哪，上是一枝花，一枝花上是長崎。」向達指出野馬居沙卽天草（Amakusa）島，但他未考出審馬己哪，我以爲是審馬巴哪之誤，卽長崎東南的島原（Shimabara），島原半島通過諫早連接長崎。

居仔：應即隴車仔之略，《順風相送·呂宋回松浦》：「護屋，即隴車仔也。」即《指南正法·普陀往長岐針》魚鱗島（平戶島）之東的隴居仔，即今佐賀縣唐津市的名護屋（Nagoya），閩南語譯爲隴居仔。

魚難島：應即魚鱗島，今長崎縣西北的平戶（Hirado）島平戶市，《順風相送·呂宋回松浦》：「松浦即平戶津，土名魚鱗島。」同書〈女澳內浦港〉：「平戶津，名魚鱗島。」閩南語的魚鱗島，音近hirado。

平戶長期爲松浦家族武士集團控制，這個家族的倭寇經常出海侵略朝鮮、中國。肥前國的大名松浦隆信（1529—1599），積極招徠葡萄牙和中國人經商，允許葡萄牙人傳教，利用歐洲最新火器，征服附近諸島。鄭舜功《日本一鑑·窮河話海》說平戶：「昔鮮人居，今居商衆。二十年以來，爲番舶之淵藪。中國流逋，移家受廛，錯綜盤固，而今屢衆。王直向潛住此島，島去朝鮮半日程。」天文十九年（1550年），葡萄牙人海船到平戶。永祿四年（1561年），葡萄牙人與日本人在平戶衝突，轉到橫瀨浦，橫瀨浦被毀，再到平戶。八年（1565年），轉去大村領內的福田浦。1600年，其子松浦鎮信（1549—1614）被立爲平戶藩主，領有德川幕府頒發的出海貿易許可朱印狀。1609年荷蘭人在平戶建立商館，1613年英國建立商館。1623年英國關閉在平戶的商館，1641年荷蘭商館移到長崎外海的出島，平戶的南蠻貿易時代終結。

闍誇勝王：前人或讀爲闍色保王，指爲今長崎縣北的佐世保（Sasebo）。今按原圖，應是闍孛勝王，即《籌海圖編·倭國事略》的暗孛喇，今宮崎縣東南日南市的油津（Aburatsu）。

亞里馬王：《順風相送》的〈福建往琉球〉、〈琉球往日本針路〉啞慈子里美山之略寫。《籌海圖編‧使倭針經圖說》作亞慈理美妙，秒字或是衍字，《順風相送》常用妙字，表示順利通過，說明《籌海圖編》抄錄的針簿，有類似《順風指南》的敘述傳統。《四夷廣記》作亞慈理、亞慈子里，《日本一鑒‧桴海圖經》作敦里宮，寄音押茲利密耀。在四國島最南端，卽今高知（Kochi）縣西南土佐清水市的足折（Ashizurimisaki）岬，爲琉球至兵庫所經的重要轉航處。

沙階王：《籌海圖編‧倭國事略》的沙界、《日本考》的沙界衣，在大阪府南部的堺市（Sakai）。

溫子米王：溫子米應卽《籌海圖編‧倭國事略》、《日本考》的和泉[因字米]，在今大阪府南部和泉（Izumi）。《籌海圖編》：「和泉一州，富者八萬戶，皆居積貨殖。」

空打剩馬：前人說《籌海圖編‧倭國事略》、《日本考》在沙界南有康大、科什麼，康大卽和歌山縣的加太（Kada），科什麼或卽大阪府泉南市的鹿島（Kashima）神社一帶。今按空打剩馬或是《指南正法‧普陀往長岐針》空虛甚馬，說：「設子馬若東去使上是夜明高山，號叫開門山，使上卽是空虛甚馬。」設子馬（薩摩）之東的空虛甚馬應卽鹿兒島（Kagoshima），卽空打剩馬。

兵庫：在今兵庫（Hyogo）縣，前人釋爲攝津，今按兵庫是神戶市西南的兵庫津，1868年神戶開港，港口轉移到神戶。又見《籌海圖編‧倭國事略》、《順風相送》及愼懋賞《四夷廣記》，又作兵褲港、兵褲山港。

萬島：《順風相送》有〈福建往琉球〉萬者通七島山、〈琉球往日本針路〉萬者通七坵山。前人或以爲萬島卽其省稱，爲琉球國與日本的界山七島山，指琉球奄美大島（Amami-Oshima）北面的寶島等七個島，又名吐噶喇列島（Tokara-retto），卽日語寶島。但是圖上的萬島在兵庫、管東（關東）之間，不可能是七島。圖上的萬島靠近兵庫，疑卽瀨戶內海最大島淡路島（Awaji），音近萬。

大王城：京都，日皇居地。

所居地：前人釋爲天皇京都市東北面的御苑（或御所），今按此卽大王城，所居地或是德川幕府將軍在江戶（東京）的居城。

出王城：前人疑是天皇離宮。圖上在京都西北，或在被稱爲御室御所的仁和寺一帶。有地圖標示出河陽離宮，但其地在城西南。今按，或是幕府將軍在京都的居所二條城。

母後：丹後（Tango）之形誤，今京都府北部地方。

越：古代包括越前、越中、越後三國，在今福井、富山、新潟三縣一帶。

佐渡州：佐渡島（Sado-shima），在今新潟縣北部日本海中。

鏓州：總州之誤，包括上總（Kazu-sa）、下總（Shimou-sa），在今千葉縣到茨城縣、埼玉縣一帶。

七島山：伊豆半島外的所伊豆七島，而非琉球北面的七島。

上好州：前人釋爲三和州，在今愛知（Aichi）縣南部的名古屋（Nagoya）南，今按應是三河州，今愛知縣東部。

管東：或是關東之音訛，本州東部。

松領王：在今三重縣松阪（Matsusaka），原爲松阪藩。

伊勢：今三重縣的伊勢（Ise）。

上野：上野國，今群馬縣。

下野：下野國，今栃木縣。

天堂：卽今熊本縣西南的天草（Amakusa）諸島，天草是天主教聚集地，1637—1638年，島原、天草的天主教徒發動反抗戰爭，幕府平定，史稱島原·天草之亂。

五島：卽今長崎縣最西部的五島列島（Goto-retto），古代是重要海港。《日本一鑒·窮河話海》說五島：「在日本西，近延中國東海隅，昔爲盜區，流劫琉球等海夷國。今爲中國流逋淵藪，勾引島夷，爲中國患。」

衣戈：卽今長崎縣北部的壹岐（Iki）島，再北是對馬島，是朝鮮半島與日本之間的必經之地。圖上的戈是支之形誤，閩南語的支讀[ki]。《指南正法·普陀往長岐針》：「若魚鱗山東去，卽是隴居仔，對去卽是一收山，西北邊水甚馬，相連卽是高麗朝鮮。」一收是一岐之形誤。

水剩馬：《籌海圖編》、《日本考》作對馬島則什麼，《指南正法》作水甚馬，卽今日、韓之間的對馬島（Tsushima）。

野故門：野故卽屋久島（Yaku-Jima），《四夷廣記》作野顧山。野故門是屋久島北面與九州之間的大隅海峽，圖上標注此處水流甚緊，指黑潮向東北流速很快，海船需要注意。

琉球：古代琉球國都在今那霸市東郊的首里城，此圖繪製時在第二尚氏王朝的尚寧王（1587-1620）、尚豐王（1621-1640）執政時期。

圖上地名多有錯誤，即使相對位置正確，也多誤繪海陸方位，九州、四國、本州竟被畫成一島，而本州島的上好（三河）、鏓州（總州）被誤畫在本州外。長崎之東的一插花（諫早）、薩摩東南的闍孛勝（油津）被誤畫在平戶之北，大王（京都）、沙階（堺）被誤畫在北海岸，上野、下野的位置偏北，說明作者對日本很不熟悉。

不過即使是九州，南北也有差別。曾經最重要的貿易港口博多（在今福岡），圖上未畫。《日本一鑒·窮河話海》說博多津：「嘗以商爲業，多蓄貨財，基金有至百萬者。向水流逋，潛處其間，勾引本夷，爲犯中國。此島津間，爲通中國、朝鮮之要道。」

《日本考》卷二〈商船所聚〉：「國有三津，皆通海之江，集聚商船貨物。西海道有坊津地方，有江通海，薩摩州所屬。花旭塔津，有江通海，築遷州所屬。東海有洞津……我國海商聚住花旭塔津者多……三津惟坊津爲總路，客船往返，必由此地而過。花旭塔爲中津，地方廣闊，人煙湊集，商賈等項，無物不備。」[2]花旭塔即博多，《指南正法·普陀往長岐針》：「隴居仔上是花腳踏踏。」向達說無考，[3]花腳踏即博多（Hakata）的閩南語音譯，因爲閩南語的腳讀ka。

《籌海圖編·倭國事略》：「法哈嗟，即博多之別名也。」法哈

2 [明]李言恭、郝傑著、汪向榮、嚴大中校注：《日本考》，中華書局，2000年，第88頁。

3 向達校注：《兩種海道針經》，第179、208頁。

噠應是哈腳噠之訛，鄭若曾是江南人，轉抄閩南人的譯名致誤。旭的閩南語是[hio]，花旭塔不是博多的音譯，應有誤字。長崎、平戶興起爲歐洲人貿易港口，博多的地位下降。圖上不畫博多，可能因爲作者不熟悉博多。

圖上的日本，特別是北部諸州，畫成魚鱗狀，這種地圖源自日本的傳統地圖行基圖。明初朝鮮人繪製的〈混一疆理歷代國都之圖〉的日本就是源自日本人傳統的日本地圖行基圖，明代《日本考略》、《籌海圖編》、《日本考》等書的日本地圖也是源自日本的行基圖，鄭舜功《日本一鑑·桴海圖經》甚至收有一幅《中國東海外藩籬日本行基圖》。

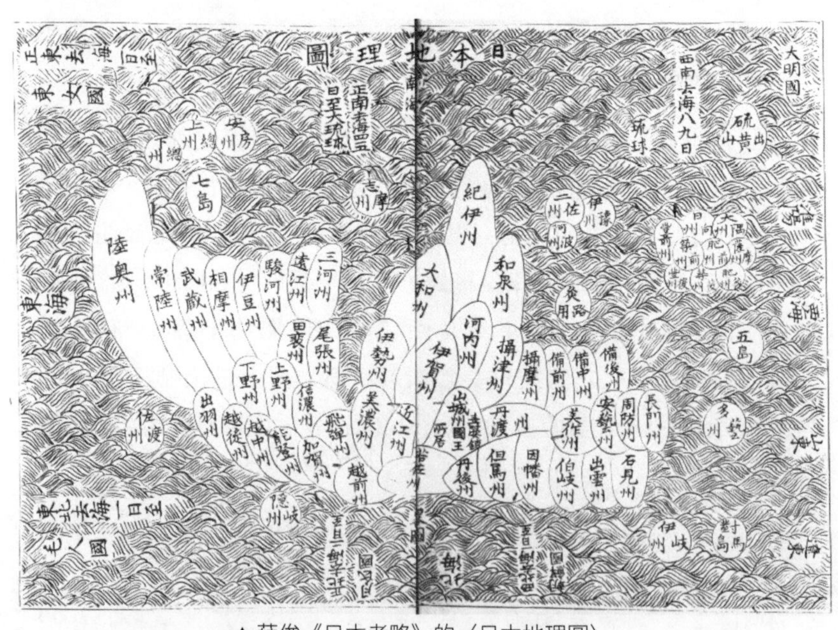

▲ 薛俊《日本考略》的〈日本地理圖〉

圖上畫出的兩條航線，一條到五島，一條經過九州東南、四國島，最終到兵庫，這其實就是明代中日官方勘合貿易的限定航路。日本人稱前一條爲中國道，指日本中部地方。這條航線從兵庫出發，通過瀨戶內海，在福岡的博多停留，從五島開洋去中國。日本的文明元年（1469年），從寧波回國的勘合船，遇到內亂，細川氏控制的商船爲了避開大內氏控制的中部，改從薩摩的坊津登岸，走九州東南到四國，再到兵庫，這就是南海路。文明八年（1476年）勘合船改在細川氏控制的堺港出發，十年（1478年）回國仍走南海路。十五年（1485年）出發就走南海路，永正六年（1509年）、大永三年（1523年），細川氏爲了對抗大內氏控制的勘合船，獨自派船從南海路去中國。[4]

所以牛津大學這幅明末地圖上的航線，其實不是反映明末閩南商人與日本的貿易路線，而是日本地圖上的勘合貿易路線。

值得注意的是，《順風相送》最末的中日航線，共有六篇，可分爲兩部分。第一部分包括前四篇：〈福建往琉球〉、〈琉球往日本〉的終點是兵庫，其下卽回路〈兵庫港回琉球針路〉、〈琉球回福建〉。第二部分包括後兩篇：〈日本港山形水勢〉、〈女澳內浦港〉。〈日本港山形水勢〉僅有兩條，疑是殘文。〈女澳內浦港〉從天堂頭到松浦，前面殘缺。這兩條路線，恰好就是明代中期勘合貿易的南海道與中國道，也卽牛津大學這幅航海圖的兩條路線。

而《指南正法》竟不記兵庫，僅在〈普陀往長岐針〉附帶說到往九州北部的航線，說到魚鱗島。《指南正法》的終點基本全是長崎，因爲《指南正法》成書較晚，已到長崎興起年代。

4　[日]木宮泰彥著、胡錫年譯：《日中文化交流史》，商務印書館，1980年，第531、563—564頁。

明代閩南海商非常熟悉日本，但是這幅地圖作者顯然未去過日本。所以把長崎附近的海岸地名畫錯，也未畫出曲折的九州西南海岸。雖然這幅圖的作者可能是李旦，李旦久居日本，但是這幅圖很可能在李旦去日本之前或初到日本時繪製，所以日本錯誤較多。不過作者根據的地圖來自日本傳統地圖，所以作者還是接觸到了日本商人或去過日本的中國商人。至於貝瑞葆猜測長崎附近的兩朵紅花是李旦爲了慶賀他女兒婚事而畫上，恐怕未必可靠。

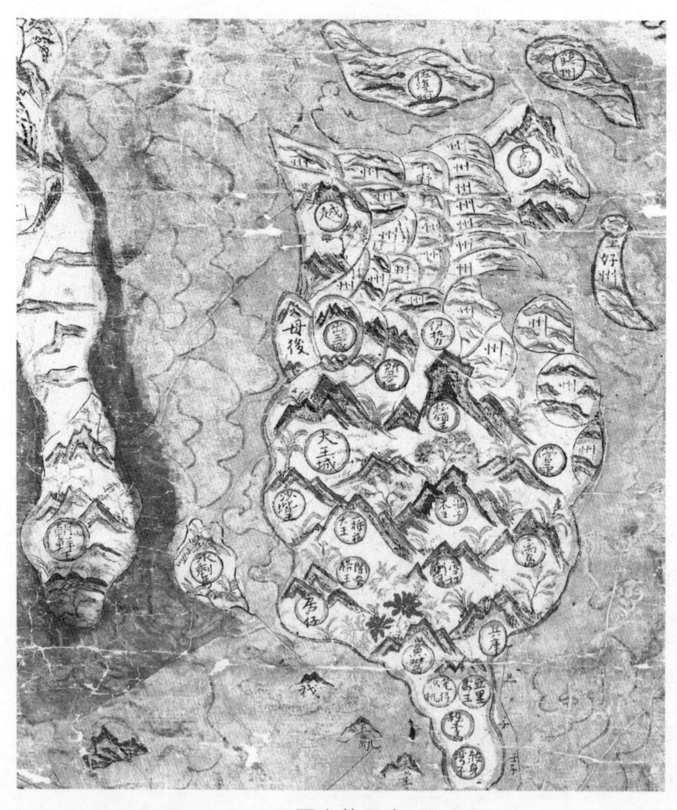

▲ 圖上的日本

第二節　英國人亞當斯變成日本武士三浦按針

第一位位入籍日本的英國傳奇人物三浦按針，原名威廉·亞當斯（William Adams），1564年出生在英國肯特郡（Kent）的漁民家庭，12歲時喪父，進入倫敦附近的萊姆霍斯（Limehouse）造船廠。後加入著名海盜將軍佛朗西斯·德雷克爵士（Sir Francis Drake）的船隊，1588年參加了英國海軍擊敗西班牙無敵艦隊的著名戰役。退伍後，在柏柏利貿易公司當舵手，還參加了探索東北新航路的活動，歷時兩年，試圖從北冰洋到達東亞，避開中東航線。

1598年，威廉到荷蘭鹿特丹的希望號（Hoop）船上做領航員，希望號與博愛號（Liefde）、信念號（Geloof）、忠貞號（Trouw）和歡樂信使號（Blijde Boodschap）會合，開往遠東。希望號是旗艦。艦隊穿過麥哲倫海峽，被迫停泊在西班牙人的殖民地智利。希望號的船長等人在戰爭中被殺，威廉也轉到博愛號上。1599年11月，剩餘的兩艘船希望號、博愛號穿過太平洋，直航亞洲。希望號不久在颱風中傾覆，博愛號在1600年4月19日夜間，在日本九州豐後國的臼杵（今屬大分縣）登陸。

僅剩的24個人是首批到日本的英國人，葡萄牙傳教士對日本人說，這些英國人是海盜。大阪城的德川家康接見了威廉，問了很多問題，對威廉頗有好感，瞭解到英國是另外一個不同的國家。英國和荷蘭人信奉信教，專注通商，不像西班牙人和葡萄牙人那樣熱衷傳教，因此家康對威廉頗爲放心。博愛號從大阪外港堺港，轉到德川的根據地江戶（東京）附近的浦賀。

1603年，德川家康建立江戶幕府。次年，家康就命令威廉在伊豆半島的伊東製造歐洲大帆船。很快，留在日本的英國人就參照已經毀壞的博愛號建造了一艘80噸新船。家康非常高興，命令他們建造第二艘船，要求能夠遠航。他們建造了120噸海船，家康獎賞威廉爲武士，佩戴雙刀，賜予相模國三浦郡逸見村250石地作爲威廉的封地。又賜予威廉日本姓名三浦按針，按針就是把握羅盤針路。三浦按針甚至娶了日本武士之女爲妻，生下一子一女。

三浦按針成爲家康身邊的重要顧問，此前的顧問耶穌會士胡奧·羅德里格斯神父（Joao Rodrigues）失寵，天主教會的傳教士們非常不安。荷蘭人、英國人的信仰和西班牙人、葡萄牙人不同，當時正在世界各地競爭。博愛號倖存的荷蘭人回到荷蘭，荷蘭人得知博愛號還有人在日本，派雅戈斯·斯皮克斯（Jacques Specx）於1609年來日本通商，三浦按針擔任翻譯。西班牙派出了以謝巴斯臣·維西亞諾（Sebastian Vizciano）爲首的使團，要求家康趕走荷蘭人和英國人，還要測繪日本海岸。三浦按針趁機向家康揭露西班牙人的野心，家康非常生氣，1613年終於頒佈了禁止天主教的命令。

1611年，三浦按針聽荷蘭人說，英國人在爪哇島的萬丹（Bantam）建立了商館，便托荷蘭船帶信給英國的妻子。英國本土得知竟有一個英國人成爲日本將軍的親信，開始準備接觸日本。

1613年，英國東印度公司的船長約翰·薩利斯（John Saris）乘丁香號（Clove）船，在平戶登陸。他帶來英國國王詹姆斯一世致德川家康的信，試圖建立商館。三浦按針見到薩利斯非常高興，但是薩利斯認爲威廉不過是個水手，不應成爲日本人。三浦按針說薩利斯帶來的首批英國貨物在日本銷路不會很好，又勸薩利斯尊重日本風俗，薩利斯更加不悅。

薩利斯來到關東的幕府，家康已經讓位給兒子秀忠，改稱大御所，居住在駿府城（在今靜岡）。幕府重臣本多正純前來迎接，三浦按針要求本多正純轉交英國國王的信給家康。但是薩利斯要求親自交給家康，二人爭吵。最終薩利斯在家康面前做出遞信動作，再由本多正純交給家康。家康答應英國國王提出的通商要求，薩利斯再去拜見秀忠，三浦按針一直擔任翻譯。

家康突然允許三浦按針回到英國，但是三浦按針決定先不回國，他和東印度公司簽署合同，參與平戶英國商館的建設和經營。按針原來提議將商館建在靠近江戶和三浦郡的浦賀，但是薩利斯執意要建在平戶。11月，薩利斯坐丁香號回英國，留下七個人經營商館。理查·考克斯（Richard Cocks）被薩利斯任命爲商館領導，薩利斯故意不用按針。英國貨物銷路不好，按針被派往暹羅（泰國），中途停在琉球。因爲水手鬧事，被迫返回日本。

1614年末，德川家康準備消滅大阪的豐臣家族，購買荷蘭和英國的火炮，終於消滅豐臣家族，正式統一全國。1615年，按針再次被派往暹羅。1616年，德川家康去世。家康之子秀忠雖然仍然優待按針，但是採取了更嚴厲的排外政策，要求英國人只能在平戶活動。

1617到1618年，按針前往交趾（越南），1620年病逝于平戶。按針在病重時期，把地球儀、航海圖和佩劍等物品送給朋友們。1623年，德川家光封禁平戶的英國商館，留下的荷蘭人被趕到長崎外海的人工島出島。英國人紛紛回國，有的死在海上。1639年，幕府禁止葡萄牙海船來日。

牛津大學收藏的這幅明末航海圖或許也與三浦按針有關，所以圖上西北角的黃哇黎（英國）寫在呵難黎（荷蘭）之前。這幅地圖或許是李旦等中國商人與英國人、荷蘭人合作繪製，或許是中國商人爲英國人、荷蘭人繪製，描述中國商人所知的東方航路。所以原本不是航海實用地圖，而是商館掛圖。三浦按針死後，他的物品流入其他英國人之手，英國商館很快封禁，這幅地圖再被英國人從日本帶到爪哇。

第三節　南蠻地圖屏風與朱印船航海圖

歐洲人初到東方，必須雇傭東方領航員。因此東西方人接觸到彼此的地圖，產生了一批新的東西融合的地圖。葡萄牙首位遣華使皮列士說，他前往馬魯古群島的資訊，來自麻六甲的穆斯林航海圖。葡萄牙的印度總督亞伯奎1512年給國王曼努埃爾的信說，1511年在麻六甲獲得一幅很大的爪哇人航海圖，上面標有好望角、葡萄牙、巴西、紅海、波斯灣、丁香群島、中國人和琉球人的羅盤方位和筆直航線、內陸地區以及國界，地名全是爪哇語。17世紀蘇拉威西島的布吉斯人利用歐洲地圖，畫上布吉斯文的航線與地名，產生新的地圖。[5]

文化更發達的日本也不例外，歐洲文化到日本，產生了很多新的地圖。天正十年（1582年），九州的信教三大名派遣少年出使歐洲，訪問梵蒂岡，受到禮遇，帶回印刷機、地圖、畫作、樂器等物品。葡萄牙製圖師蒙泰羅（I. Monteiro）隨使團來日，居住兩年，測繪地圖，使得日本地圖更加精確。

5　[澳]安東尼·瑞德著，孫來臣、李塔娜、吳小安譯：《東南亞的貿易時代》，第49—53頁。

幕府還收集歐洲地圖，畫在屏風上，稱爲南蠻地圖屏風。據研究，底圖有來自葡萄牙、荷蘭等多個系統，還受到利瑪竇世界地圖的影響。[6]日本宮內廳現存的萬國繪圖屏風就是一幅歐洲世界地圖摹本，據研究，底圖來自荷蘭1609出版的奧特留斯世界地圖。[7]栃木縣輪王寺的一幅世界地圖屏風，據說是第3代將軍德川家光所用。共分五屏，西半球被誇大爲三屏，東半球僅有兩屏。[8]神戶市立博物館的前身之一是南蠻美術館，收藏有多份南蠻地圖屏風。有的屏風地圖把外文字母原樣畫出，有的在方框內注上日文地名。

雖然這種屏風多數是美術裝飾，但反映了日本上層社會對歐洲世界地圖的重視。利瑪竇等人也曾把歐洲世界地圖送給明朝皇帝，但是沒有證據表明皇帝看過這些地圖。

從慶長九年（1604年）到寬永十二年（1635年），德川幕府下達外貿許可朱印狀353張，大量朱印船到南洋貿易。船上雇傭歐洲人爲領航員，翻譯歐洲人繪製的東方地圖。日本現存十多份朱印船所用的歐洲系統地圖，據研究基本來自一份地圖。[9]

現在三重縣角屋七郎次郎舊藏的一幅朱印船航海圖，原爲伊勢松阪的商人角屋七郎兵衛（1610—1672）所有，原名外國渡海繪圖，地名爲日文，譯自葡萄牙語。此圖畫在牛皮上，也是歐洲地圖常

6　[日]海野一隆著，王妙發譯：《地圖的文化史》，新星出版社，2005年，第110—117頁。

7　[日]三好唯義：《オランダ制壁掛け世界地図と地図屏風》，橋本征治編：《海の回廊と文化の出會い》，關西大學出版部，2009年，第137—159頁。

8　[日]岡田章雄等：《図說日本文化史大系》第9卷江戶時代（上），小學館，1967年，第225頁。

9　[日]海野一隆著，王妙發譯：《地圖的文化史》，第124頁。

見用材。[10]角屋七郎兵衛是交趾（越南）的日本僑民首領，娶了越南公主爲妻，此圖大約在1631—1636年間使用。這類地圖開始繪製於1610年代，1620年代開始複製。[11]此類地圖還有多人私藏與立圖書館公藏，日本學者編有圖錄，並有詳細研究。[12]

元和二年（1616年），肥後國菊池人池田好運（池田與左衛門）與葡萄牙人萬能惠呂（Manuel Gonsalves，又作權佐呂），從長崎航海到呂宋。池田向葡萄牙人學習歐洲航海術，歸國寫成《元和航海書》，融合了東西方航海術，此書現藏於京都大學圖書館。

朱印船時代的歐式航海圖雖然在鎖國時代消失，但是還出現在書籍中，1781年出版的稻葉通龍《裝劍奇賞》中有一幅〈萬國圖革省圖〉，[13]就是一幅翻譯的葡萄牙東方地圖，中國地方還標出大明國，顯然是從朱印船時代遺留的地圖。圖上在蘇拉威西島標名滿剌加，但是滿剌加是中國人對麻六甲的翻譯，蘇拉威西島之東的馬魯古群島讀音接近，但也不是蘇拉威西島。圖上又在爪哇島標名西洋，應是指巴達維亞的荷蘭人，這和中國人稱葡萄牙人爲大西洋國很不同，或許因爲日本人更熟悉荷蘭人。

此時日本還出現一種新的地圖，乍看接近傳統的行基圖，但是海岸線非常曲折。有學者認爲是來到日本的葡萄牙人製作，因爲有

---

10 《図説日本文化史大系》第9卷江戶時代（上），第107頁。

11 [日]Hiroshi Nakamura, East Asia in Old Maps, Tokyo: The Centre for East Asian Cultural Studies, 1963, pp78-80.

12 [日]大阪府立図書館編：《南方渡海古文獻圖錄》，1925年。[日]松本賢一：《南蠻紅毛地図集成》，1975年。[日]中村拓：《御朱印船航海図》，日本學術振興會，1979年。

13 [日]Hiroshi Nakamura, East Asia in Old Maps, 圖15.

的地名是譯自葡萄牙人命名的地名。[14]

牛津大學收藏的這張閩南商人繪製的航海圖比日本這種簡單翻譯的歐洲地圖複雜，不僅加入中國傳統地名與航線，而且加入很多中國人原創地理發現。現存同時期的中歐融合地圖的數量比日歐融合地圖少，或許日本人更加熱衷翻譯歐洲地圖。牛津大學收藏的這幅中文航海圖畫在日本紙上，無疑是受到當時日本人大量翻譯歐洲地圖的影響。

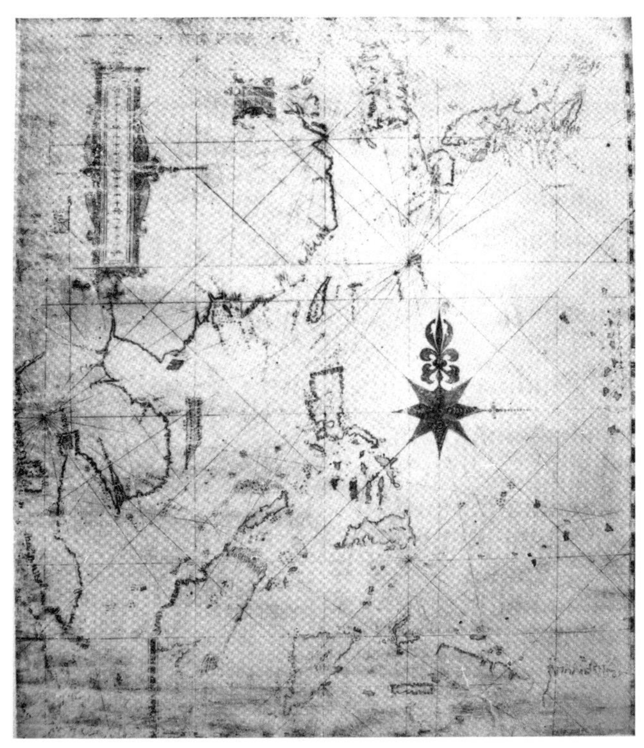

▲日本三重縣角屋七郎次郎舊藏朱印船地圖、1781年《裝劍奇賞》刻本地圖

14　[日]海野一隆著、王妙發譯：《地圖的文化史》，第118—123頁。

第四章　地圖作者家鄉在廈門灣

這幅航海圖諸多航路的始發地畫在漳州、泉州之間，很難判定在何處，我根據針路考證出發地是在今廈門灣，明末的荷蘭人稱爲漳州河口，因此這幅作者的家鄉在廈門灣。

第一節　航路出發地是廈門灣大擔島

此圖的出發地畫出三條航路，一條向東北去日本，一條向東南，經過澎湖西部去呂宋與萬老高，一條向西南往廣東及西洋各地。起航地附近清晰顯示甲卯二字，使我可以確定出發地是廈門港。

搜檢《順風相送》、《指南正法》記載的閩南針路，唯獨廈門港往日本的航路在開船時用甲卯針。

《指南正法·廈門往長崎》首句：「大擔開舡，用甲卯離山。用艮寅七更取烏丘，內是湄洲媽祖。」[1]

大擔島就在廈門島南側，廈門往長崎是從大擔島離開廈門灣。先用甲卯，卽大致向正東航行，經過小金門、金門二島南側。過了晉江的圍頭角，才轉向東北，卽艮寅針。

1　向達校注：《兩種海道針經》，中華書局，2000年，第180頁。

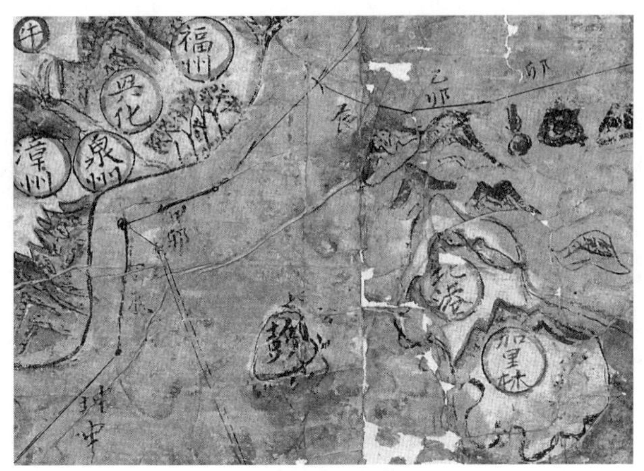

▲ 起航地的甲卯針路

從漳州、泉州之間別的港口開船，全不能用甲卯針：

1.如果向南去廣東及西洋諸國，則多數從漳州的浯嶼或南太武山開船，也有從大擔島開船，但是一般都是用單丁或丁未針，即向南開，《順風相送·浯嶼往大泥吉蘭丹》用丁未及單丁針，同書〈太武往彭坊針路〉用丁針。《指南正法·大擔往柬埔寨針》：「大擔開舡，椗內過，用丁未及單未七更。」也有一些針路開頭就說用單未針過南澳島，單未即向西南，但是漳、泉與南澳島距離遙遠，所以這是省略了開頭在福建的一段，不能說明問題。

2.如果從閩南去臺灣及菲律賓，則向東南，一般用乙辰或辰巽、單辰，多數從金門、菜嶼、祥枝開船，也有從大擔島開船，《順風相送·往彭湖》：「菜嶼開船，乙辰十更。」同書〈太武往呂宋〉：「太武開船，辰巽七更取彭湖山。」同書〈泉州往彭家施蘭〉：「長枝開船，丙巳七更取彭湖。」長枝即今晉江祥芝鎮，《指南正法·雙口針路》：「大擔開船，用辰巽七更取澎湖。」同書〈僚羅往彭湖〉：

「放船，單辰七更取西嶼頭。」僚羅卽金門島南部的料羅灣。

3.還有一條路越過澎湖和臺灣，從閩南向正南直接開往菲律賓，則是單丙或單巳，從祥枝、金門出發，《順風相送·泉州往勃泥卽汶萊》：「長枝頭開船，單丙一夜一日，丙午針好風五日，看見小呂蓬山。」同書〈浯嶼往麻里呂〉：「太武開船，單巳廿五更。」這幅地圖上去菲律賓及萬老高的航路就是越過澎湖和臺灣，直接從閩南開往菲律賓，這也就是圖上臺灣島僅有兩個地名的原因。

4.如果往琉球、日本，則從金門島的北太武山出發，向東北，用甲寅，《順風相送·福建往琉球》：「太武放洋，用甲寅針七更。」此處或是北太武山，如果是南太武山，不大可能出發卽用甲寅。

《順風相送》有兩則針路的名字是泉州開頭，卽〈泉州往彭家施蘭〉、〈泉州往勃泥卽汶萊〉，但是內容則說是從長枝出發，卽今祥芝鎮，不是宋元時期的泉州古港口，明代的泉州衰落，海港已經轉移到泉州南部，祥芝也不過出現在《順風相送》中兩次。從泉州東南部的這些外海港口出發，顯然不需要先用甲卯，所以圖上的起航地不可能是泉州。

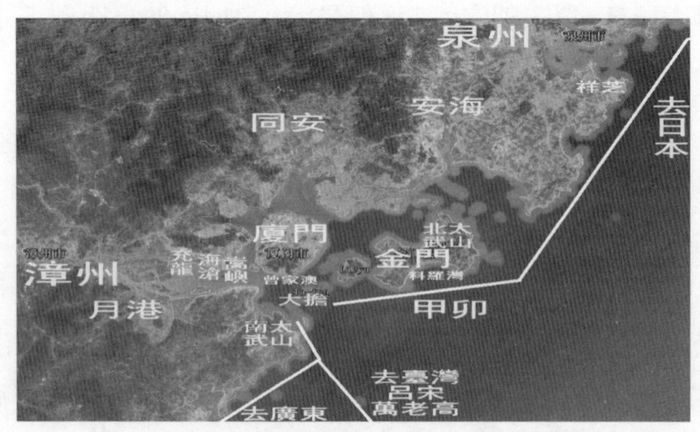

▲ 廈門灣大擔島出發航路圖

太武山在廈門島的正南方，原屬龍溪縣，明末改屬海澄縣，今屬龍海，是廈門灣南口的最重要航標。又名南太武，因爲金門島的最高峰又名北太武山。其實北太武山僅有247米，而南太武山有560米，相差很大。太武山原來應是專指南太武山，後來因爲金門的崛起而衍生出北太武山之名。

◀ 從廈大白城山上看南太武山與浯嶼

這也證明此圖不可能是鄭芝龍航海圖，因爲鄭芝龍的家鄉是安海鎮，在南安縣最南，其實不在晉江流域，而隔絕在同安縣一側。安海港向南開口，出港是金門島的東北部，所以無論是往日本、臺灣還是南洋都不必繞道廈門灣。在鄭芝龍崛起之前，他很少在廈門灣活動。因爲他原來勢力太小，後來不過是戲劇性地在三年內一躍而起。鄭芝龍是利用了突發的饑荒，原來他未必敢攻打廈門。李旦把許心素作爲在大陸的代理人，此時的同安縣還沒有鄭芝龍的地盤，鄭芝龍自然不可能在廈門灣活動。

天啓七年（1627年），防守廈門的水師提督、俞大猷之子俞咨皋禁運米糧的方法失敗，反而使得鄭芝龍勢力壯大，他又想到聯合荷蘭人攻打鄭芝龍，又被鄭芝龍打敗，於是俞咨皋出逃，同安縣僅有鄉兵。

同安縣令曹履泰說：「丁卯（1627年）四月，鄭寇躪入，烽火三月，中左片地，竟爲虎狼盤踞之場。七月寇入粵中，九月間，俞將又勾紅夷擊之。夷敗而逃。鄭寇乘勝長驅。十二月間入中左，官兵船器，俱化爲烏有。全閩爲之震動。而泉中鄉紳不得已而議撫。數月之內，斗大輪山，曾無一兵之援、斗糧之給，只有鼓舞鄉兵，一呼而千萬人立應。與賊格鬥，庶幾有以奪其膽耳。近雖云撫，而數千劇盜，蟻聚鷺門。」[2]

崇禎元年（1628年）正月，鄭芝龍受撫。此時鄭芝龍才佔據廈門，從海盜變成官員。同年，鄭芝龍和荷蘭人簽約通商，廈門才變成鄭芝龍的貿易基地。因爲此圖的航路出發地是廈門灣，所以作者不會是受撫之前的鄭芝龍。因爲圖上的臺灣僅有兩個地名，連臺灣一名也沒有，所以也不可能是受撫之後的鄭芝龍，所以這幅圖的作者不太可能是鄭芝龍。

張燮《東西洋考》卷九〈舟師考〉記載東西洋針路，首爲〈內港水程〉，有海澄港口、圭嶼、中左所三條，中左所：「一名廈門，南路參戎防汛處。從前賈舶盤驗於此，驗畢，移駐曾家澳候分開駕。二更，船至擔門，東西洋出擔門分路矣。」[3]曾家澳即今廈門島南面的曾厝垵，擔門即其東南的大擔島兩側航路。所謂東西洋分路指

---

2 [明]曹履泰：《靖海紀略》卷二〈與李任明〉，《臺灣文獻史料叢刊》第116冊，大通書局，1987年，第22頁。

3 [明]張燮著、謝方點校：《東西洋考》，第171頁。

從大擔島向南去西洋，向東去東洋。張燮說東西洋航路起點是大擔島，這幅明末航海圖的航路起點也是大擔島，二者完全吻合。

大擔是廈門灣的門戶，現在廈門大學的上弦場有嘉慶八年（1803年）閩浙總督使者王德所立〈建蓋大小擔山寨城記略〉碑，碑文開頭說：「廈門海口有大小擔山二座，對峙海中，爲全廈出入門戶。」

現在浯嶼村中心的路口，有道光四年（1824年）福建水師提督許松年所立〈浯嶼新築營房墩臺記〉碑，碑文開頭說：「廈島隔岸有山大而高，曰南太武，旁有小山在水中曰青嶼，青嶼之東有山裒而長曰浯嶼。浯嶼之北有小擔，又北有大擔，並峙於港口海中，實爲廈島門戶。」

▲〈建蓋大小擔山寨城記略〉碑、〈浯嶼新築營房墩臺記〉碑

大擔島的名字，有人認爲是因爲形似扁擔，大擔島的中間確實是一條沙堤，但是兩頭的山太寬，看不上不像是扁擔。而且島中間

的沙堤，在數百年前或許仍然尚未成形。我認爲大擔島的名字很可能是源自疍民，原來住在大擔島的漁民應該是疍民。中國東南沿海有很多地名源自疍民，福建永泰有大蛋村，海南三亞海邊有大蛋港，在古代崖州城的出海口。至於叫蛋家的地方則更多，廣東豐順有蛋家灣，臺山有蛋家山，紫金有蛋家田，廣西欽州有蛋家埠，四川內江有蛋家溝，湖南澧縣有蛋家凸，福建沙縣有蛋村。珠海三灶島的定家灣，是蛋家灣之誤。關於古代福建沿海疍民的研究雖然已有很多，但是很多地方發掘仍然不夠。因爲本書篇幅限制，我將在另外的著作中再考證福建古代沿海的疍民文化。

明末廈門人池顯方說：「鷺門於漳爲唇齒，泉爲咽喉，外捍泉、漳則爲手足，內次彭、金則爲腹心，百貨之必經，群艅之畢輳。」又說：「今臺灣之舟往來如織，兩洋之舟出入如風。」[4]廈門是漳、泉咽喉，爲海船必經之地，來往臺灣和東西兩洋的商船在廈門絡繹不絕。

清代廈門人林樹梅（1808—1851）的生父陳春圃爲金門營把總，養父林廷福任金門左營守備、臺灣水師副總官，他生長在一個海軍家族，因而熟悉航海。林樹梅的《閩海握要圖說》說廈門：「爲水陸之會，蓋北自乍浦、錦州、天津，南自安南，東至日本、琉球、呂宋、紅毛葛剌巴，洋船之所通，往自隋唐以來，其放洋針路皆准諸此，四方商賈雲集也。」[5]他說所有航路的起點都是廈門島，甚至說隋唐以來都是如此，其實廈門是在明代才興起，隋唐以來固然

4 [明]池顯方撰、廈門市圖書館點校整理：《晃岩集》，第257頁。

5 [清]林樹梅撰、陳國強校注：《嘯雲詩文抄》，廈門大學出版社，2013年，第128頁。

是誇張，但是追溯到明末則沒有問題。明末以來的中國航海指南多以廈門爲起點，這就是此圖的航路起點在廈門的原因。

第二節　明代月港、海滄、廈門、安海的勃興

廈門灣北部的今廈門市，基本就是古代的泉州府同安縣境，古代同安縣還包括現在的金門縣境及龍海市的浯嶼及角美鎮部分地區。

廈門灣的南部和西部原屬漳州府龍溪縣，廈門南面海灣對面是南太武山，向西是九龍江口，江口之北有海滄鎮，江口之南有海澄鎮。海滄原屬龍溪縣，嘉靖四十五年（1567年）分龍溪、漳浦二縣爲海澄縣時，改屬海澄縣，1958年劃歸廈門市，今爲海滄區。[6]

海澄鎮原爲月港村，明代人記載月港：「唐以前則洪荒未辟之境也，宋則蘆荻中一二聚落。」[7]明代月港迅速崛起，正德八年（1513年）刊行的《漳州府志》卷七〈山川〉說：「月溪，在縣東南五十里，俗呼月港，相傳謂溪形如月得名。人煙繁盛，商賈輻輳，海艘溪船皆集於此，爲漳南一大市鎮。」[8]說明月港在明代前期已有長足發展，清代月港本地人追記說：「成、弘之際，稱小蘇杭者，非月港乎?」[9]

明末本地人謝彬說：「昔彬少時見三都邊民，往往造船通

6　福建省龍海縣地方志編纂委員會：《龍海縣志》，東方出版社，1993年，第5頁。

7　崇禎《海澄縣志》卷首王志道〈初修海澄縣志序〉，《日本藏中國罕見地方志叢刊》，書目文獻出版社，1992年。

8　正德《漳州府志》，北京中華書局，2012年，第134頁。

9　乾隆《海澄縣志》卷十五〈風土〉，《中國方志叢書》華南地方第92號，1968年，第171頁。

番，盜賊殊少，故有安邊館之設。四方客商，輳集月港，謂之小蘇杭。」[10]成化、弘治年間的月港已有小蘇杭之名，謝彬所說的少時正是明代中期。

嘉靖《龍溪縣志》說月港：「兩涯商賈輻輳，一大鎮也。」[11]陳全之在嘉靖年間所撰的《蓬窗日錄》也說：「漳之龍溪縣海滄、月港者，夷貨畢集，人煙數萬。」[12]此時海滄與月港不相伯仲。

唐代中國海外貿易的主要港口是廣州，其次是泉州、揚州、福州、明州（今寧波）、登州（今山東蓬萊）、南恩州（今廣東陽江）、潮州和海南島等地。宋、元時期的最大海港是泉州、廣州，明代初期泉州港衰落，漳州九龍江口的月港取而代之。明代中期的月港成爲最著名的走私港，明朝被迫在嘉靖四十五年（1566年）在月港設海澄縣，1960年海澄又併入龍溪縣，改名龍海縣。所以此圖航路既然從廈門灣出發，則作者最有可能是同安或海澄縣人。

張燮《東西洋考》卷七〈餉稅考〉說：「成弘之際，豪門巨室，間有乘巨艦貿易海外者。」[13]到嘉靖初年，福建沿海各地形成交通外夷的風潮，長期跟隨胡宗憲征討倭寇的軍事家、南直隸昆山縣（今江蘇昆山）人鄭若曾說：「福建素通番舶，其賊多諳水道，操舟善鬥，皆漳、泉、福寧人。漳之詔安有梅嶺，龍溪海滄、月港，泉之晉江有安海，福寧有桐山，各海澳僻遠，賊之窩穴，船主、喇哈、火

10 崇禎《海澄縣志》卷十九〈剿撫事宜議〉。

11 嘉靖《龍溪縣志》卷一〈地理〉，《天一閣藏明代方志選刊》第42冊，上海古籍書店，1981年，第16頁。

12 [明]陳全之：《蓬窗日錄》，上海書店出版社，2009年，第40頁。

13 [明]張燮著、謝方點校：《東西洋考》，第131頁。

頭、舵工出焉。」[14]

▲古今政區分界對照（黑線是古代府界、縣界，顏色表示現代政區）

明代同安縣金門島人蔡獻臣說：「漳、泉錯壤郡，而紫陽過化之鄉也。其詩書文物大略相埒，而其山川、風氣、習尚、柔剛、侈嗇固殊焉。故漳之人好勝而逐利，杯酒責望，白刃相讎。一有不平，則詰之郡縣，詰之司道，又詰之兩臺使者。卽臺使者有成案矣，尙再三嚚爭干請，必得勝而後已。而閭里惡少，走東西二洋如鶩，擁萬斛之舟，蹈不測之險，攜中國絲枲貨物，以與外夷市。勢既不可禁，縣官乃從而征之，以佐軍需，則違禁漏稅之罰於是乎興。而庀其事者，或因以爲利。故吏於閩者，泉易而漳難也！」[15]漳州、泉州風俗差別很大，漳州人好鬥，擅長海外貿易。

14　[明]鄭若曾：《鄭開陽雜著》卷一〈福建守禦論〉，《影印文淵閣四庫全書》第584冊，第463頁。

15　[明]蔡獻臣撰、廈門市圖書館校注：《清白堂稿》，廈門大學出版社，2012年，第189—190頁。

王世懋說：「然閩西諸郡人，皆食山自足，爲舉子業，不求甚工。漳，窮海徼，其人以業文爲不貲，以舶海爲恆產。故文則揚葩而吐藻，幾埒三吳。武則輕生而健鬥，雄于東南夷，無事不令人畏也。」[16]

張瀚也說：「汀、漳人嗜利，不若邵、延淳簡。而興、泉地產尤豐，若文物之盛，則甲於海內。」[17]

明代遣使琉球從福州出發，但是操舟多是漳州人。[18]嘉靖十三年（1534年）出使琉球的正使陳侃說：「漳人以海爲生，童而習之，至老不休，風濤不驚，見慣渾閒事耳。」[19]萬曆七年（1579年）出使琉球的蕭崇業說：「惟漳人以水則習，以事則閑，以力則便，健而機警，渡海舍漳人，譬之詢道於瞽，辯聲於聾……福人雖亦有習于水者，但未若漳人之精耳。」又說船上人員構成：「大率福人居什三，漳人居什七。」[20]

漳州人張燮說：「漳，海國也。艋艅艎，不蹬而走四裔。然賈人子，信桅水宿，到處貿易其方物以歸，則歲爲常。」[21]又說：「蓋閩以南爲海國，而漳最劇。以海爲生者，大半皆漳人云。」[22]

---

16 [明]王世懋：《閩部疏》，《續修四庫全書》第734冊，第123頁。

17 [明]張瀚撰、盛冬鈴點校：《松窗夢語》，中華書局，1985年，第84頁。

18 [明]何喬遠：《閩書》卷一四六〈島夷志〉，福建人民出版社，1994年，第4348頁。

19 [明]陳侃：《使琉球錄》，《續修四庫全書》第742冊，第513頁。

20 [明]蕭崇業：《使琉球錄》，《續修四庫全書》第742冊，第567—569頁。

21 [明]張燮撰、陳正統等點校：《張燮集》第一冊，中華書局，2015年，第573頁。

22 [明]張燮撰、陳正統等點校：《張燮集》第二冊，中華書局，2015年，第572頁。

漳州府龍溪縣人最早犯禁出海，《明英宗實錄》卷四七記載正統三年（1438年），有龍溪縣人私往琉球販貨。卷一五三記載，正統十二年閏四月，有龍溪縣強賊池四海等數百人四出抄掠。

崇禎《海澄縣志》卷一〈嶼〉：「胡使二嶼，在一、二、三都海門上下，延袤數里，俗呼爲海門山。山分南北，居民憑海煽殃，正統間郡守甘瑛奏移其民，虛其地，今復環堵如故。」[23]

正統八年（1443年），廈門灣南口的浯嶼水寨內遷廈門，更是爲龍溪縣人出海打開了大門。萬曆《泉州府志》卷十一〈武衛〉說：「浯嶼在同安極南，孤懸大海之中，左連金門，右臨岐尾，水道四通，乃漳州、海澄、同安門戶。國初設寨於此，最爲遠慮。」浯嶼水寨內遷則：「縱賊登岸，而後禦之，無及矣。」浯嶼介於大擔島和南太武山之間，扼守廈門灣出海門戶，極爲重要。浯嶼水寨內遷是明朝海防重大失誤，因爲正統年間的廈門灣洞開，所以成化、弘治年間的漳州人就造巨艦出海。

浯嶼還是重要的海港，浯嶼道光四年（1824年）福建水師提督許松年所立〈浯嶼新築營房墩臺記〉碑，碑文說：「大小擔之間，門狹而水淺，惟浯嶼與小擔其間，洋闊而水深，商舶出入恒必由之。浯嶼之南，汊亦淺，可通小艇。其東有九折礁，舟人所畏也。然其西則有隈澳可避風，山坡平衍，居民數百家，而大擔、小擔皆無之，故海人艤舟必於浯嶼。前明嘗置守禦所，有土城，久廢，惟頹牆數堵而已。」此碑原在浯嶼古城內，現在地名仍是城內。現在浯嶼島西的平地，原來是海灣。

23　崇禎《海澄縣志》，第325頁。

所謂龍溪縣海賊，其實是海口的海滄、月港一帶人，正德《漳州府志》說謝騫：「景泰四年，出知漳州府……近海諸處，如月港，如海滄，居民多貨番，且善爲盜。騫下令隨地編甲，隨甲置總，每總各置牌，以聯屬本地方人戶，約五日齎牌赴府一點校。其近海違式船隻，皆令拆卸，以五六尺爲度，官爲印烙，聽其生理。每船早出暮歸，每總各照牌面，約束本地方人戶，早出暮歸。暮不歸，即便宜赴府呈告。有不告者，事發連坐。騫令不出二，莫之敢違。一時盜息民安，各水寨把總官，皆蒙其庇。」

同安縣積善里，即今廈門同安區東孚鎮向南到龍海角美鎮充龍一帶，插入漳州府龍溪縣，在正統年間遭戰火摧毀，同安縣人劉存德（1508—1578）說：「正統之際，鄧寇、倭夷相繼煽亂於汀、漳間，同實伊邇，而積善尤爲接。民殘於兵火，室廬爲燼，無復有券契以正民址。」[24]環境動盪，家破人亡，使得此地人更加容易出海打拼。

蔡獻臣在萬曆四十年（1612年）撰《同安縣志·風俗志》說：「而呂宋諸夷之販，則官爲之給引置榷，亦開一面之網，非得已也。然向惟漳民爲盛，而同之積善、嘉禾，鄰於漳者，亦時往。今則自邑治，以迄海澨，傾資借貸，而販者比比。其所挾則蘇杭之幣，美好之需，百物雜技，無所不有。甚至作優人，以悅異類，即一舟之中，亦籠雞數千頭而去，皆前此未有也。彼之銀錢日來，而吾之用物幾盡矣。且借過洋、販浙之名，而私通倭奴者，若履平地焉。守汛官兵，啖其賂，而衛送出海者，聞亦有之。噫，商夷雖不

24 [明]劉存德著、陳峰校注：《結甃堂遺稿》，廈門大學出版社，2014年，第94頁。

可遽罷，而海上勾倭之禁，庸可弛乎？」[25]

原來出海最多的是漳州人，同安縣出海貿易之風，原來僅在鄰近漳州的同善里與嘉禾里，嘉禾里卽今廈門島，同善里是積善里。出海經商之風，在明末才擴展到同安縣治以南的多數地區。來自美洲的白銀，經由馬尼拉大帆船到達呂宋，再通過閩南商人流入中國，而中國東南沿海的百貨輸入呂宋。商人賄賂海軍，甚至有官兵護送商人出海，蔡獻臣認爲商業不可能全部禁止，但也必須加強軍備，防禦倭寇。

同安縣人林希元說：「聞漳州饑民群聚，搶奪於城中……敝泉之民，不如漳郡，蓋風氣生人，強弱不齊也。然近日中左所城外富民陳大淵，積穀千石，餓軍三百，一夕搶掠而盡，水寨不敢問，其風漸熾。今強牽牛而殺者，在在而是。海寇登岸，殺居民，棲淫婦女，索銀贖命，聞皆各處窮民投附，助成其勢，莫之敢禦。嘉禾陳惟清家被擄贖回，人言賊謀以五百人攻縣治，劫陳滄江。今城外富人聞此風聲，俱揭家入城。」[26]

林希元說，漳州、泉州風氣不一樣，漳州搶劫之風盛行，不料泉州饑荒時，中左所（廈門）城的搶劫之風也愈演愈烈。

泉州各縣多在晉江流域，唯獨同安縣接近漳州，晉江縣人李光縉說：「泉屬邑七，劇居其三，晉江一都會也，俗好儒，備於禮，民儉嗇，畏罪，頗有桑麻之業，而矜好氣，喜爭訟。次亡如南安，南安亦一都會也，其俗類晉，獄訟少減，豪姓猾胥逋賦舞，沮格自

25　[明]蔡獻臣撰、廈門市圖書館校注：《清白堂稿》，第858—859頁。

26　[明]林希元：《林次崖文集》卷六〈與俞太守請賑書一〉，《四庫全書存目叢書》集部第75冊。

便，往往地遙而輕犯法。次亡如同安，同安瀕海一都會也，俗與南安相類，然近漳，人依海習水，剽輕易怒，多盜，好鬥，喜爭，視晉尤甚。」[27]

明末晉江人何喬遠，也說同安縣：「瀕海之民，鄰於漳界，有漳之風焉。強圉多事，其勁可以收。佳禾之嶼，是出竹𣏌之器。」[28]同安縣靠近漳州之地，也即積善、嘉禾二里，有漳州風氣。

廈門位居泉州府最南的海中，不僅距離接近漳州，而是扼守漳州海口，文化更近漳州。現在廈門島上的村社廟宇，多演漳州薌劇，少演泉州的戲劇。

馬巷之東就是南安縣最南部的安海鎮，安海雖屬南安縣，卻在廈門灣內，是福建最重要的商業巨鎮。傅衣淩先生訪問美國時，從李光縉、何喬遠的著作中找出很多安海商人史料，[29]比如何喬遠說：「安平一鎮盡海頭，經商行賈，力於徽歙，入海而貿夷，差強貲用。」[30]又說：「安平一鎮在郡東南，瀕於海上，人戶且十餘萬，詩書冠紳，等一大邑。其民嗇，力耕織，多服賈兩京都、齊、汴、吳、越、嶺以外，航海貿諸夷，致其財力，相生泉一郡人。」

李光縉說：「吾溫陵里中，家弦戶頌，人喜儒而不矜賈。安平市獨矜賈，逐什一趨利。然亦不倚市門，丈夫子生及已弁，往往廢著

27 [明]李光縉：《景壁集》卷一〈贈別駕臺麓歸公奏最敘〉，廣陵古籍刻印設，1996年，第207—208頁。

28 [明]何喬遠：《閩書》卷三八〈風俗〉，第943頁。

29 傅衣淩：《明代泉州安平商人史料輯補——讀李光縉〈景壁集〉、何喬遠〈鏡山全集〉兩書劄記》，《傅衣淩治史五十年文編》，中華書局，2007年，第222—231頁。

30 [明]何喬遠：《閩書》卷三八〈風俗〉，第942頁。

鬻財，賈行遍郡國，北賈燕，南賈吳，東賈粵，西賈巴蜀。或沖風突浪，爭利於海島絕夷之墟。近者歲一歸，遠者數歲始歸，過邑不入門，以異域爲家。」[31]

李光縉又說：「兄伯自其王父由吾儒林，徙安平，安平人多行賈，周流四方，兄伯年十二，遂從人入粵。尠少有誠壹輻輳之術，粵人賈者附之，纖嬴薄貸，用是致貲，時爲下賈。已徙南澳，與夷人市，能夷言，收息倍於他氏，以致益饒，爲中賈。呂宋澳開，募中國人市，鮮應者。兄伯遂身之大海外而趨利，其後安平效之，爲上賈……當是之時，中國新與夷交，語言不通，嗜好不同，而譯者用事，兄伯身所之夷，與語輒習之。見其國王，王以爲異人，是以征貴賤，不復問譯，而取信于兄伯，兄伯不之詒也，遂爲雁行中祭酒大夫也……其初西伯之呂宋，皆身自往。自榷使出，海上之稅，歸之中官，兄策其必敗，遂不復往。不數年，好事者言夷地多金，遣使偵之，夷人疑有它謀，遂屠戮中國賈人以數十萬。」[32]

李光縉說，李寓西原來在廣東經商，在南澳學上外語，西班牙人開闢呂宋殖民者，很少有中國人光顧，但是李寓西因爲能說外語，所以獲得西班牙人信任，中國商人紛至遝來。西班牙人運來美洲金銀到呂宋，中國商人盛傳此地有金山，引發福建的宦官垂涎，傳言佔據呂宋。西班牙人很害怕，因而在呂宋屠殺華人數萬。但是李寓西早已料到，所以很早就回國，躲過一劫。此處南澳，很可能是澳門之誤，李寓西是在澳門學習外語，鄭芝龍的母舅黃程就在澳門經商，鄭芝龍也是先到澳門經商，學習外語。因爲葡萄牙語與西班牙語近似，所以李寓西能在呂宋先得頭籌。外國人沒有在南澳島

31　[明]李光縉：《景壁集》卷四〈史母沈孺人壽序〉，第726頁。

32　[明]李光縉：《景壁集》卷三〈寓西兄伯壽序〉，第510—515頁。

久居，澳門在香山縣南，又名香山澳，李光縉沒有出海，所以寫錯。

從漳州府龍溪縣月港到海滄，再到泉州府同安縣的廈門，再到南安縣的安海，都在大廈門灣內。這一帶人習慣下海經商，明朝官員稱爲海盜淵藪，王忬說：「漳泉地方，如龍溪之五澳、詔安之梅嶺、晉江之安海，誠爲奸盜淵藪。」[33]胡宗憲說：「外浯嶼乃五澳地方，番人之巢窟也。」[34]

外浯嶼即浯嶼，因爲浯嶼水寨內遷到廈門島，所以浯嶼又名舊浯嶼。其實這是明代官員的誤會，浯嶼始終僅有一處，不能因爲浯嶼水寨內遷就把浯嶼稱爲舊浯嶼。有學者提出龍溪之五澳是指月港、海滄、沙阪、嵩嶼、長嶼五個地方，但是明清時期沒有任何一部文獻列舉出五澳是哪五個澳。浯嶼扼守廈門灣南口，月港、海滄甚至廈門人南航，都要經過浯嶼。

▲ 海滄一帶地名圖

33 [明]王忬：〈條處海防事宜仰祈速賜施行疏〉，[明]陳子龍輯：《明經世文編》卷二八三，北京中華書局，1997年，第2996頁。

34 [明]胡宗憲：〈福洋要害論〉，[明]陳子龍輯：《明經世文編》卷二六七，第2824頁。

第三節　福建人必須衝破海禁的地理原因

福建是中國東部山地面積比例最大的省，既找不到浙江北部那樣大的平原，也找不到廣東珠江口那樣大的三角洲。福建平原狹小，人多地少，所以歷史上一直依靠海外貿易。

南宋的福建就依靠廣東、浙江海運米糧，南宋周必大說：「福建地狹人稠，雖無水旱，歲收僅了數月之食，專仰舟船往來浙、廣般運米斛，以補不足。」[35]眞德秀說：「福、興、漳、泉四郡，全靠廣米，以給民食。」[36]李曾伯說：「閩、浙之間，蓋亦嘗取米於廣，大抵皆海運。」[37]

宋元時期的福建非常發達，泉州是世界第一大港。但是明代厲行海禁，對平原較多的省來說，影響較小，對福建的打擊最大。所以到了明代中期，福建人口增加，福建人謀生艱難，必須強行衝破海禁。

有學者認爲，福建人喜歡出海是因爲有古代越人擅長航海的傳統，我以爲此說有一定道理，但不是根本原因和主要原因。因爲明清時期很多本地人明確說，貧民到海外謀生，往往九死一生。如果不是生活所迫，難以走上這條險路。雖然回來的人有時獲利頗豐，但也有很多船一去不返，葬身大海。航海需要依靠精湛的科學技術，貿易依靠豐富的商業資訊，絕不是浪漫的文學想像。

35　[宋]周必大：《文忠集》卷八二〈大兄奏劄〉，《影印文淵閣四庫全書》第1147冊，第847頁。

36　[宋]真德秀：《西山文集》卷一五〈申尚書省乞措置收捕海盜〉，《影印文淵閣四庫全書》第1174冊，第230頁。

37　[宋]李曾伯：《可齋續稿》後卷六〈奏乞調兵船戍欽仍行海運之策〉，《影印文淵閣四庫全書》第1179冊，第674頁。

崇禎《海澄縣志》卷十一〈風俗〉說月港人去海外冒險的原因是：「田盡鹽鹵，必築堤障潮，尋源導潤，有千門共舉之緒，而無百年不壞之程。歲雖再熟，獲少滿篝，戴笠負犁，個中良苦。於是饒心計與健有力者，往往就海波為阡陌，倚帆檣為耒耜。凡捕魚緯簫之徒，咸奔走焉。蓋富家以貲，貧人以傭，輸中華之產，騁彼遠國，易其方物以歸，博利可十倍。」[38]

龔用卿說：「或曰，漳，瀕海僻壤也，地瘠民貧，艱於治生。故樂於商販，趨貨財什一之利，蹈不測之淵，回易於蠻夷之境，豈其所得已哉？蓋無以聊生，圖所以為生業之計者，實其勢之不得已者也！至於侵軼海防，蔓延他省，或有渠凶干紀者，輒以為漳之民，致使吏茲土者視其鄉其黨，不啻若仇敵焉。」[39]他說漳州人下海是迫不得已，

王世懋說：「泉、漳間，山薄無泉，海近易泄，故其地喜雨而惡旱。田中多置井，立石如表，轆水而灌，亦云艱矣。每遇天旱，開府以下惕惕憂恐，蓋漳饑則易動也。然民皆航潮米而食，不專恃本土。」[40]閩南易發旱災，漳州人遇到饑荒則易生動亂，平時依靠海運潮州糧食為生。

漳州人張燮說：「舶政之開，在漳圭海。蓋土田不任耕作，故相率以帆檣為耒耜，及春揚舲，猶之播種。迨南薰後，鼓枻還歸，則得秋而萬寶成也。司榷大夫，歲一更遣。傳襲既久，徑竇轉多。猾胥

38 崇禎《海澄縣志》，第435頁。

39 [明]龔用卿：《雲岡選稿》卷十四〈送漳州太守曹侯入覲序〉，《四庫全書存目叢書》集部第88冊，第101頁。

40 [明]王世懋：《閩部疏》，《續修四庫全書》第734冊，第122頁。

豪奴，百計唆削，以鼠喫於內。濤門之賊舸縱橫，又掠貨焚舟，以狼噬於外。舶商往往掉臂四散，別作生活。」[41]出海本來是因爲缺地，但是又要遭到官員盤剝和海盜掠奪。

何喬遠撰〈嘉禾惠民碑〉文說：「嘉禾爲嶼，山斷而海爲之襟帶。自國初以來，徙丁壯，實民籍，長子育孫，今而冠帶郘右，往往輩出，生齒若一縣。其地上磽下鹵，率不可田，卽田不足食民三之一。則土人出船貿粟海上，下至廣而上及浙。」[42]嘉禾嶼卽廈門島，民衆仰賴廣東和浙江的糧食。

2014年5月，我到廈門海滄區東嶼村考察，得知該村的柯氏祠堂在2013年重修時，發現了明代修建祠堂的一方碑刻，碑上的萬曆三十三年（1605年）柯挺所撰〈柯氏宗祠記〉說：「自買龍嶼，以米起家。」東嶼、海滄一帶的華僑很多，檳城的華僑很多來自海滄北部的新陽。

今海滄區原爲海澄縣三都，明代梁兆陽〈三都建義倉記〉說：「三都者，厥壤下錯，祈年少稔。惟是浙米廣粟，航海而至，則三時無虞。又惟是東西洋販仰事俯給，故地雖斥鹵，民有固志。」[43]

月港的岸邊有七個碼頭，從西向東依次是：溪尾、阿哥伯、店仔尾、榮川、中股、路頭尾、餉館碼頭。[44]其中有的碼頭是民間建造，比如榮川碼頭是明代商人蔡志發建造，《海澄縣志》卷十二說：

41　[明]張燮撰、陳正統等點校：《張燮集》第二冊，中華書局，2015年，第818頁。

42　[明]沈有容：《閩海贈言》，《臺灣文獻史料叢刊》第154冊，大通書局，1987年，第2—3頁。

43　乾隆《海澄縣志》卷二一〈藝文志〉，第249頁。

44　鄭雲：《海絲申遺話月港》，廈門大學出版社，2015年，第214頁。

「萬曆十八年，歲饑米貴，適志發所駕廣船二艘，載米二千餘石，平糴存活甚衆。」爲此官府爲蔡志發建立牌坊表彰，上面就說到蔡志發捐資建立榮川碼頭。蔡志發的船就是從廣東運米，從兩船運糧二千石的數字來看，當時有些商人的貿易量很大。

▲ 今月港遺存的蔡志發牌坊

金門人蔡獻臣說：「漳泉之民，仰食東粵，無論凶歲，卽豐歲猶然……蓋地頭奸棍，操其奇贏，或抬價而抽，或開港而搶，非禁則無所用之。故譸張其詞，以欺官府，而上人亦莫之深察。」[45]

宋代的福建還依靠浙江米，到了明清，主要依靠廣東米。廣東南部，氣候炎熱，一年三熟。因爲米的產量高，本地多有剩餘，所以銷往閩南。王臨亨《粵劍編》說：「高、雷之間，歲三熟。惠、潮之間，歲二熟。余怪其獲多稅薄……或云，潮之粟，多以食閩人……高、雷之間，內地不通舟楫，米穀最賤。馬豕之屬，日食粥糜。」[46]

高州米大量銷往閩南，周翔鶴先生告訴我，老一輩的廈門人還有一句諺語，說「俗米在高州」，本來是指高州的米最便宜。但是因爲廈門話的米和表示東西的物，兩個字的讀音接近mi，稍有不

45 [明]蔡獻臣撰、廈門市圖書館校注：《清白堂稿》，第422頁。

46 [明]王臨亨撰、凌毅點校：《粵劍編》，北京：中華書局，1987年，第75頁。

同，所以很多廈門人誤以爲這句話是指最便宜的東西在高州。

明代閩南就依賴廣東高州米，所以明代閩南人編成的航海指南《指南正法》，其中有兩則針路是〈北太武往廣東山形水勢〉與〈廣東寧登洋往高州山形水勢〉，上下銜接，其實是北太武山所在的金門島到高州的一條完整航路。清代閩南的航海指南中，也經常提到這一航路。

這條航路一旦切斷，則閩南的米糧難以保障，鄭芝龍就在閩南發生饑荒時封鎖航路，打敗明朝官軍。鄭成功則經常南征潮汕，征取軍糧，保障糧運。有的學者不明白閩南的糧食必須仰仗廣東，因而指責鄭成功經常攻打潮汕是自毀長城，其實鄭成功如果不能有效控制潮汕，就不能保障這條海上生命線。而當時控制潮汕地方的土豪在胸無大志，經常在明清兩個政權之間反覆無常，甚至主動投降清朝。所以鄭成功有理由出兵潮汕，我們不能因此指責鄭成功。

廣東省南澳島的東南海域，2007年發現一艘萬曆年間的沉船，船上的八成瓷器出自漳州窯，很可能從月港開出。這艘沉船上的貨物被打撈上來，在廣東省博物館展覽。從這艘沉船撈出的不少盤子中間，寫有很大的字，有福、善、貴、祿、教、義等常見吉祥用字。但是有一件類似的盤子，中間寫的是糧字。[47]說明米糧對於當時的閩南人很重要，所以在瓷盤上如此突出，瓷盤上的這種用字在中國其他地區則不多見。

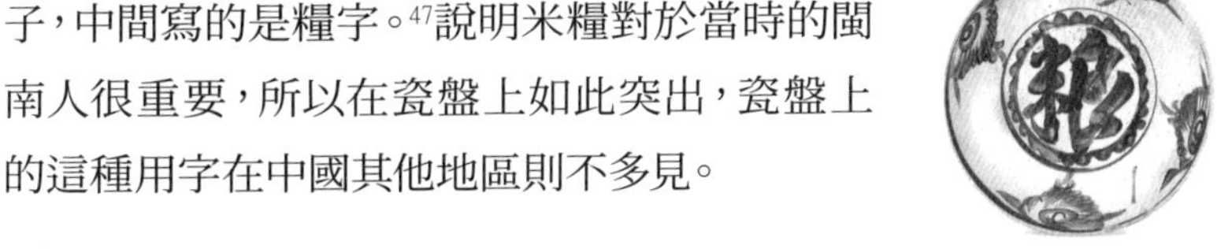

47　廣東省博物館編：《牽星過洋：萬曆時代的海貿傳奇》，嶺南美術出版社，2015年，第158—163頁。

第四節　持續戰亂與海澄設縣

葡萄牙人在正德六年（1511年）佔領麻六甲，八年（1513年）首次登上中國土地Tamao島，[48]即香港屯門東部海灣。1521年，荒淫無道的朱厚照暴斃，嘉靖皇帝即位。次年為嘉靖元年（1522年），廣東海道副使汪鋐（1466—1536）在屯門一帶打敗葡萄牙人，葡萄牙人被迫北上到閩、浙沿海，在舟山群島的六橫島建立了Liampo（寧波）港城，即中國書中的雙嶼港。[49]

浯嶼、南澳等島也是葡萄牙人的市場，葡萄牙人、日本人在閩浙沿海和中國人貿易，於是出現了所謂的嘉靖大倭寇現象。所謂倭寇多數是中國人，往往集海盜、海商於一身。而且因為帶來厚利，這些人反而經常得到東南沿海不少民眾的支援，官軍很難剿滅。[50]

崇禎《海澄縣志》卷一〈建置沿革〉回顧海澄縣設立的歷史說：「海澄縣在漳東南，距郡五十里，本龍溪八、九都地也，舊名月港。唐宋以來為海濱一大聚落，至明生齒益繁。正德間，豪民私造巨舶，揚帆他國，以與夷市。久之誘寇內訌，所司法繩不能止。嘉靖九年，巡撫都御史胡璉，議移巡海道駐漳，彈壓之。而海滄置安邊館，歲擇諸郡別駕一員，爰鎮其地，半載一易。二十七年，巡海道柯喬，議設縣治於月港，都御史朱紈、巡按御史金城咸具疏，間會地

48　此地舊有爭論，參見金國平：〈Tumon雜考〉，《西力東漸——中葡早期接觸追昔》，澳門基金會，2000年，第19—42頁。湯開建：〈中葡關係的起點：上、下川島——Tamão新考〉，湯開建：《澳門開埠初期史研究》，北京：中華書局，1999年。我認為在今香港屯門東部，另文詳考。

49　周運中：〈雙嶼港城在今六橫島西北部考〉，《九州學林》第33輯，2013年，第139—154頁。

50　戴裔煊：《明代嘉隆間的倭寇海盜與中國資本主義的萌芽》，中國社會科學出版社，1982年。

方稍寧，事暫停止。三十年，復於月港建靖海館，以郡倅往來巡緝。至三十五年，海寇謝老，突犯波心，屠掠甚慘，都御史阮鶚誠，論居民築土堡爲防禦計。其明年，都御史王詢更議設縣，未就。亡何，倭奴傳警，廬舍田土，煨燼荒蕪，鄉曲頑民，乘機構逆，自號二十四將，結巢盤踞，殆同化外。四十二年，都御史譚綸下令招撫，爲羈縻之術，仍請設海防同知，以顓理海上事，更靖海館爲海防館。然跋扈既久，食椹尙乖，官民相視褫氣。四十三年，巡海道周賢宣，計擒巨魁張維等，駢戮以殉境內，甫戢時聽選官李英陳鑾，在都下相率叩閽，仍申設縣之請，有旨下閩，當道議覆。四十四年，知府唐九德，議割龍溪自一都至九都及二十八都之五圖，並漳浦二十三都之九圖，湊立一縣。於是都御史汪道昆、御史王宗載，咸具疏聞，有旨報可，錫名海澄。」

嘉靖初年，本地士紳就請求在月港設縣，李英〈請設縣治疏〉說：「切念閩中八郡，而漳州爲遐陬。漳州八邑，而月港爲邊隅。論生聚，則蜂房櫛篦，而貨貝聚集，閩南之奧區也。論俗尙，則民頑好鬥，而衽革輕，盜賊之淵藪也。蓋地接島夷，民習操舟，通番倡亂，貽患地方者，已非一日矣。嘉靖初年，居民苦之，赴訴於官，請設縣治。監司府縣，徒爲一切之計，只於海滄地面，設置安邊館，以八府通判，輪管其事。」[51]

嘉靖九年（1530年）先在海滄設立安邊館，林魁〈安邊館記〉說：「僉以龍溪月港、海滄、沙阪、嵩嶼、長嶼……東際大海，南密諸番，倉卒有變，請計臺府，動經旬月。逮至撲滅，流毒已深。」[52]沙

51　崇禎《海澄縣志》，第319頁。

52　崇禎《海澄縣志》卷十七〈藝文志〉，第502頁。

阪即今後井村，下文還要詳述。嵩嶼即今海滄區的嵩嶼，長嶼即今海滄區東嶼村。東嶼原爲海中狹長島嶼，故名長嶼，又名龍嶼。海滄靠近海口，官府想控制此地，但是不起作用。

嘉靖十五年（1536年）七月壬午，兵部副御史白賁，條陳備倭事宜說：「龍溪嵩嶼等處，地險民獷，素以航海通番爲生。其間豪右之家，往往藏匿無賴，私造巨舟，接濟器食，相倚爲利。」[53]

朱紈說：「巡視海道副使柯喬呈議得：漳州府龍溪縣月港地方，距府城四十里，負山枕海，民居數萬家，方物之珍，家貯戶峙，而東連日本，西接暹球，南通佛郎、彭亨諸國。其民無不曳繡躡珠者，蓋閩南一大都會也。其俗強狠而野，故居則尚，出則尚劫。如佛郎機、日本諸夷，阮其寶、李大用諸賊首，苟可以利則窩於其家，而縱之以妻女，不恥焉，此何等俗也！其東逼近海滄，有安邊館通判一員，管理捕務。其始也，官設八捕以擒盜，其既也，八捕賣盜以通官。本以禦寇，反以導寇。本以安民，反以戕民。而月港、海滄之民以里長不應役，以征科則不納，以訐告則不對理，以接濟則蒂結根連而不可解。」[54]

不但平民、士紳參與貿易，官軍也受賄縱寇甚至參與貿易，殺商越貨，直到萬曆年間仍有陋規。金門人蔡獻臣說浯銅游把總呼鶴鳴在萬曆三十八年（1610年）上任：「居三年，閱五汛，遊中陋規一清。越販外夷，如淩秀、黃敬竹輩。殺商于貨，如船戶林養曾輩。君督捕捐資，盡獲其人贓。」[55]

53 《明世宗實錄》卷一八九。

54 [明]朱紈：《甓餘雜集》，《四庫全書存目叢書》集部第78冊，第57頁。

55 [明]蔡獻臣撰、廈門市圖書館校注：《清白堂稿》，第277頁。

漳州人張燮給福建南路參將宗浩然寫的形狀說：「會倭禁戒嚴，君議越販賈舶，所得闌出者，皆兵士受賂，聽其逸去也。是後，如獲越販之船，許分其船中半貨給之。所獲既奢，奸人卽善行賂，必不足滿其欲，而在在成擒。走險之竇，行將自塞。議雖未行，識者偉之。」56宗浩然要嚴查走私海船行賄士兵，但是他的建議未能實行。因爲走私和行賄成風多年，難以查禁。又說：「防汛戈船，嘗尾賈舶，而多方其情形，必輸賄乃聽出。」[57]

張燮又說：「舶政在漳爲羶。」[58]指管理海船的官員經常貪污，又說：「聞粵東一帶，材官多效邊將，款虜之金錢。」[59]其實不但廣東和北邊，福建、浙江等地也是如此。

同安人洪朝選說嘉靖甲辰（二十三年，1544年）：「忽有漳通西洋番舶，爲風飄至彼島（日本），回易得利，歸告其黨，轉相傳語，於是漳泉始通倭。異時販西洋類惡少無賴，不事生業，今雖富家子及良民，靡不奔走。異時維漳緣海居民，習奸闌出物，雖往，僅什二三得返，猶幾幸少利。今雖山居谷汲，聞風爭至。農畝之夫，輟耒不耕。賚貸子母錢往市者，握籌而算，可坐致富也。」[60]

嘉靖二十六年（1547年）葡萄牙人在浯嶼貿易，賄賂已經內遷到廈門島的浯嶼水寨指揮丁桐、海道副使姚翔鳳。巡海道柯喬、漳

56　[明]張燮撰、陳正統等點校：《張燮集》第二冊，中華書局，2015年，第781頁。

57　[明]張燮撰、陳正統等點校：《張燮集》第三冊，中華書局，2015年，第702頁。

58　[明]張燮撰、陳正統等點校：《張燮集》第三冊，第639頁。

59　[明]張燮撰、陳正統等點校：《張燮集》第三冊，第633頁。

60　洪朝選：〈瓶臺譚侫平寇碑〉，方友義編《芳洲先生文集》，華星出版社，2002年，第262—263頁。

州知府盧璧、龍溪縣令林松發兵，不克。長嶼喇噠林恭、大擔嶼姚光瑞等一百多人爲葡人接濟。

嘉靖二十七年（1548年），提督浙閩海防軍務、巡撫浙江朱紈摧毀了雙嶼港城，一路追剿葡人到漳州。朱紈在浯嶼與東山島走馬溪大敗葡人，[61]把葡人趕到廣東，先到浪白澳（在今珠海南水鎮），最終落腳澳門。

崇禎《海澄縣志》卷十四〈寇亂〉說：「（嘉靖）二十六年，有佛郎機夷船，載貨泊浯嶼地方貨賣，月港賈人輒往貿易，巡海道柯喬、漳州守盧璧、龍溪令林松發兵攻夷船，不克，而通販者愈甚。時總督閩浙都御史朱紈厲禁，獲通販者九十餘人，遣令旗權杖，行巡海道柯喬、都司盧鏜，就教場悉斬之。夷舶乃歸，尋論發柯喬、盧鏜，皆擬重典，後恤刑。郎中陸穩奏釋之，盧璧以改調去。」

朱紈橫掃浙閩海口，但是浙閩兩省海濱的士紳，早已依靠通番謀利，他們誣陷朱紈濫殺。爲明朝立下汗馬功勞的朱紈，居然在獄中自殺。由此可見海商的力量強大，而海禁政策完全落空。

嘉靖三十四（1555年）到次年，月港通番巨寇洪迪珍：「載日本富夷，泊南澳而得利，自是歲率一至，致富巨萬。」[62]嘉靖三十六年（1557年）六月，海寇許老、謝策等焚月港。三十七年（1558年）冬，有海寇謝老、洪老卽洪迪珍等，誘倭三千餘人船泊浯嶼。次年正月由島尾渡浮宮，直抵月港，奪港中大船，散劫八九都珠浦及官嶼等處，復歸浯嶼。謝策卽謝七，閩南語策、七音近，鄭芝龍同時的楊策

61 周運中：〈明代中葡「走馬溪之戰」考〉，《澳門歷史研究》第12期，2013年。

62 乾隆《海澄縣志》卷二四〈叢談志〉，第296頁。

卽楊七，謝七卽謝老。[63]

這次動亂持續到嘉靖四十一年（1561年），今同安縣大同鎮碧嶽村的銘恩亭內有〈邑父母譚公功德碑〉記載縣令譚維鼎平亂說：「同安介於漳泉，負山襟海，盜賊常藪其間以伺進退。公（譚維鼎）至於嘉靖己未（三十八年）冬十月，時倭、饒二寇，縱橫海上，漳民林三顯、馬三岱、黃大壯、洪治、楊三諸逆，乘機倡難，所在竊發，皆能雄長數夫，助倭爲亂，以辛酉夏五月大舉圍晉安……復結倭酋阿士機尾、安嗟，進薄浯州嶼……而公攻之愈急，遂得其酋以歸……（馬三岱）乃率倭雜其所部，直趨同安，公出民兵擊之，擒斬殆盡。」[64]

洪朝選說：「久駐長泰之倭寇、饒賊張璉、漳賊林三顯、楊鼇山、土賊葉子溢、黃大壯、鄭大果自南而北攻。新駐晉江、南安之倭寇、漳賊馬三岱、晉南賊呂尙四、謝半番自北而南攻……始三顯與鼇山同起事，各有衆二三千人……連吾邑近漳之人俱從。」[65]漳州武裝多有同安縣鄰近漳州之人。洪治卽洪迪珍，閩南語音近。謝半番，或許是有一半番人血統的人。

張維是海澄縣九都人，他糾結二十四人，號稱二十四將，參加了嘉靖三十六年的倭亂。次年，築堡抗拒官軍。四十年，月港二十四

63　福建人習慣稱某老，鄭舜功《日本一鑑·窮河話海》說嘉靖丙戌（五年，1526年）最早到雙嶼的是福建人鄧獠，藤田豐八以為獠是海盜首領尊稱，葉顯恩先生認為是僚，見葉顯恩：〈明中葉中國海上貿易與徽州海商〉，《相聚休休亭：傅衣淩教授誕生100周年紀念文集》，廈門大學出版社，2011年，第147頁。我以為獠原是老，官方蔑改為獠。

64　何丙仲：《廈門碑誌彙編》，中國廣播電視出版社，2004年，第14頁。

65　何丙仲：《廈門碑誌彙編》，第19頁。

將聲勢益張，官軍用了三年才平定。[66]於是在平定二十四將的次年，官府最終設立海澄縣。

面對長期戰亂，有些沿海士紳主張開禁通商，消除戰亂。早期以同安縣人林希元爲代表，他說：「若以貨物與吾民交易，如甘肅西寧之馬、廣東之藥材、漆、胡椒、蘇木、象牙、諸香料，則不在所禁也。佛郎機之來，皆以其地胡椒、蘇木、象牙、蘇油、沉束檀乳諸香，與邊民交易，其價尤平，其日用飲食之資於吾民者，如米麵豬雞之數，其價皆倍于常。故邊民樂與爲市，未嘗侵暴我邊疆，殺戮我人民，劫掠我財物。且其初來也，慮群盜剽掠累已，爲我驅逐，故群盜畏憚，不敢肆強，盜林剪横行海上，官府不能治，彼則爲吾除之，二十年海寇一旦而盡。據此則佛郎機未嘗爲盜，且爲吾禦盜。未嘗害吾民，且有利於吾民也。」

林希元說葡萄牙人幫助中國剿滅海盜，百姓與之貿易獲利。他還說攻打葡萄牙人得不償失，又說朱紈誣陷他通番。[67]

何喬遠的《鏡山全集》中有〈海上小議〉、〈開海洋議〉、〈請開海禁疏〉等文，他主張開放海禁，列舉了很多理由。他說百姓私自去臺灣貿易，官府不能收稅，不如在福建開放海港，荷蘭人只想通商，通商可以富民，宋代在泉州貿易的國家很多。[68]

崇禎年間，閩南戰亂再起，再次禁海。蔡獻臣在崇禎十三年（1640年）建議恢復海澄口岸，再開他的家鄉同安爲貿易口岸，他

66 乾隆《海澄縣志》卷十八〈災祥志〉，第212頁。

67 [明]林希元：《林次崖文集》卷五〈與翁見愚別駕書〉，《四庫全書存目叢書》集部第75冊。

68 傅衣淩：《明清福建社會經濟史料雜抄》，《休休室治史文稿補編》，中華書局，2008年，第366—374頁。

說：「夫閩南福、興、泉、漳四郡，其地濱海，其山海多而田地少，故糊口必資於糴粵，而生計必藉於販洋，舊嘗以利源開之，而今不免以勾夷禁之……蓋夷之資我民者，東則布帛飲食之需，西則繒紵精細之物，而我民之所資於夷者，東洋則日用銀錢，西洋則珍異貴重之品。故我之所挾以往者，資本不必如一，而彼之所酬夫我者，價利不啻數倍……餉館舊在漳澄，今漳販仍宜海澄，泉販宜開同安。」[69]

他的理由也是通商可以改善民生，增加利源。傅元初在崇禎十三年也上書建議開放海禁，所說理由大體與前人相同。[70]

第五節　明朝第一個特區海澄

海澄縣設立的次年，嘉靖皇帝因为長期吃道士的丹藥而病死，隆慶繼位。持續戰亂使得很多人開放海禁，換取穩定，這時終於找到機會。隆慶初年，開放海澄縣的海禁，允許海澄商人在官府管控下到海外貿易，但是嚴禁去日本。海澄可以看成是明朝的第一個特區，漳州到廈門一帶的海商，開始光明正大地出洋，不僅使本地安定繁榮，也帶到了中國各地甚至世界經濟的飛速發展。

周起元給張燮的《東西洋考》作序說：「我穆廟時，除販夷志律，於是五方之賈，熙熙水國，刳艅艎，分市東西路，其捆載珍奇，故異物不足述，而所貿金錢，歲無慮數十萬，公私並賴，其殆天子之南庫也。」

蕭基的《東西洋考》序說：「澄，水國也，農賈雜半，走洋如適

69　[明]蔡獻臣撰、廈門市圖書館校注：《清白堂稿》，第440頁。

70　顧炎武：《天下郡國利病書》卷九六〈福建六·郭造卿防閩山寇議〉。

市。朝夕之皆海供，酬酢之皆夷產。」

明人高克正說：「(海) 澄民習夷，什家而七。」漳州人林秉漢說：「澄之賈，淫於海，指南所至，累譯而通。紫貝文甲之玩，異香華毛之奇，幾與中原大都會埒矣。」

漳州人林茂桂說：「環 (寓等) [宇皆]商也，獨澄之商舶，民間醵金，發艅艎，與諸夷相貿易。以我之綺紈磁餌，易彼之象玳香椒，射利甚捷，是以人爭趨之。」[71]

崇禎《海澄縣志》卷十一〈物產〉記載了數十種海外珍奇，說：「銀錢……俱自呂宋佛郎機攜來，今漳人通用之……自鳴鐘，賈舶來者，初以鐵爲之，命懸於梁，其中有機鐵墮下垂，自爲動轉，應時而鳴。後自大西來者，乃以銅爲之，可置几案，制彌精巧，動機甚微。後漳人學制，漸近自然，不須夷中物矣……玻瓈鏡……今賈舶來者乃其土造而成，質甚薄，置篋中，漳人亦多效之。」漳州人甚至仿造了西洋鐘錶，流行戴西洋眼鏡。

西班牙人奴役美洲土著與非洲黑奴開採銀礦，借助北太平洋環流，來往墨西哥與菲律賓，把海量的白銀帶到菲律賓，購買中國的絲綢與瓷器。白銀如海潮席捲而來，充斥漳州。

明代萬曆年間的海外貿易船南澳一號沉船，打撈出水的一個青花折枝花卉紋瓷盤上，寫有百、銀、萬、兩四個字，有人讀爲白銀萬兩，[72]我以爲也可以讀爲百萬銀兩。

晚明每年輸入月港的白銀即可高達百萬，總數達數千萬。海量

71 [明]張燮著、謝方點校：《東西洋考》，第15、222、150、151頁。

72 廣東省博物館編：《牽星過洋：萬曆時代的海貿傳奇》，第163頁。

白銀通過漳州湧入內地，改變了明代人的生活。中國的貨物也加速運往西方，改變了歐洲人的生活，所以海澄開禁有世界意義。

▲ 南澳萬曆沉船出水「百萬銀兩」瓷盤、月港晏海樓

明末有福州人作詩描述海澄縣：「舊曾名月港，今已隸清漳。東接諸倭國，南連百粵疆……貨物通行旅，貲財聚富商。雕鏤犀角巧，磨洗象牙光。棕賣夷邦竹，檀燒異域香。燕窩如雪白，蜂蠟勝花黃。處處園栽橘，家家蔗煮糖。利源歸巨室，稅務屬權璫。」[73]南洋的犀角、象牙、木材、香料大量輸入漳州，漳州的商品農業也很發達，到處都是橘園和糖坊。地方豪強壟斷海外貿易的利源，其實就是鄭芝龍最終統一閩海的先聲。

海澄設縣，雖然穩定了海上局勢，但是另一方面也使得本地豪強勢力更大。張燮說，隆慶六年（1573南），海防同知羅拱辰首次署理稅務，他在圭嶼（今雞嶼）築城，但是萬曆年間，城爲豪強所毀。海防館代征舶稅，改爲督餉館，但是驗船地改到廈門島。萬曆四十五年（1617年），王起宗以爲廈門屬泉州，來往不便，改在圭嶼

73　崇禎《海澄縣志》卷十六〈海澄書事寄曹能始〉，第491頁。

驗船。[74]圭嶼雖然控制九龍江口，但是處在廈門島之內，不能控制海滄東北一帶。

漳州人大量移民呂宋，何喬遠說：「其地邇閩，閩漳人多往焉，率居其地曰澗內，其久賈以數萬。」萬曆三十一年（1603年），西班牙人在馬尼拉屠殺華人兩萬五千人，崇禎《海澄縣志》卷十四〈災祥志〉說，被殺的華人有八成是海澄縣人。牛津大學這幅明末閩商航海圖詳於東洋，又從廈門灣出發，所以正是出自廈門、海滄、海澄一帶海商之手。明末最著名的幾部航海圖書都和漳州有關，《東西洋考》的作者張燮是龍溪縣人，他是受海澄縣令之邀寫成此書，《順風相送》等很多航海指南也是漳州人整理。

海澄縣人還移民日本，現在日本熊本縣玉名市的菊池川，因爲來自中國的海船進入，又名唐人川，原在河口的伊倉港口有唐人町。現存日本元和己未年（1619年）海澄縣三都人郭濱沂墓，日本人稱郭濱沂爲肥後四官，他在1617、1618年拿到幕府的朱印狀，派船去越南貿易。又拿到日本人的投資，雇傭英國人威廉·亞當斯（William Adams，即三浦按針）爲領航員。[75]

月港商人是中國沿海最活躍的人群，帶動了全國沿海貿易風氣，福州人董應舉說：「向來閩中通番者，皆從漳州月港幫船。二十年來，琅琦作俑，外省奸徒，反從琅琦開洋。」[76]閩江口的琅岐島，被月港人帶動成爲外貿海港。

---

74 [明]張燮著、謝方點校：《東西洋考》，第147、153頁。

75 [日]中島樂章著、沈玉慧譯：〈十七世紀初九州中部海港與閩南海商網路——肥後地區之明人墓與唐人町〉，朱德蘭主編：《跨越海洋的交換》，2013年，第1—42頁。

76 [明]董應舉：《崇相集》，《四庫禁毀書叢刊》集部第102冊，第494—502頁。

南直隸太倉（今江蘇太倉）人王在晉，記載了浙江北部涉及月港商人的四起案件：

第一起是海澄歐梓、洪貴等四十二人掠奪泉州商人貨物到福州港口，又搶奪紹興商人的海船，一批人回海澄，又有多人搬運白糖去日本販賣，不料被風吹回浙江金齒門（象山南田島南），爲官兵捉拿。

第二起是萬曆三十七年（1609年），久居浙江定海（今鎮海）的福建人方子定，雇船由月港去日本貿易，獲利甚多。於是浙江人嚴翠梧、李茂亭、薛三陽，買通官軍，犯禁造船，盜用馬牌，運杭州貨物到定海，方子定又運來福建杉木，想同去日本，積貨在方家，被官府捉拿。

第三起是福清人林清與長樂人王厚，招募把舵、水手、銀匠、嚮導、通事等，先去日本五島貿易，又有久居杭州的福建人揭才甫與杭州商人去五島貿易，回程即在船上熔化倭銀，到浙江普陀山附近被官軍捉拿。

第四起是杭州趙子明、沈雲鳳等五人，把絲貨賒給周學詩，周學詩從海澄搭船，去暹羅、呂宋貿易，回來還錢。因爲周學詩在海上遭風，轉危爲安，許願回來在三茅觀演戲酬神，觀者太多，商事暴露。生員沈雲鳳把資本交給沈來祥，從海澄去呂宋貿易。王在晉總結說，下海貿易原來是閩南風俗，逐漸擴展到福州、寧波、杭州。[77]

下海貿易之風又從浙江蔓延到南直隸，明末浙江海寧人談遷

77　[明]王在晉：《越鐫》，《四庫禁毀書叢刊》集部第104冊，第495頁。

說：「閩、粵入顓販海，今延及浙、直。」[78]

月港商人也慣走廣東，嘉靖時有洪迪珍，帶領日本商人到南澳島貿易，月港鉅賈許西池還連年侵犯廣東。[79]明代人說嘉靖時：「倭自福建之浯嶼移泊南澳，建屋而居。」[80]無疑有漳州月港商人參與引導。

明代閩南依靠高州米，帶動了高州府的發展，高州米的出海口是吳川縣，縣城原在今吳陽鎮。但是從梅菉鎮出海更近，所以梅菉在晚明興起。顧炎武《天下郡國利病書》引冒起宗《寧川所山海圖說》：「縣之側有墟曰梅祿，生齒盈萬，米穀魚鹽板木器具等皆丘聚於此，漳人駕白艚春來秋去，以貨易米，動以千百計。故此墟之富庶，甲於西嶺，宜乎盜賊之垂涎而歲圖入犯也。」1947年在梅菉鎮設梅茂縣，1953年梅茂縣、吳川縣合併，縣治遷到梅菉鎮。

吳陽原來在鑒江出海口，晚明河口的沙洲擴展，海口下移到芷寮，明末清初的吳川縣人陳舜系說：「又聞芷了初屬荒郊，萬曆間，閩、廣商船大集，創鋪戶百千間。舟歲至數百艘，販谷米，通洋貨。吳川小邑耳，年收稅餉萬千計，遂爲六邑最。」[81]吳川的崛起，主要依靠漳州海商。

萬曆十五年（1587年），廣東雷州人賜進士第、翰林院檢討鄧

78 [明]談遷撰、羅明輝、胡仲校點校：《棗林雜俎》，北京：中華書局，2006年，第571頁。

79 [明]鄭若曾《籌海圖編》卷八。

80 [明]嚴如煜：《洋防輯要》卷八〈廣東沿海輿地考〉，臺北：學生書局，1985年，第26頁。

81 [清]陳舜系等著、李龍潛等點校：《明清廣東稀見筆記七種》，廣東人民出版社，2010年，第5頁。

宗齡撰文的〈重修天后龍應宮記〉，現在雷州夏江天后宮，碑文說：「方鳩工店，擇辰舉事，而大風猝起，海上波濤人立，大木千章，逐巨浪至。閩南杉木，孔良豐碩，諸公相顧動色，謂神力也。」[82]明代閩南的航海者以漳州人爲主，所以此處所說的閩南杉木很可能是來自漳州，更有可能來自九龍江上游。

因爲閩南商人的活躍，高州府和雷州府之間的海域成爲商路要衝。湛江雖然是在近代開埠，但是在明末已經逐漸興起。[83]閩南人對廣東沿海很多地方的繁榮都起了重要作用，歷史上有大量福建人移居廣東沿海。所以今天廣東沿海的很多地方說閩語，包括潮汕、海豐、陸豐、電白到雷州半島等地，在中山等地也有閩南語的方言島。澳門的外文名字Macao就源自福建人建立的媽閣廟，福建人也是香港的重要移民來源。至於媽祖廟，則遍佈廣東沿海。雖然福建人南遷廣東沿海的高潮始於宋代，但是南遷的浪潮不止一個時代，廣東沿海有的閩南語人群是很晚才從閩南遷來。比如惠來縣很多人的祖先是在明清時期才從漳州南遷，他們的方言非常接近現代漳州話。

月港貿易也帶動了福建內陸的經濟，嘉靖《漳平縣志》說：「以東南溪河由月港溯回而來者，曰有番貨，則曆華口諸隘，以達建、延，率皆奸人要射，滋爲亂耳。」[84]月港貨物通過漳平，北到建寧、延平二府，即今南平。

82 陳志堅：《雷州文化》，香港科技大學華南研究中心，2011年，第186頁。

83 周運中：〈明代高雷商路與湛江港白鴿門水寨的設置〉，李慶新、胡波主編《東亞海域交流與南中國海洋開發》，科學出版社，2017年，第606—616頁。

84 嘉靖《漳平縣志》卷九〈武備志〉，漳平縣圖書館，1985年，第4頁。

因爲月港貿易的繁榮，漳州府內陸的南靖、華安等縣山上建立了很多專門爲海外貿易而建立的瓷窯，即現在所說的漳州窯。漳州窯瓷器現在海外各地被廣泛發現，很多窯址也被找到。

當然，沿海和內陸的文化差異也越來越大，漳州人張燮說：「漳俗淩嚣之莫挽也，卒伍與衣冠爭道，豎兒與長老爭席，在在有之。靖之民是猶有尊卑長幼之相維焉。」[85]張燮說漳州附近的風俗已經到了不可挽回的地步，百姓缺少禮節，而內陸的南靖縣仍有尊卑長幼的禮節，沿海的傳統風俗因爲飛速發展的商品經濟而逐漸衰退。

▲ 南靖的明清外銷瓷窯址

因爲月港是中國東南最重要的海港，所以被譽爲東南門戶，謝彬說：「漳郡之東，迤四十里，有地一區，是名月港。乃海陸之要衝，實東南之門戶。當其盛，則雲帆煙楫，輻輳于江皋，市肆街廛，星羅

85 [明]張燮撰、陳正統等點校：《張燮集》，中華書局，2015年，第457頁。

於岸畔。」[86]

同安是泉州府最南的一縣，多海島，本來人口最少，但是明末因爲海外貿易居然成爲人口最多之地，同安縣金門島人蔡獻臣在崇禎十一年（1638年）說：「夫泉山之邑，故稱晉、南、惠、同，而吾同比來生齒之殷繁，冠蓋之濟盛、山海之雜遝、市肆之豐靡，卽南、惠視之蔑矣。然而情僞日滋，爭訟日煩，大非紫陽之舊，故泉南稱壯縣末同若。」[87]又說同安縣：「其挾策就童試者且萬，其游泮宮而奮鵬翮者且千。城市村墟肩摩踵接，萬里波濤若履平地。」[88]同安縣在明末竟能蔑視南安、惠安，成爲泉州實力最強一縣。

明末閩南出了很多進士，金門進士的密度在全國也很少見。明代前期的金門島無進士，弘治、正德各1位，嘉靖、隆慶有6位，萬曆年間竟飛速增長到15位，天啓、崇禎有5位。明代進士總計28位，清代進士僅有10位，清代的進士總數還不及萬曆一朝，可見高峰期在明末。明末金門科舉的異常發達，顯然海外貿易密不可分。高峰期看似在萬曆時，其實嘉靖時已有大幅增長，而嘉靖時正是海外貿易大發展的時期。清代江南、閩南的進士數量比明代都有大幅衰落，都是因爲反清復明的戰爭。明代福建的進士總數大體上是廣東的三倍，但是清代福建的進士數量則比廣東多不出太多，這是因爲福建在反清復明的過程中犧牲太大，而廣東受到戰爭的影響不大。

明代漳州府的進士有325人，泉州府有549人，漳州府比泉州府

86　[明]謝彬：《鄧公撫澄德政碑記》，崇禎《海澄縣志》卷十二〈坊里志〉。

87　[明]蔡獻臣撰、廈門市圖書館校注：《清白堂稿》，第269頁。

88　[明]蔡獻臣撰、廈門市圖書館校注：《清白堂稿》，第234頁。

少很多，漳州在福建排第四位，比興化府（今莆田）、福州府少很多，但是漳州府在全國的排名仍然靠前。[89]

明末蔡獻臣說，同安縣東南的馬家巷：「昔爲孤寂耕種之鄉，而今爲東方市易之湊。」[90]可見同安各地發展迅速，乾隆四十年（1775年）析置馬巷廳，1912年併入同安縣。2003年從同安區東部析置翔安區，雖然中心從馬巷鎮南移到新店鎮，但是今天的翔安區大體上就是清代馬巷廳的地域。馬巷之東不遠就是安海，說明從安海到漳州的繁榮區域在明末已經連爲一體，通商風氣從同安縣南部擴展到全同安縣。

牛津大學藏明末廈門灣商人航海圖就是產生在這樣的海外貿易繁盛時代，如果沒有雄厚的經濟基礎，不會出現如此重要的地圖。

◀金門浯江書院

89 吳宣德：《明代進士的地理分佈》，香港中文大學出版社，2009年，第71頁。

90 [明]蔡獻臣撰、廈門市圖書館校注：《清白堂稿》，第318頁。

第五章　從廈門走出的海上霸主李旦

現在很多人熟悉鄭成功、鄭芝龍，其實明末最為傳奇的海商還不是鄭芝龍，而是鄭芝龍原來的主人李旦。李旦是廈門人，經歷極為傳奇，他精通多種外語，曾經在菲律賓為西班牙人服務，又說明英國人在日本建立首個商館，還幫助荷蘭人佔據臺灣，他的船隊曾經橫行東方海上，他是明末名副其實的海上霸主，牛津大學這幅航海圖的作者很可能就是李旦，或者與他有關。

第一節　李旦與曾厝垵港口村李氏

前引明末詔安縣人沈鈇〈上南撫臺移檄暹邏宣諭紅夷書〉說，李旦以祭祖為名，突入廈門，說明李旦家在廈門島上或附近。

黃宗羲的《賜姓始末》說：「初，芝龍之為盜也，所居為泉州之東石，其地濱海。有李習者往來日本，以商舶為事，芝龍以父事之，習授芝龍萬金寄其妻子。會習死，芝龍幹沒之。」因為黃宗羲是浙江餘姚黃竹浦（梨洲街道今浦口村）人，他的家不在海邊，所以黃宗羲在撰史時加了其地濱海四個字，解釋說鄭芝龍的老家東石在海邊，這句話與下一句話的李習毫無關係。所以有人誤斷此句，以為李習家在海邊，本屬誤會。李習是李旦之誤，說明黃宗羲不熟悉閩南。

張遴白《難遊錄》說：「李習者，閩之鉅賈也，往來日本與夷狎，遂棄妻子，娶于夷。芝龍年少姣好，以龍陽事之。習托萬金，歸授其妻。會習死，芝龍盡之以募壯士。」有人據此說鄭芝龍和李旦有特殊關係，所以李旦重用鄭芝龍。我以爲即使有特殊關係，也不可能是主要原因。[1]他們不瞭解古代海澄縣的海商養子風俗，鄭芝龍是李旦的養子，自然地位不同。

李旦把鄭芝龍作爲養子，而且出資讓他出海經商，這是海澄縣的風俗。何喬遠《閩書·風俗》論述福建各地風俗，說：「海澄有番舶之饒，行者入海，居者附貲。或得窶子棄兒，養如所出，長使通夷，其存亡無所患苦。」[2]何喬遠是泉州府晉江縣人，但是他說海商多用養子經商獲利是海澄縣風俗，說明海澄縣的這種風俗更爲盛行。

乾隆《龍溪縣志》說：「生女有不舉者，間或假他人子爲子，不以竄宗爲嫌。其在商賈之家，則使之挾貲四方，往來冒霜露。或出沒巨浸，與風濤爭頃刻之生，而己子安享其利焉！」[3]海澄本屬龍溪，這是一地風俗。上文說過，同安縣南部靠近海澄的地方風俗近

1 張遴白《難遊錄》卷末附有〈張遴白奉使日本記略〉，知其在魯王手下，或是江浙人。此書所述鄭芝龍事，通篇錯誤，如黃宗羲等人，不明鄭芝龍事。《難游錄》說鄭芝龍原來徒眾很多，這就與下文說以李旦萬金招募壯士，自相矛盾。又說鄭芝龍原來既通番，又劫掠，根本不知鄭芝龍初次下海去澳門投奔母舅，為他經營。又說鄭芝龍的岳父是長崎之主，毫無根據。又說鄭芝龍在受撫前就在家鄉東石建造長達數里的宅第，不合常理。又說鄭芝龍是賄賂福建巡撫沈猶龍，不合史實，而且完全是小說情節。

2 [明]何喬遠：《閩書》，第946頁。

3 乾隆《龍溪縣志》卷十〈風俗〉，《中國方志叢書》華南地方，第90號，成文出版有限公司，1967年，第105頁。

似，所以廈門可能也有此俗。

現在廈門島思明區思明南路的李氏宗祠是民國時期新建，附近李氏很少。廈門島上的李氏集中在今曾厝垵的港口與上李，兩村南北相鄰。港口村李氏宗祠的1925年租地契約碑說：「該地系李光裕堂三派公共業產，三派曰上里，曰港口，曰廈門。」說明廈門城的李氏是從此處遷出，上里卽上李，在曾厝垵北部的山間，故名上李。

港口地名說明此處是曾厝垵最重要的港口，也是廈門島東南部最重要的港口。曾厝垵是明代東西洋海船啓航地，其實眞正的海港是在其西北港口村。[4]現在這一帶海岸變化很大，原來曾厝垵在港口溪之東，入海口是個海灣，所以港口村雖然在曾厝垵西北，但是能成爲海港。[5]

乾隆年間薛起鳳的《鷺江志·山川》說：「港口溪，出東坪山，經上李社，至於曾家垵入海。」[6]現在港口溪上游爲上李、東宅水庫截流，下游塡平，改爲龍虎山路。

現在曾厝垵的自然村明顯可以分爲兩大群，東部靠山的是上李、港口、曾厝垵，西部有東宅、前厝、後厝、前田、倉里、西邊、湖里，兩群村落的分界線就是港口溪。港口村西邊到港口溪之間，原來是大塊空地，這片空地最初是海灣與港口溪的三角洲。前田村裡現在還有有個小山，名爲螺山，現在已經隱藏在樓房之間，從大路上看不到。古代的螺山應該在海岸，非常突出。前田，顧名思義原

4　方文圖：〈廈門地名叢譚〉，廈門市地名研究會、《廈門采風》編輯部，1985年，第73頁。

5　葉青、吳國偉：《廈門綺麗山水》，廈門大學出版社，2008年，第70頁。不過此書附圖誤把曾厝垵畫在山地，曾厝垵一直在海邊。

6　[清]薛起鳳：《鷺江志》，鷺江出版社，1998年，第42頁。

來也是農田，最初的聚落前厝、後厝、東宅都是靠山建設。

▲ 廈門思明南路李氏宗祠

港口村的李氏族譜原來遺失，但是法國學者蘇爾夢恰好在印度尼西亞的蘇拉威西島搜集到一冊李氏族譜，共有90頁。開頭記其全名爲：福建省泉州府同安縣嘉禾里廿二都曾溪保綏德鄉港口社光裕堂李氏族譜。

廈門島卽同安縣嘉禾里，曾溪保卽曾厝垵，港口社卽港口村，光裕堂號也符合。蘇爾夢花了十年時間才找到港口村的李氏，此冊族譜回到廈門故地，我在2013年6月到港口村調查，從李氏宗祠得到這份珍貴族譜的影本。

這份族譜非常重要，不僅記載了李氏在海外發展的很多珍貴史料，還隱藏著一些耐人尋味的玄機。

▲ 廈門曾厝垵港口村李氏宗祠（周運中2014年攝）

這冊族譜分爲三部分，前一半是港口李氏族譜，記到十四世李燦，生於康熙廿一年（1682年），後一半開頭有同治元年（1862年）十七世李必殺的序，又標名：茂英公小派七房，李必殺是李茂英之玄孫，記到十七世。李茂英一房多遷居蘇拉威西島的望加錫（Makassar）與新加坡等地，這冊族譜前一半也是李茂英裔孫回國抄錄，所以夾有同治九年（1870年）重修李茂英墓碑文字。

第三部分是附錄，有李氏二世祖另外四房的縉紳錄，又有同治九年重修李氏祠堂的對聯。最末還有四頁，筆跡明顯不同，記載十六、十七、十八、十九四代四人，又有一人生於辛亥（1911年），可能是第五代，這五人是族譜的收藏者自行添加。這冊族譜的主體即前兩部分，最晚記事到光緒二十六年（1899年），但是不應僅到十七世，原應至少記到十九世，所以這冊東南亞的分房族譜是未完稿或殘本。

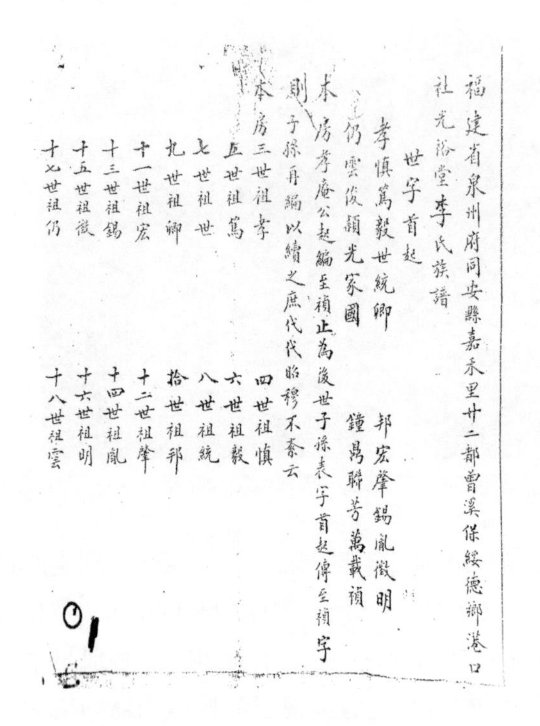
福建省泉州府同安縣嘉禾里廿二都曾溪保綏德鄉港口
社光裕堂李氏族譜
世字首起
孝慎篤穀世統卿　邦宏肇錫胤徵明
仍雲俊顯光家國　鍾昌聯芳萬載禎
本房孝庵公起編至禎止爲後世子孫表字首起傳至禎字
則子孫再編以續之庶代代昭穆不紊云
本房三世祖孝　四世祖慎
五世祖篤　六世祖穀
七世祖世　八世祖統
九世祖卿　拾世祖邦
十一世祖宏　十二世祖肇
十三世祖錫　十四世祖胤
十五世祖徵　十六世祖明
十七世祖仍　十八世祖雲

◀ 港口社李氏族譜首頁

族譜開篇序言是大明永曆三十一年（康熙十六年，1677年）的十世孫李際遠撰，說到李氏居於曾家澳里許，卽今港口村。現在港口、曾厝垵兩個自然村已經連爲一體了。

第二篇序言是十世孫李際桂撰，說始祖李德器是唐末從河南光州固始縣入閩，住在嘉禾里高浦村李處山，傳有數代，因爲食一死鰻而全族死亡，元末明初有李成昭從潮州移居此處，尊爲一世祖，生有四子：李廣義、李廣定、李廣睿、李廣成，前三房住在曾厝垵之北的上李，李廣成是港口村李氏始祖。李廣成生三子，長子李孝庵是三世祖，二房、三房姓氏失考。另有廈門島東南角白石頭外溪園李氏來寓居上李之下厝，立爲第五房，祖先姓名定爲李廣信，此房其實是鎮東衛軍戶。所謂源自光州固始是福建家譜流行的套話，未必可信。李氏眞正的祖先只能追溯到明初，加上光州套話是爲了證明本族在本地居住已久。

第三篇序言〈送麻六甲功姪宏綸序〉作者李際桂說，吳三桂反清，耿精忠回應，海澄鎮總兵趙德勝同石碼鎮剪辮舉兵，鄭經渡海取漳、泉、惠、潮、汀、興化，李氏族人逐漸遷回，不久耿氏降清，鄭氏退回廈門。其侄李宏綸（1614—1685）在崇禎十七年（1644年）往麻六甲（今麻六甲），歷時三十四年，與麻六甲王友好，在這一年遣長子伯蓋與諸弟姪乘船回廈，準備遷回廈門。

此處說到的李宏綸，族譜第33頁記載：「諱爲經，字宏綸，號君常，生於萬曆四十二年八月初十日，崇禎十七年甲申往麻六甲，今本社大宗光裕堂乃宏綸公所起蓋也。」又記載其親兄李爲紀（1611—1652），生於萬曆三十九年，永曆七年販麻六甲，回唐水途，番舟遇賊，跳水身亡。

李爲經在南洋華僑史上的地位極爲重要，他是荷蘭人任命的麻六甲第二任華人甲必丹，他首先購買三寶山，作爲華人墳地，[7]又在山下的甲板街建立了青雲亭，作爲閩商會館與華人最高議事機構。

青雲亭內立有很多碑刻，今存甲必丹李公濟博懋勳頌德碑，是爲李爲經的頌德碑，碑文說：「公諱爲經，別號君常，銀同之鷺江人也。因明季國祚滄桑，遂航海而南行。懸車此國，領袖澄淸。

7　此山的馬來語名為Bukit Cina，即中國山。作為華人墳地，留存至今。據說此山在鄭和下西洋時代就是鄭和船隊的官廠所在地，今建有紀念鄭和的博物館。

保障著勩，斯土是慶。撫綏寬慈，饑溺是兢。捐金置地，澤及幽冥。休休有容，蕩蕩無名，用勒片石，垂芳永永。林芳開、黃顯春、謝士俊、丘兆奇、陳元魁、鄭全吉、林惠、陳王豪、吳寶、黃光福、曾寅、陳監、林瑞墀、曾繼榮、洪盤庚、龔偉、周冬、鄭士傑、陳珀、陳瑞鴻、曾是賢、曾新穎、鄭登貴、康待、曾欽讓、陳敬瑞、李弘錫、曾延錦、鄭偉蕁、張沛、王全、黃士、林中秀、徐德勝、曾朝、李長茂、黃國球，旹龍飛乙丑年月日谷旦仝勒石。」說明李爲經因爲明朝滅亡而南走麻六甲，因爲鄭經反攻而希望回鄉定居，說明他志在反清復明。立碑的三十七人中，曾氏有七人，應是曾厝垵的曾氏。李爲經的女婿曾其祿是麻六甲第四任甲必丹，就是曾厝垵人，他的頌德碑大功德主曾公頌祝碑文說：「公諱其祿，號耀及，吾同之鷺島曾家灣人也。」

▲ 麻六甲青雲亭大門

李爲經的曾祖父是李恒江，有兄弟三人。族譜記載，李恒江的二弟李雲峰，晚年與廈門島東南的塔頭社庠生林奇石有仇，隆慶四年（1570年）有巨盜越獄，林奇石謊報官府說李雲峰可立捕此賊。李雲峰知道他被林奇石陷害，逃奔廣州，卒于廣州，回葬廈門。從族譜的記載，我們似乎可以推測，李雲峰與海上勢力有密切來往，否則林奇石不能隨便誣告。而族譜居然不記載李恒江三弟李雲泉的任何事蹟，僅從其母親的記載中知曉有一子名爲李雲泉，這也是一個疑點，或許他也和海盜有來往，所以隱去。

▲ 青雲亭內的牌匾

青雲亭所在的路東頭，有一座古宅，傳說是李爲經故居，大門有對聯：日月君、永逸臣。日月合爲明，指主人是明朝的臣民。永逸的意思是逃逸到海外，但是讀音也很接近鄭成功尊奉的永曆帝，或許是雙關。

▲ 甲必丹李公濟博懋勳頌德碑、曾公頌德碑

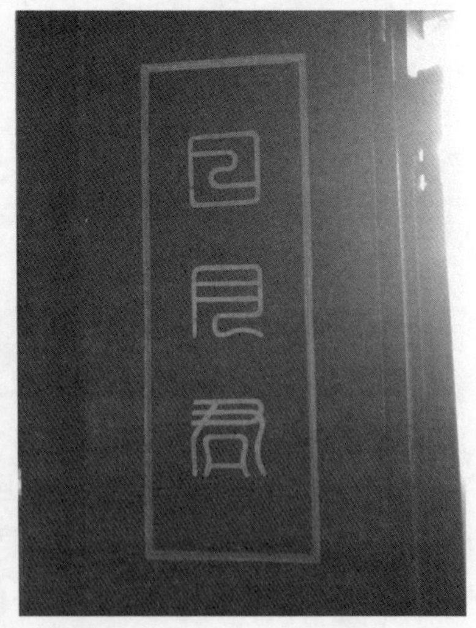

▲ 李爲經故居門聯

林奇石是廈門島東南角的塔頭社人，塔頭林氏是廈門島上功名最巨的家族，所以又名雁塔林氏，勢力最大。林奇石不止是庠生，他還是隆慶四年（1570年）鄉試第一，他的族弟林宗載，號亨萬，是萬曆四十四年（1616年）進士。今塔頭村除了林氏宗祠，還有亨萬公祠，卽林宗載的專祠。林奇石告發李雲峰時，或許還是庠生，李氏缺乏官宦，自然不敵林氏。

曾厝垵與港口社在塔頭與南普陀寺之間，林宗載曾捐田地給南普陀寺，現在南普陀寺內有崇禎十三年（1640年）林宗載撰寫的《田租入寺記》記載此事，還有林宗載題寫的飛泉石刻。林奇石葬在東邊社，卽今廈門大學內的原三家村地方，在南普陀寺東鄰。林宗載的墓在倉里，在港口社之西不遠，今天屬於曾厝垵行政村。從林奇石、林宗載的墓地來看，林氏的勢力確實遠在李氏之上，已經從塔頭延伸到廈門港，可謂在廈門島一手遮天。

塔頭不僅是廈門島東南的要地，還設有巡檢司。弘治《八閩通志》卷十三泉州府說：「塔頭巡檢司城，周圍一百四十丈，廣八尺，高一丈七尺，爲窩鋪凡四，南北辟二門。」清代薛起鳳《鷺江志》說：「塔頭澳在二十二都。明洪武二十年，周德興置巡檢司，名曰塔頭司，自石湖徙此。城週一百三十丈，高一丈七尺，窩鋪四，南北門二。萬曆間裁，城亦圮。」清代周凱《廈門志》卷四〈島嶼港澳〉說：「塔頭澳，在廈門極南海濱。北至劍石尾，與神前澳界。南至白石頭，與涵前澳界。提標前營管，轄同安縣澳甲一名、廈防廳澳甲一名。商船、小漁船停泊。」萬曆年間，塔頭巡檢司裁撤，此時正是海外貿易發展的黃金時代。林氏族人也參與海外貿易，甚至與荷蘭人通商，所以林氏的勢力範圍要向西擴展，自然不能忽視李氏。

▲ 林宗載〈田租入寺志〉碑、塔頭村亨萬公祠

而且此譜居然在十世祖的最末，出現一個李雲峰的族侄，叫李欽日，照理說，所有族譜都不可能出現侄兒一條！任何侄兒都該置於其父之下，族譜說李雲峰把李欽日帶大，爲之婚娶。李雲峰是八世，李欽日應是九世，不是十世，說明此處有錯亂。李欽日或許就是李雲峰親弟李雲泉的兒子，否則李雲峰不會對他如此關心。但是族譜寧願說李欽日是李雲峰的侄兒，也不提他的生父，其中或有隱情。李雲泉是不是一個官府通緝的海上巨盜，因此才被族譜故意隱去？李欽日的日字，又令人聯想到李旦的旦字。李旦又名李旭，旭、旦都是日頭東升。

李雲峰有個孫子李啓初（1589—1654），名際寅，字邦圖，族譜記載：「管理番船事，爲船主，七次得勝，因餉費家費浩繁，致產業破耗。永曆間，代曾家理澳甲事，至永曆九年乙未，先藩國姓催取快船，曾夥族參差雜取辛勞銀，亦不貼快船費，公家請致快船不副，其族曾英號大目，管大中軍，曾我遜亦管番船，共公於藩，以解伊族恃頑之罪，十月念八日遂遇害。」

番船卽下番之船，卽下南洋經商的船，七次得勝卽七次盈利。曾厝垵的曾氏爲鄭成功催取快船，私吞銀兩，誣陷李氏，李氏被害。李啓初是李爲經的堂叔，他經商應該早到崇禎年間。說明李爲經在崇禎十七年南走之前，李氏已經在南洋經商，且有很大勢力。

曾氏勢力也很大，江日昇《臺灣外紀》卷三說鄭成功派人殺施琅，施琅躲在曾厝垵石洞中。或許施琅是受到曾氏保護，說明曾氏勢力不小。

因爲曾厝垵在廈門島南部，清軍很難從北面的大陸攻到這裡，所以曾厝垵當時是島上比較安全的地方，不少人住在曾厝垵。薛起鳳《鷺江志·僑寓》說王忠孝：「惠安人，崇禎戊辰科進士，累官兵部右侍郎。明季閩亂，倡義起兵。後渡海依鄭氏，居曾厝垵十三年，復從往東寧。」[8]

明末清初港口社李氏重要人物譜系

七世	背山									
八世	恒江			雲峰★					雲泉	
九世	良銓			達吾			陽臺	文周	?	欽日
十世	賢江	次江		仁亭	啓初★	奪一	……	……		?
十一世	勉	宏理	宏綸★	……	……	……				

8　[清]薛起鳳：《鷺江志》，第72頁。

港口李氏在清代又遷往望加錫，李氏族譜記載李仁亭的六世孫，十六世李調灝（1790—1855）：「少往望加錫，爲人正直，經商致富……授錫甲必丹。生於乾隆五十五年庚戌十二月初二日未時，卒于咸豐五年乙卯六月念八日酉時。」

現在港口村的文靈宮內，有同治三年（1868年）的一方碑刻，記載蘇拉威西島望加錫、菲律賓呂宋華僑捐款重修文靈宮的情況，其中望加錫李氏十三人，最末曾氏一人，呂宋有二十三人，上李社李氏六人，上李紀、邱、徐各一人，金門古寧頭李氏二人，港口李氏一人，本社李氏一人。李氏最多，有九人，曾厝垵曾氏一人，劉阪葉氏一人，浦南葉氏二人，前厝黃氏一人，東宅黃氏一人，廈門鄭氏一人，呂厝呂氏一人，溪邊鄭氏一人，鐘宅鐘氏一人，呂宋是閩南人較早開闢的聚居地，所以姓氏很多。

碑上李氏有兩人名字見於李氏族譜：李善嘉是李調灝之承嗣子，李清淵是李調灝堂弟。另外李善受、李善恩應是李調灝堂侄，還有很多人或許是十七世以下的晚輩。

雖然我們不能肯定李旦與族譜中消失的李雲泉及神秘的李欽日有關，但是可以肯定的是港口與上李是廈門島最大的李氏聚居地，在晚明已經走向南洋，崇禎年間已經多次在南洋獲取巨額財富，所以李旦很可能就是港口與上李一帶的李氏族人。因爲我們現在看到的族譜是清代編寫，本來不全，李旦是海盜，理應除名或回避，所以族譜上看到李旦的直接記載。

文靈宮

▶ 文靈宮同治三年重修碑

▼ 文靈宮外景

第二節　曾厝垵到沙坡尾一帶海港形勢

曾厝垵自然村，原來東南臨海。港口溪的入海口南移，港口社才變爲內陸，說明曾厝垵的西南原來也臨海，《廈門志·島嶼港澳》：「曾厝垵澳，在廈門南海濱，與南太武山隔海相望。沙地寬平，灣澳稍闊，可避北風。」[9]原來曾厝垵的西面是個很大的港灣，現在這個灣澳早已消失，海岸線外移。早年在港口社李氏宗祠前面還有一條小河，現在基本消失。但是在今曾厝垵海邊的一塊大石頭上還刻有福德正神祿位，下方有港仔埔土地神。港仔埔即港口社的古名，這是古代的石刻，證明港口社原來直通大海。

9　廈門市地方志編纂委員會辦公室整理：《廈門志》，鷺江出版社，1996年，第94頁。

◀港仔埔土地神石刻

曾厝垵福海宮現有咸豐七年（1857年）重修福海宮碑，碑記說：「福海宮之作，建自遠代，相傳武烈尊侯坐石碑，由海浮至本社口不去，鄉人異之，相與立廟，並祀天上聖母、保生大帝。其廟背山面海，神靈赫濯。廈地官商舟艦，咸設醮祈安，每大彰報應。康熙、乾隆等年損壞，前後重修。」其下列舉重修捐款人有檳榔嶼龍山堂，龍山堂由來自今廈門海滄區新垵的邱氏建立，因爲他們下南洋要從曾厝垵出海，所以他們要捐款。

曾厝垵村中有擁湖宮，又名頂宮，靠海的福海宮又名下宮，再往南的海邊還有聖媽宮與澤枯祠。擁湖宮附近無湖，我以爲可能是永福宮之訛。閩南語福、湖音近。擁湖宮建造較早，福海宮建造較晚。福海宮原來的功能可能是保佑出海平安，原來應在海邊。現在海邊的聖媽宮與澤枯祠建時更晚，沒有古碑。聖媽宮有一方漂客合塋墓碑，澤枯祠也是收斂海上浮屍之所。麻六甲板底街的湖海宮的保生大帝金身，是曾令池祖母在光緒二十年（1894年）從廈門曾厝垵請來，連心豪先生以爲湖海是擁湖、福海兩名合成。[10]

10 連心豪：〈廈門曾厝垵社區宗族與民間信仰形態考察〉，《2009年新加坡國立大學中文系—廈門大學歷史系「閩南地方史」田野工作坊論文集》，第283—299頁。

◀曾厝垵福海宮

曾厝垵一帶是海港所在，又在廈門東南，歐洲人首先到達此處，最關注此地。明末金門人蔡獻臣說：「又（紅）夷舟之泊，必浯嶼、大擔。而其入，必普照、曾家澳及鼓浪之左右。」[11]普照即普照寺，南普陀寺的前身。

天啓二年（1622年），荷蘭人攻打澳門失敗，隨即佔據澎湖。不久又攻打廈門附近，福建巡撫商周祚奏報：「紅夷自六月入我彭湖……突駕五舟犯我六敖……把總劉英用計沉其一艇，俘斬數十名。賊遂不敢復窺銅山，放舟外洋，拋泊舊浯嶼。此地離中左所僅一潮水。中左爲同安、海澄門戶，洋商聚集於海澄，夷人垂涎。又因奸民勾引，蓄謀並力，遂犯中左，盤踞內港，無日不搏戰。」荷蘭人又侵犯六敖（今漳浦縣六鼇鎮），佔據鼓浪嶼、圭嶼（今廈門雞嶼），12月1日才離開。[12]

永曆十五年十二月十八日（1662年2月6日），鄭成功收復臺灣，荷蘭人準備聯合清朝夾攻鄭成功。1662年6月23日，鄭成功逝世，鄭經在金門島繼位，蕭拱宸、黃昭在臺灣擁立鄭襲繼位。8月3日，荷蘭遠征軍達到晉江最南端的圍頭。9月19日，荷蘭使節諾貝爾

11　[明]蔡獻臣撰、廈門市圖書館校注：《清白堂稿》，第415頁。

12　楊彥傑：《荷據時代臺灣史》，江西人民出版社，1992年，第21頁。

（Konstantijin Nobel）與範坎朋（Jan van Kampen）從泉州登陸。11月，鄭經渡海攻臺，殺死黃昭。1663年2月，鄭經回廈門。6月，金門的鄭泰投奔清朝。1663年11月18日，荷、清聯合進攻金門失敗，19日轉而進攻浯嶼，浯嶼鄭軍退往廈門，廈門鄭軍20日利用海潮退往金門，又從金門退往東山島。

1664年3月1日，荷蘭使節回國。7月，荷蘭新使節范霍恩（Pieter van Hoorn）與諾貝爾再到福建。荷蘭人達波（Dapper）1670年出版《荷使第二及第三次出訪清朝中國記》，附有一幅廈門灣地圖，右下角的題目是著名海盜一官也卽國姓爺擁有的島嶼（On these Islands whith are now bècom a kingdom used the famous Pyrates Yquon e Kocksinga to Resort）。[13]

這幅地圖上的廈門島西北部有個海灣畫出城市，標注地名Aeymoey，也卽廈門老城，海灣是筼簹港，島東南部也畫出一個城市，標注地名Aimoey，其實是廈門港，也卽今沙坡尾避風塢到廈門大學一帶，這一帶人口較多，而且是海港，所以歐洲人注意。

一幅可能繪製於清末民初的《廈門舊城市圖》顯示原來廈門島上的市區分爲兩塊，北面卽廈門老城，南面是廈門港，中間爲鴻山、虎頭山分隔，1908年的《廈門城市全圖》則更加清楚地顯示了這一點。原來虎頭山在海邊，直到1930年代因爲虎頭山的東西兩側建設了思明南路、民族路，才把兩塊市區連爲一體。[14]大概因爲廈

13 鼓浪嶼申報世界文化遺產系列叢書編委會：《大航海時代與鼓浪嶼：西洋古文獻及影像精選》，文物出版社，2013年，第42—43頁。有學者把這幅地圖誤以為1617年繪製，見[荷]包樂史著、莊國土、程紹剛譯、[荷]高柏校：《中荷交往史》，路口店出版社，1989年，第45頁。

14 劉毅光、林立平主編：《圖說廈門》，廈門市國土資源與房產管理局印，

門城與廈門島東南的口音有別，所以兩個廈門地名的讀音稍有差別，也有可能是荷蘭人誤記。

廈門港（Aimoey）再往東南的海岸，還有四個地名：Jenbuling、Oubly、Seisanna、Sauwa。

▲ 1670年荷蘭地圖上的廈門島

Jenbuling可能是演武嶺或演武亭之訛，t、l形近，閩南語的武是bu。《鷺江志·河池》：「演武池，在澳仔社口，鄭成功演武處也，今爲民田灌注。」[15]現在的演武池很小，原來的演武池很大，而且原爲港灣一部分。

這個港灣之外爲玉沙坡，《鷺江志·山川》說：「玉沙，在廈港。環抱如帶，長數百丈，上容百家，稅館在焉。風水淘汰，毫無所損。每商船出港，取數百石作重，終歲不竭，宇宙中異事也。」[16]

2006年，第90—97頁。

15　[清]薛起鳳：《鷺江志》，第45頁。

16　[清]薛起鳳：《鷺江志》，第41頁。

玉沙坡長數千米，因爲是海潮作用天然形成，所以不會減損。根據廈門諸多老地圖顯示，沙坡頭一直延伸到今碧山路附近，再向北通海。向南延伸到沙坡尾，在今海洋三所位置。

沙坡尾之東原有一個河口，這條小河從廈大水庫流下，在今廈大化工廠門外入海。因爲玉沙坡兩頭有虎頭山、白城山突出在海中，所以天然形成一道貝殼沙堤。因爲其東北是高山，南北兩列山丘向西北延伸，所以這條沙堤東南連陸，西北通海。

1925年因爲城市建設，沙坡頭附近的海灣填平，而在沙堤的中間開鑿了一個入海口，在沙坡尾的內側建了現在的避風塢。這種情況很像臺南的安平港，臺南外側的沙堤也向西北延伸，分爲一鯤身到七鯤身，原來在一鯤身之北通海。清末一鯤身之北連陸，安平不能通航，於是1935年在三鯤身、四鯤身開鑿水道，其內殘存的內海稱爲安平新港。

最初的廈門港很大，一直延伸到廈大校園。演武池是鄭成功操練水師之地，因爲清代墾田，現在已經很小。1967年的廈門地圖上還可以看到現在芙蓉湖所在地有小水塘，向西連通演武池，再向西南，原來連通避風塢，水道中間的大橋頭現在還有地名保留。

令人遺憾的是，近年整修廈門港，把原先每天進出港口的漁船都趕到外海。所以我們現在只能通過老照片來回味以前廈門港的風貌，下圖是我在前幾年拍的一張廈門港漁船照片，照片的右側就是廈門港連通大海的出入口。

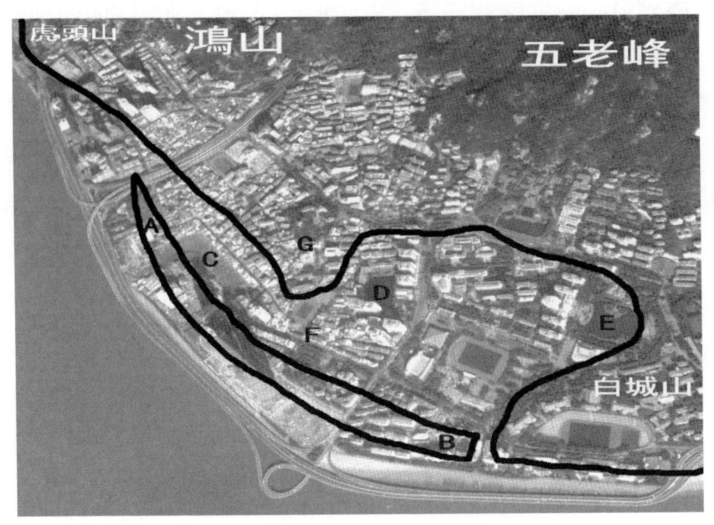

▲ 廈門港海陸變遷示意圖

A沙坡頭 B沙坡尾 C今避風塢 D今演武池 E今芙蓉湖 F大橋頭 G蜂巢山

▲ 曾經的廈門港漁船（2015年6月拍攝）

直到乾隆時期薛起鳳撰《鷺江志》，所附王維寧〈廈門地圖〉上，這個港灣一直延伸到演武亭。[17]嘉慶年間的〈廈門海防圖〉還在這個港灣的盡頭畫有較場、水操臺，[18]因爲靠近海岸，或許使人誤以爲在海岸。較場、水操臺都是鄭成功建立，楊英《先王實錄》記載永曆九年（1655年）三月：「馮工官起蓋演武亭成。先時，藩以日夜出督操練，往還殊難，命馮工官就澳仔操場築演武亭樓臺，以便駐宿，教練觀兵，至是告成。一日，藩在樓觀各兵陣操有未微妙者，於是再變五梅花操法，日親臨督操，步伐整齊，逐隊指示，計半月，官兵方操習如法。始集各鎮合操法，並設水師操法，俱有刻版通行。」說明演武亭附近就有水操臺，自然也有停船處。

有學者說，鄭成功時代僅有演武亭的記載，沒有演武池的記載，演武池是清代中期因爲海灣淤積而出現的淡水湖，所以不能說鄭成功在演武池操練水師，不能說演武池是鄭成功時代的遺址。[19]

我認爲，此說既然承認演武池是海灣淤積的產物，就應該想到，在海灣淤積前自然不存在演武池之說，因爲那時的演武池就在海灣之中。演武池原來是海灣，清代變成淡水湖，二者不矛盾。鄭成功是在這個位置操練水師，也可以說就在這個水體操練水師。前引《鷺江志》之文說得很清楚，鄭成功演武處在清代中期才淤積。因爲清代中期中國各地人口激增，福建本來人多地少，所以在這一帶山上現在保留很多的清代各家族爲爭奪土地而建立的地界石刻。清代這個海灣墾田的程度也很激烈，清代這個海灣淤積的

17 劉毅光、林立平主編：《圖說廈門》，第87頁。

18 劉毅光、林立平主編：《圖說廈門》，第21頁。

19 鄧孔昭：〈「演武池」不是鄭成功時代的遺址〉，《閩南文化研究》第23期，2017年。

速度不容小覷。鄭成功的軍隊主要是水軍，所謂演武就是操練水軍。至於咸水變成淡水、周邊岸線內縮，那是另一回事。所以我認爲，我們可以說鄭成功在今演武池的位置操練水師，同時最好加上演武池原爲海灣的說明。

演武池東南與大海之間是白城山，因爲白城得名，白城是演武池的屏障，防衛敵軍從東南海上翻山偷襲演武池。這道白城的城牆，原來向東延伸到白城宿舍北部山上，穿過今石井宿舍樓群，直到獅山的高處，現在白城宿舍西北殘存一段城牆。白城的城牆向西，到鎮北關又折向西南，延伸到海邊。在今廈大校園內的成智樓向西南的沿海延伸一段，可能是清代增修，現在成智樓東北還殘存兩段城牆。成智樓的西南有嘉慶八年（1803年）閩浙總督使者王德所立〈建蓋大小擔山寨城記略〉碑，此碑原來鄰近城牆。

1934年〈廈門特種公安局轄境全圖〉畫出白城的城牆，東端的廈大老宿舍處，標注鎮北關。[20]但是此圖上的鎮北關是一個區域名，不是關口所在。鎮北關是白城的關口，在今成智樓東北，現有仍然有遺址保存，旁有戊辰（1988年）廈門大學陳國強教授碑記，說：「鎮北關係明代抗倭所建白城關隘之遺址，民族英雄鄭成功曾在此及城內演武場操練官兵。」鎮北關是廈門港通往曾厝垵的要衝，所以在此設關。

20　廈門市國土資源與房產管理局：《圖說廈門》，第58—59頁。

▲ 廈大校園內的白城鎮北關

▲白城山上殘存的一段城牆

▲ 鎮北關西南殘存的一段城牆

1745—1747年，英國學者格林（John Green）編纂《新航海遊記大全》（A New General Collectiong of Voyages and Travels），又出版德文版，第十四部第二章即達波之書《荷使第二及第三次出訪清朝中國記》的縮略版，附有法國宮廷製圖師繪製的〈漳州灣及廈門與金門島圖〉（Carte de la Baye de Chin-chew ou Chang-chew avec les isles d'Emowi et de Auemowi）。[21]

圖上廈門島南部沿海畫出一段城牆，這段城牆就是白城。其北標出Palsis du Vice Roy，即副王的宮殿，1753年德文版的這幅地圖上寫作Pallast des unter koeniges，即國姓爺的宮殿，指萬石山的鄭成功住地。

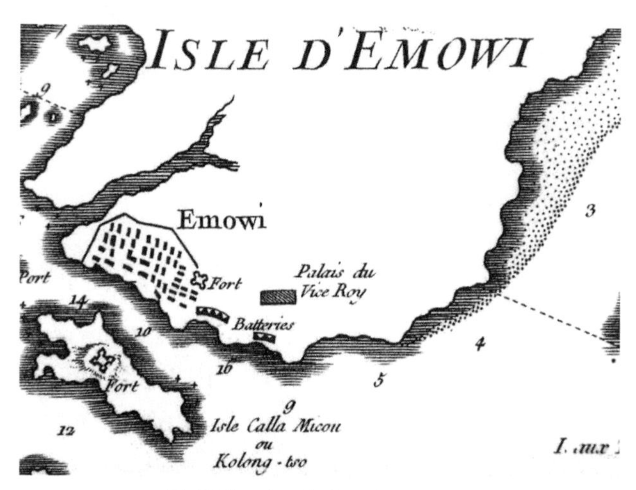

▲〈漳州灣及廈門與金門島圖〉廈門南部截圖

21　鄭維中：《製作福爾摩沙——追尋西洋古書中的臺灣身影》，如果出版社、大雁文化事業股份有限公司2006年版，第224—225頁。圖名中的Changchew就是Chinchew，法語的ou是或，泉的閩南語讀音是tsuan，鄭著誤譯為漳州與泉州。

今萬石山植物園內的太平岩原有鄭成功讀書處，石上還有清代鄭成功後裔鄭鵬雲題詩〈游太平岩經先世延平郡王讀書處〉。萬石山南有鴻山，有鄭成功的嘉興寨，還有延平郡王祠。山上有刻有雙忠魂三個字的巨石，旁有鄭成功家族的太師鄭彥千、太傅鄭濤千之墓，墓原來在山麓，今山麓仍然有鄭氏祠堂。

▲ 1753年德文版〈漳州灣及廈門與金門島圖〉[22]

Oubly可能是湖里的音譯，也即今胡里山東側的胡里社。看似多譯出的一個b可能不是荷蘭人的誤記，胡里山是海邊的小山，原名湖里山，但是不在湖里，廈門北部也有一個湖里社，也不在湖裡，兩個湖里的四周根本無湖。

22　以上兩圖引自鼓浪嶼申報世界文化遺產系列叢書編委會：《大航海時代與鼓浪嶼：西洋古文獻及影像精選》。

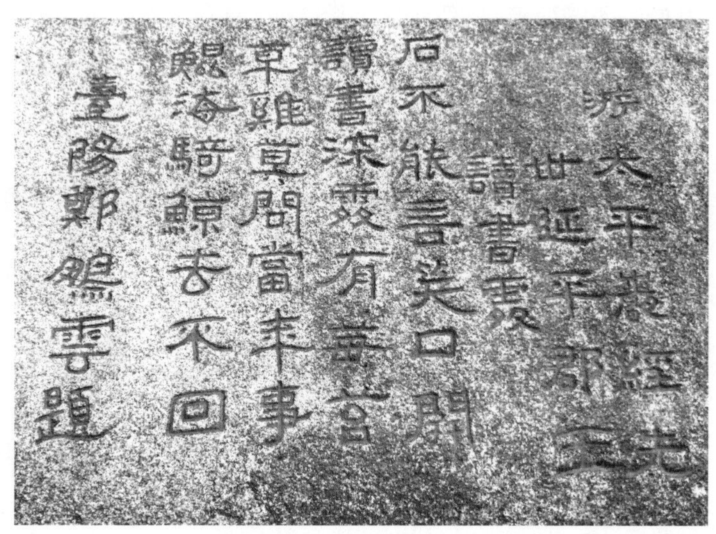

▲ 鄭鵬雲在鄭成功讀書處的題詩石刻

▲ 鴻山嘉興寨石刻、延平郡王祠

oubly可能原來是閩南語的後壁或後邊，湖里因爲在曾厝垵村社群的後邊，誤爲湖里。湖里社東北部的西邊社就是因爲在曾厝垵村社群的西邊得名，向西到廈大校園內，原有東邊社，因爲在廈門港村社群最東邊得名。因爲兩個村社群中間有山，所以東邊社在西，而西邊社在東。

◄廈門鴻山雙忠魂石刻　▲太師太傅墓

廈門島北部的湖里也是後壁之訛，1981年設湖里街道，1987年設湖里區。在今高崎機場東南，原有湖邊村，也在山海之間，附近無湖。今湖邊水庫因湖邊村得名，原來無湖。

Seisanna可能是閩南語獅山仔的音譯，閩南語的仔讀a，獅山在廈大東部，獅山仔即小獅山，可能是其東南靠近曾厝垵村社群的小山。

Sauwa可能是曾厝垵，閩南語的垵讀wa，圖上是sauwa雖然寫在海上，但是應是陸上地名，因爲這一帶地名太多，陸上寫不下，所以只能寫在海中。因爲地圖轉抄，地名太多，所以這個地名排到白石頭位置了。圖上廈門西北的Colonghsou即鼓浪嶼，但是誤記在海滄。

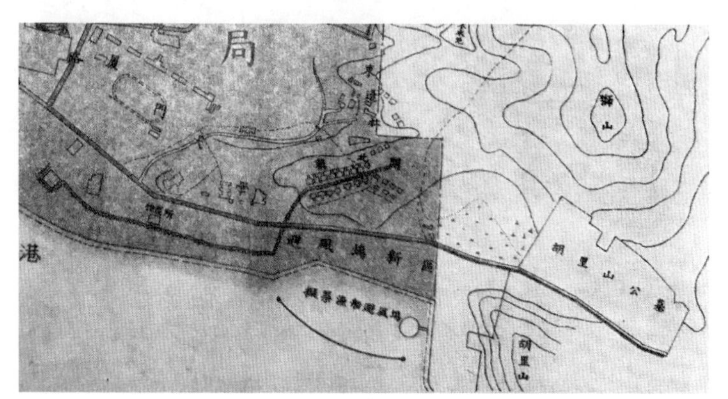

▲1934年〈廈門特種公安局轄境全圖〉鎮北關、胡里山、獅山截圖[23]

▲1938年地圖上的曾厝垵村社群[24]

23　劉毅光、林立平主編：《圖說廈門》，第59頁。

24　本圖是日本人1938年改繪，又為人增加黑體大字地名，前厝大字之下的後厝小字是正確地名，前厝在其南，有小字。圖片來自香港科技大學圖

▲ 廈門港與曾厝垵一帶地名

卽使李旦不是廈門島上人，也一定是廈門周邊的海滄一帶人，否則不會以祭祖爲名，突入廈門。前引沈鈇之文又說：「查得澄邑李國輔、林宗興、同安楊榮爵等謀略膽氣殊有可觀，且諳曉水道，素熟裔情，善譯裔語，或委任責成聽自顧船隻。」李國輔的名字，令人想到李旦的兒子叫李國助。崇禎《海澄縣志》卷七又說有三都人李國輔曾任澎湖遊擊，移駐福滸，又在崇禎元年（1628年）所設的大泥銃城任官，三都卽今廈門市海滄區，原屬海澄縣。海滄正是通番口岸，最初安邊館設在海滄而非月港，說明此地通番之分更甚，李氏是現在海滄區的第三大姓，僅次於林、陳。海滄現屬廈門市，所以卽使李旦是海滄人，我們現在也可以說李旦是廈門人。

卽使李旦是海澄縣人，也還是廈門灣人。海澄李氏在李旦之前還有海澄人李錦，早年在大泥（今泰國北大年）經商，張燮《東西洋考》卷六〈紅毛番〉說李錦爲荷蘭人行賄中國官員，謀求佔據澎

書館藏日本臺灣總督府文教局學務課：《廈門地圖》，網址：http://lbe-zone.ust.hk/bib/b923446。

湖。翁佳音認爲李錦就是荷蘭人記載的漢人職員Impo，即錦伯的音譯，他還到過荷蘭，成爲新教徒，1612年遷居安汶島，1614年死於此島，其遺孀改嫁給英國東印度公司在萬丹的職員Jackson。[25]牛津大學的這幅地圖正是來自英國的萬丹商館，但是我認爲不可能出自李錦之手，因爲李錦是西洋商人，而圖上的西洋地理有很多嚴重錯誤。李錦、李旦都是廈門灣周邊人，算是同鄉，海商之間會傳播海外各種情報，所以李旦可能很早就瞭解到不少海外知識。

李旦曾經在馬尼拉經商，又和英國人關係密切，1613年英國人首次到日本平戶設立商館，租用李旦的房屋。英國駐日本平戶的商館報告說：「1622年9月7日，受託前往中國交涉通商之中國船長Andree Dittus（李旦）已回平戶……渠又聲稱若在一兩年之內不能達到與中國通商之目的，則願爲我公司之奴僕，或犧牲其生命。」

第三節　衝浪頭人許心素與鴻漸許氏

李旦在中國大陸的代理人許心素是同安縣人，許心素原來也是海盜或海商，陳仁錫說：「夫自販夷之令下，諸夷知中國之利，日本雄據於香山，紅夷眈眈於浯嶼，而僅倚賴於通夷之李旦、顏通事輩，說以築城東番，互市往來，內地得免烽火之警，於是有許心素、楊祿、楊策，與夷聲援，騷騷海上矣。出其剽掠之餘，交賄將吏，邀招撫而博帶於市巷間，肆行不義，赫然凜人，於是又有鄭芝龍、方芝驥等欲援故事，求高官矣，不如意而流毒于居鎮，中左所當事者，暫行權宜，許以戴罪立功，亦解網以寬待愚民之意。」[26]正是因

25　翁佳音：〈十七世紀的福佬海商〉，《中國海洋發展史論文集》第七輯，中研院人文社會科學研究中心，1999年，第68頁。

26　[明]陳仁錫《無夢園初集》漫集二〈紀三省海寇〉，《續修四庫全書》第

爲許心素受撫做官，所以鄭芝龍也想效仿他受撫做官。

天啓五年（1625年）四月，福建巡撫南居益上奏：「今鎮臣俞咨皋言，泉州人李旦，久在倭用事。旦所親許心素，今在系。誠質心素子，使心素往諭旦，立功贖罪，旦爲我用，夷勢孤，可圖也。」俞咨皋說他能利用李旦，其實是被李旦利用，使得荷蘭人佔據臺灣。這是俞咨皋受賄，才欺騙南居益。

同安縣令曹履泰《靖海紀略》卷一〈上過承山司尊〉說：「楊祿、楊策一無賴蠢賊，夥不過以千計，船不過以十計。以我漳泉兩郡並力圖之，何難滅此朝食？所慮者，賊在於外，奸在於內耳。俞總兵腹中止有一許心素，而心素腹中止有一楊賊。多方勾引，多方恐嚇，張賊之勢，損我之威，以愚弄上臺。」

江西道監察御史林棟隆彈劾：「總兵俞咨皋以虎黨吳淳夫爲冰山，以局賊楊六爲外府，以奸民許心素爲過付，二萬之金一入，招撫之策堅持。」

陳組綬於崇禎九年（1636年）刊刻的地圖集《皇明職方地圖》卷下〈萬里海防圖〉北港一島標注：「卽臺灣，今爲紅夷所虜。」其上有文字說：「□□咨皋但知倚□人許心素爲互市之利耳，所以爲鄭芝龍所逐。」[27]

浙江省圖書館所藏彩繪〈萬里海防圖〉，據考證是明代繪製，但是圖上文字避道光帝旻寧的諱，所以是清代摹本。[28]我發現，這

1382冊，第267頁。

27 周運中：〈明末臺灣地圖的一則新史料〉，《福州大學學報（哲學社會科學版）》2014年第1期。

28 浙江省測繪與地理資訊局：《浙江古舊地圖集》，中國地圖出版社，2011

幅地圖正是摹繪《皇明職方地圖》的〈萬里海防圖〉。這幅地圖上的文字很清晰，可以補充今本《皇明職方地圖》的缺漏。

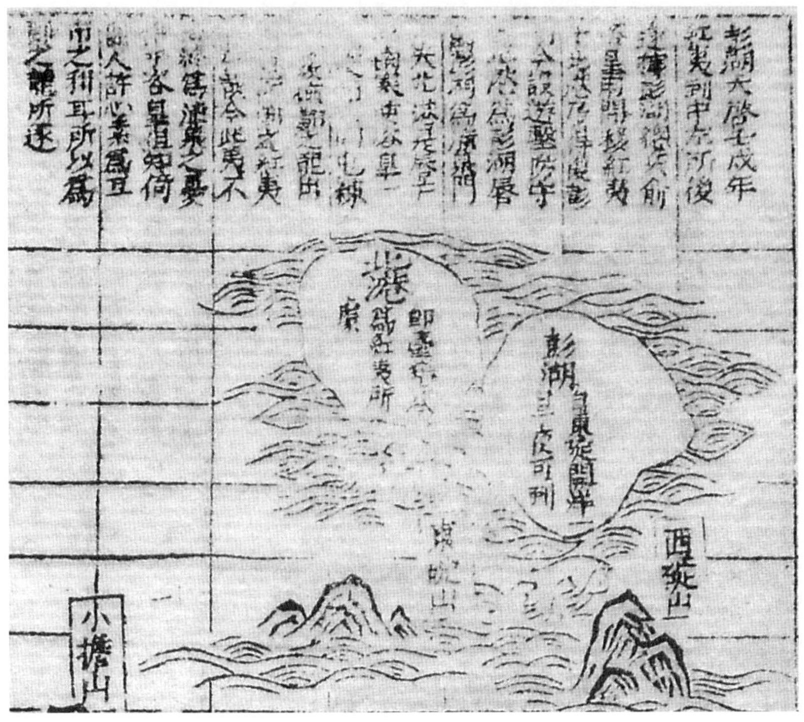

▲《皇明職方地圖》的〈萬里海防圖〉

年，第76—77頁。

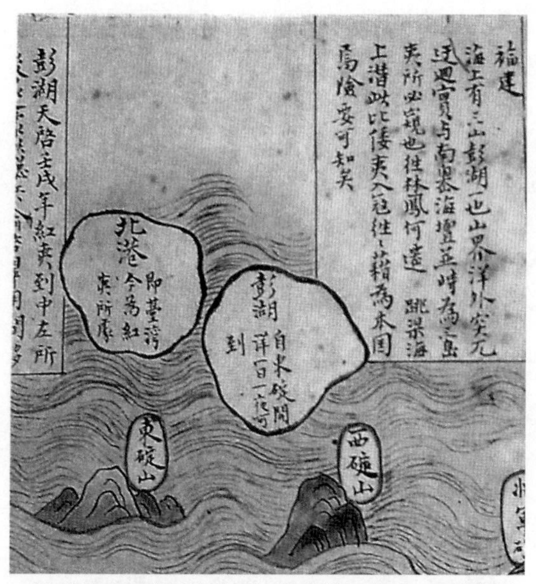

▲清代摹本〈萬里海防圖〉的臺灣、金門、閩南等地

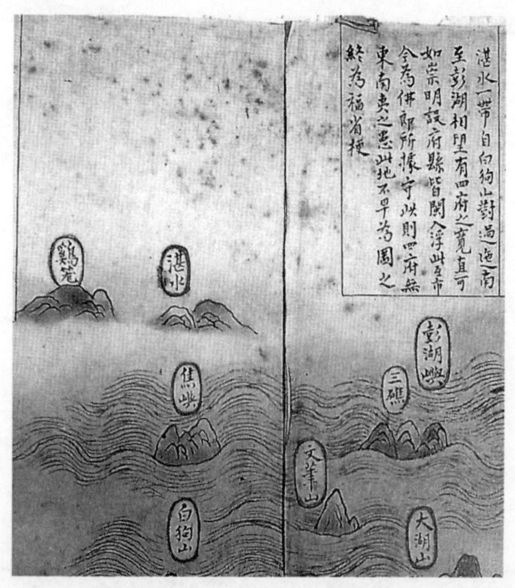

▲清代摹本〈萬里海防圖〉的雞籠、湛水（淡水）、彭湖嶼

顏思齊的部屬多是草莽，而許心素則不同。曹履泰《靖海紀略》卷一〈答朱撫臺〉說：「今素與楊祿等，俱在充龍地方同室而居。招兵五百餘名，扃戶自衛，擒之亦不易。聞彼云：倘追之急，則有轉而從紅夷。是實話也。昨心素有到城中買米者，職緝之甚嚴。已將包修者，現在枷示。近日聞其窘手，又求接濟於漳矣。」卷二〈上蔡五嶽道尊〉說：「勾引紅夷者，職素廉其人，而雄長無過於許心素。其族許心旭，乃心素之堂弟、心蘭之親弟也，俱系勾引巨奸。但目下奉撫臺憲牌，追心素、心蘭贓銀五千兩。」卷三〈上熊撫臺〉說：「許一龍系心素子，乃漳州府學生員，巨奸惡種，造謀叵測，勾引李魁奇契子葉我珍，聚集散歸夥衆，置造器械，非一日矣。」

蔡獻臣在壬子（萬曆四十年，1612年）說浯銅游把總呼鶴鳴在前年上任，第三年例當修船：「時冬汛界期，而鷺門故無官商，君劑量省視，百需悉給如時直……而諸商賴萬、鄭景、謝良、許旭輩，德君深，乃介文學賴君鳳弼，謁予記之。」[29]此海商許旭不知就是許心旭。

荷蘭人稱許心素爲Simsouw，即閩南語的心素。因爲許心素很早就和荷蘭人勾結，所以他是荷蘭人在中國最大的交易夥伴。荷蘭人在1625年先付給許心素40000里耳，許心素被押往福州，荷蘭人遲遲不能收到貨物。荷蘭人在1626年2月來到烈嶼（小金門島），希望福建的官員開放通商。許心素告訴荷蘭人，他是因爲得到都督的特別許可才能通商，荷蘭人以爲都督也在許心素在特許貿易中牟利。因爲許心素抬高生絲價格，所以荷蘭人有時與其他商人以低價貿易。1629年初，許心素可能在廈門兵亂中被鄭芝龍派人除掉。但

29 [明]蔡獻臣撰、廈門市圖書館校注：《清白堂稿》，第277頁。

是許心素聯繫的商人仍然以許心素的名義與荷蘭人貿易，荷蘭人說許心素欠荷蘭人19086里爾。[30]直到1633年，荷蘭人還回憶有一次許心素拿了荷蘭人100000里爾，六個月才運貨回來，不按實價結算貨物。[31]

許心素的老家在同安縣充龍村，即今漳州龍海市角美鎮充龍村，現在緊鄰廈門海滄區，原來就在泉州府同安縣與漳州府之交，夾在漳州府海澄、龍溪二縣之間，就是上文所說同安縣的積善里，靠近漳州，多出海盜。這一帶原屬同安縣，1957年才劃歸龍溪縣。

充龍是雅化地名，原名衝浪頭，衝浪、充龍的閩南語相近。充龍村雖然在海邊平原，但是有一座小山頭，現在已在岸上，原來突出在海中，爲海浪衝擊，故名衝浪頭。嘉慶《同安縣志》的〈縣境圖〉下方，也即同安縣最南端，畫出海澄界、龍溪界中間的衝浪頭。充龍村的西部原來是個海灣，即今角美鎮向南的小平原。[32]因爲有這個海灣阻隔，所以充龍原來不屬龍溪縣。充龍向北到東孚鎮，原屬同安縣。

我於2014年6月到充龍村考察，發現充龍村的村社龍山宮，就在這個小山的最南頭，也即原來的海岸。因爲充龍村原來突出在海中，有這座小山阻擋海浪，形成港灣，所以很早就發展了航海事業。

30 程紹剛：《荷蘭人在福爾摩莎》，聯經出版事業公司，2000年，第59—61、65、77、100—101頁。

31 江樹聲譯注：《熱蘭遮城日誌》，臺南市政府，2002年，第108頁。

32 福建省地方志編纂委員會編：《福建省歷史地圖集》，福建省地圖出版社，2004年，第217頁。

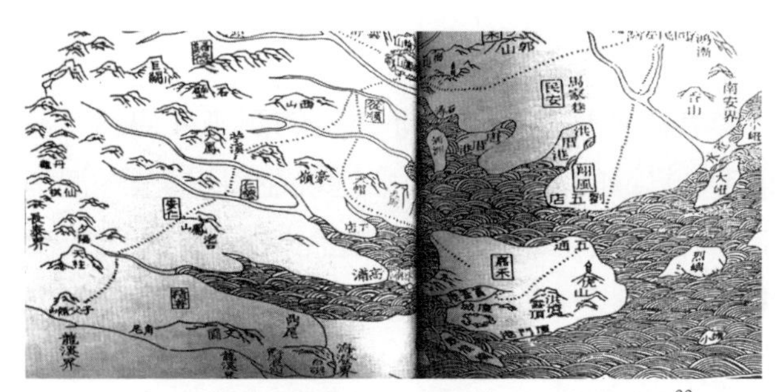

▲ 嘉慶《同安縣志．縣境圖》最下有衝浪頭[33]

◀充龍村的龍山宮從南方正視圖

▼龍山宮與衝浪頭從西南方側視圖

充龍人很早就以海外貿易聞名，何喬遠《閩書》卷一四六〈島夷志〉東番（臺灣）：「漳、泉之民，充龍、烈嶼諸澳往往譯其語，與

33　劉毅光、林立平主編：《圖說廈門》，第50—51頁。

貿易。」[34]

另有學者研究16到17世紀菲律賓的西班牙傳教士編印的圖書，發現其中記錄的漳州話，最接近現在漳州角美、鴻漸一帶方言，說明這一帶有很多人在菲律賓，進而懷疑明代史書記載菲律賓華僑多來自海澄縣之語有誤。[35]我以爲角美原來夾在漳州龍溪、海澄兩縣之間，本來就與漳州連爲一體，所以古人說的菲律賓海澄華僑或許包括這一帶人。

充龍許氏有一位許豫，曾開船經護送明朝指揮史世用，潛入日本，刺探敵情。日酋豐臣秀吉于萬曆二十年（1592年）入侵朝鮮，明軍入朝抗倭，次年正月收復平壤，日本和談，退到釜山。《明神宗實錄》萬曆二十二年（1594年）五月癸未（初六）記：

> 尚書石星遣指揮史世用等，往日本偵探倭情。世用與同安海商許豫偕往。逾年，豫始歸，報福建巡撫許孚遠。豫之夥，商張一學、張一治亦隨續保，互有異同，孚遠備述以聞。

許孚遠〈請計處倭酋疏〉記許孚遠萬曆二十年十二月到福建上任，即開始準備物色史世用、許豫潛入日本，二十二年史、許回國，許孚遠上報：

> 其史世用貌頗魁梧，才亦倜儻。遂於二十一年四月內，密行泉州府同安縣，選取海商許豫船隻，令世用扮作商人，同往日本薩摩州。六月內開洋去後，今二十二年三月初一日，據許

34 [明]何喬遠：《閩書》，第4361頁。

35 洪惟仁：〈16、17世紀之間呂宋的漳州方言〉，《歷史地理》第三十輯，上海人民出版社，2014年，第215—238頁。

> 豫回報：舊年七月初四日，船收日本莊內國內浦港，距薩摩州尚遠，探得州酋義久同許儀後隨關白去名護屋地方，名護屋乃關白侵高麗屯兵發船出入之所。史指揮就于內浦，分別潛去名護屋，尋覓儀後。又有同伴張一學等，密往關白居住城郭，觀其山川形勢，探其動靜起居。八月十三日，關白同義久、幸侃、儀後等回家，儀後隨史指揮于八月二十七日來內浦會豫……十月內倭酋義久差儀後復往高麗，史指揮於是駕海澄縣吳左沂鳥船先行，不意中途遇風打轉……延至今年正月二十四日，豫始得回。[36]

明侯繼高《全浙兵制》的〈四庫全書總目提要〉說：「又載充龍港船商許豫，偵知倭賊初敗於平壤，即食盡矢窮，思逃無路，乃以封貢議和，是墮其計。」[37]許豫是同安縣充龍人，可惜今本《全浙兵制》殘缺，不見許豫。

許豫到日本，先找許儀後，《全浙兵制》說許儀後是江西吉安人，但是又名許三官，數字加官的俗名是閩南風俗，江西沒有，所以我以爲，許儀後很可能也是同安人，就是許豫同族，所以許豫先去找他。現在看到的《全浙兵制》抄本，同字誤寫爲吉，同安誤爲吉安。

豐臣秀吉敗亡，日本想恢復海上貿易。慶長五年（1600年），薩摩藩主島津義弘派喜右衛門，護送朝鮮戰場俘獲的明朝將軍茅國科回國，明朝答應派福州商船去日本。但是島津氏所用堺港商人在

36　[明]陳子龍編：《皇明經世文編》卷四百，《續修四庫全書》第1661冊，第192頁。

37　[明]侯繼高：《全浙兵制》，《四庫全書存目叢書》子部第31冊，第235頁。

海上殺死明朝商人，島津氏處死肇事者，先前努力失敗。明朝在萬曆三十四年（1606年）派冊封使夏子陽、王世貞去琉球，打聽福州商船消息。琉球王尚寧邀請喜右衛門，帶來島津氏書信，喜歡恢復通商。慶長十二年（1607年），泉州海商許麗寰到達薩摩，次年從久志浦回國。島津義久相約明年再來，再次年果然有中國商船十艘來到。[38]這個泉州人許麗寰，或許也是同安充龍許氏？

充龍村臨海，其北的鴻漸村，也是許氏聚居地，此村有很多人遷居南洋。村中有一座很小的二保廟，供奉的兩位神靈稱爲二位太保，傳說是明代下西洋的正使太監鄭和與王景弘。不過此說未有文獻記載，二保與三寶有別。2014年，我親自到此廟中，看到廟中也無相關碑刻印證，廟前唯一的石碑是1922年所立，記載水利之事。但是鴻漸緊鄰充龍，這一帶的民間信仰應該涉及航海，所以鄭和廟之說或許也不是全無緣由。

◀ 鴻漸村二保廟

1986—1992年任菲律賓總統的克拉松·阿基諾夫人（1933—

38 [日]木宮泰彥著、胡錫年譯：《日中文化交流史》，第620—622頁。

2009）是亞洲首位女總統，她本姓許，曾祖父許玉寰就是從鴻漸村遷居馬尼拉。2011年9月3日，現任菲律賓總統阿基諾三世在中國訪問，還特地到充龍村許氏家廟祭祖，阿基諾三世是阿基諾夫人之子。

現在充龍村還有1947年菲律賓華僑返鄉修建的高陽第，這座建築中西融合，門口有高陽匾額，第一進是閩南風格，第二進則是菲律賓風格。

▲ 鴻漸村1947年菲律賓華僑的中西融合建築

▲ 鴻漸村許氏家廟

許心素之子許一龍是漳州府學生員，可見許氏或許是士紳之家。因此許心素也有可能也爲這幅航海圖的製作提供了資料，因爲他是李旦的代理人，可能看到歐洲人的地圖。許家自然熟悉中國地圖，所以此圖不僅是航海圖，還畫出了中國南北各地。李旦原來在馬尼拉經商，又和英國人關係密切，而這幅地圖恰好是在菲律賓、萬老高最詳細，呂宋島上有十個地名，是全圖地名最密之地，此圖又由英國人收藏，所以其作者很可能與李旦有關。李旦是當時海上最熟悉歐洲情況的中國海商領袖，最有可能得到歐洲地圖。李旦基本沒有在西洋活動，許心素更是沒有，所以此圖的西洋部分錯誤很多。

鄭芝龍想受撫做官，不料許心素、楊六一夥人私吞了鄭芝龍請他們轉交的賄金，於是鄭芝龍決心把許心素、楊六等人全部除掉。《皇明續紀三朝法傳全錄》卷十六說天啓六年（1626年）十二月：「撫臣朱一馮，卽遣都司洪先春，領兵與戰，而以把總許心素、陳文廉等策應，鏖戰一日，勝負未分，不意夜來潮生，心素、文廉船乘潮他往，賊暗渡上山，詐爲鄉兵，先春腹背受敵，身被數刀，僅未至死。」[39]把總許心素在關鍵時刻逃脫，致使明軍潰敗，鄭芝龍佔領廈門，俞咨皋出逃，次年（1627年）正月談判受撫。

崇禎元年（1628年）初，江西道御史周昌晉揭露俞咨皋的罪行，請求殺許心素和楊六，二月二十五日兵部批准，[40]但是此時海上

39 [明]高汝栻輯：《皇明續紀三朝法傳全錄》，《四庫禁毀書叢刊補編》第11冊，第192頁。

40 〈兵部題行「兵科抄出江西道御史周昌晉題」稿（崇禎元年四月初七日行訖）〉，《鄭氏史料初編》，《臺灣文獻史料叢刊》第43冊，大通書局，1984年，第7—11頁。

一片混亂，無法落實，所以也有傳聞說鄭芝龍派人殺死許心素。如果許心素死於兵亂，則鄭芝龍殺死許心素的可能性更大，因爲此時鄭芝龍勢力很大，他派人殺死許心素易如反掌。

或許許心素提前逃亡，曹履泰《靖海紀略》卷三〈上陸筠修司尊〉說：「許心素爲鄭弁所殺，向傳以爲眞也。職蒙臺臺委查，卽訊之鄭弁，語多兩岐，則殺似未眞。本府行票著伊家屬跟要，而素之次男一龍，斃於獄矣。長男樂天，遠竄久矣。若著伊房族挨緝，則蹤跡杳然，正犯未必獲，而無辜受累者多。只爲差役生涯耳。以是職躊躇未決，刻下已取許姓通族與其里鄰公結申府，或可據此結局，而又恐突有未死之心素出而爲難於海上，眞有難之又難者。」許一龍或許就是原來在官府做人質的許心素之子，曹履泰此文在己巳（崇禎二年，1629年）十二月廿八日，鄭芝龍早已投降，而楊彥傑先生認爲是天啓七年（1627年）初鄭芝龍投降之前殺許心素於廈門，恐是誤系。

鄭芝龍的部衆原來都是顏思齊的部下，所以各懷鬼胎，曹履泰在〈上朱撫臺〉說：「鄭寇解散，終不可問，目下約有萬人未散……十五日曾令人往中左密訪，有陳衷紀、李魁奇各懷異心，船隻判出者三之一，糾結積盜李梅宇、陳盛宇等，勾引紅夷入內爲難。」可見是鄭芝龍和官府議撫之時，鄭部分裂，其後〈上周際五道尊〉說：「中左撫局幾僨，止因陳沖紀從中挑煽，今被芝龍掌家手刃。附沖紀者，俱已鼠竄。可見芝龍報效一斑。差快人意耳。但查船器，堅好者竊之而逃。所存僅十之五，亦半屬不堪者。」

曹履泰《靖海紀略》卷三己巳（崇禎二年，1629年）〈上司李吳磊齋〉說崇禎元年正月，招撫鄭芝龍，鄭芝龍和李魁奇共有三萬人，但是同安縣沒有一兵一卒，幸而李魁奇到十月才叛撫，這時曹履泰只能激勵鄭芝龍討伐李魁奇，另一方面用鄉兵撲殺小股海盜。到年底，鄭芝龍剿滅數千人，李魁奇逃亡廣東。

十一月廿七日，鐘斌背叛李魁奇，曹履泰決定利用鐘斌，對抗李魁奇。但是鄭芝龍沒船可用，曹履泰調集民間漁船五十只，幫助鄭芝龍。十二月廿八日（1630年2月9日），鄭芝龍聯合鐘斌，攻打中左所，打敗李魁奇。次年正月，鄭芝龍與鐘斌在南澳島擒殺李魁奇。《靖海紀略》卷三最末追記庚午年（崇禎三年）十二月（1631年初），鄭芝龍又打敗鐘斌，鐘斌投海死亡，顏思齊舊部全被剿滅。曹履泰感歎說：「從前大寇，至此掃蕩。」

次年，劉香在海上崛起。1633年，荷蘭人邀請劉香與李旦之子李國助等，夾擊鄭芝龍，沒想到10月22日在金門島南部的料羅灣大敗于鄭芝龍。1634年，鄭芝龍在浯嶼海域擊敗劉香，徹底掃除海上異己，一統閩海。

從1626到1631年的廈門及其周邊被饑荒與戰亂掃蕩一空，曹履泰《靖海紀略》卷一〈通詳寬限蠲免稿〉說：「看得同安縣，僻處海隅，山多田少，素艱粒食，兼之兩年荒旱頻仍，一望焦土，民困極矣。且頃因海寇結夥，流突內地，如沿海浯洲、烈嶼、大嶝、澳頭、劉五店、中左所等處，焚掠殺傷，十室九竄，流離載道。加以今冬不雨，二麥未種，百姓益惶惶無措。睹此淒慘景象，真令人涕零心裂！」持續五年的戰亂不僅摧毀了地方社會，還使得原本許心素、楊六、李魁奇、鐘斌、劉香等諸多海商勢力全部消散。

李魁奇在廈門被鄭芝龍打敗，一直劫掠到最西部雷州半島，所以這場戰亂也影響到了廣東等地的海洋社會。李魁奇等人在逃竄時，可能把一些沒用的物品藏匿、拋棄或售賣。各支海商也可能把搶劫來的無用物品轉售或丟棄，或者在流竄地被人搶劫。正是在這場大戰亂中，閩粵各海商的原有物品開始流散到海上各地。由於海上人群流行性很強，所以牛津大學所藏的這幅航海圖所根據的一些資料，可能就在這六七年間的戰亂中從閩南流散到了東南亞，但是其繪製時間早於這場戰亂。

這幅地圖雖然畫出了中國全境，但是中國部分錯誤很多，廣西畫到了廣東之北，河南畫到了山西之東，山西畫到了陝西之北，貴州畫到了四川之東。之所以有如此多的錯誤，因爲中國部分的來源居然是一種通俗書《學海群玉》的〈二十八宿分野皇明各省地輿總圖〉，[41]此圖進入航海圖又出現訛誤，所以航海圖的中國部分錯誤更大。所以這幅圖最重要的地方不是中國，而是海上部分，所以我們說海上部分的來源最重要，最有可能來自熟悉東洋航路又和荷蘭、英國人關係密切的海澄人李旦，或者此前經過許心素等國內海商提供中國地圖資料。

第四節　海滄周氏金沙書院的〈古今形勝之圖〉

今廈門西部的海滄區，原屬海澄縣的三都。在今海滄區的海滄、嵩嶼之間，有個後井村，原名沙阪村。這個村的金沙書院，在嘉靖三十四年（1555年），也印製過一幅大型地圖〈古今形勝之圖〉。這幅地圖也在明代就漂洋過海，到了歐洲，近來才爲中國學術界熟悉。

41　陳佳榮：《〈二十八宿分野皇明各省地輿全圖〉可定“The Selden Map of China”（《東西洋航海圖》）繪畫年代的上限〉，《海交史研究》2003年第2期。

雖然這幅圖的內容和牛津大學所藏航海圖不同，但是命運則有相似之處。因爲〈古今形勝之圖〉產生的地方和牛津大學藏圖很近，屬於同一地區，所以我們不應忽視〈古今形勝之圖〉。

此圖左下角標注：「嘉靖歲次乙卯孟冬金沙書院重刻。」使我們知道它的刊刻地在廈門。此圖在1574年就到達西班牙，現藏於西班牙塞維亞（Sevilla）的印度（Indias）總檔案館，但是原圖在中國已經不存。不過明清時期有摹繪圖流傳，章潢的《圖書編》中的〈古今形勝之圖〉、吳學儼等編繪於1645年的《地圖綜要》內附錄的〈華夷古今形勝圖〉和中國國家圖書館所藏的《輿圖畫方》稿本內的清康熙四十年由華士望摹繪的〈古今形勝之圖〉都是同源地圖。

這幅著名的地圖已有數位中外學者研究，金國平有詳細回顧，他又根據此圖右下角的注文，提出這幅圖的編輯者是江西省信豐縣人甘宮，或許與都御史喻時的〈古今形勝之圖〉有關，把這幅地圖送出中國的人不是利瑪竇，而是西班牙的第二任菲律賓總督貴多·德·拉維薩里斯（Guido de Lavezaris）。[42]

根據李毓中先生研究，這幅地圖是1574年由一艘從中國福建開往菲律賓的商船帶給西班牙人，菲律賓的西班牙總督貴多·德·拉維薩里斯（Guido de Lavezaris）寫給西班牙國王的信中提到這幅圖，說：「今年這同一批的華人給了我一張中國海岸的圖，因此寄給陛下您。」他又說由一名粗通漢語的奧古斯丁會傳教士與一些華人翻譯幫助翻譯，譯爲西班牙文，華人翻譯很可能是林必秀、陳輝

42 金國平：〈關於〈古今形勝之圖〉的新認識〉，澳門《文化雜誌》中文版，2014年冬季刊。

然。[43]

有學者誤以爲金沙書院在今海滄，[44]其實不是在海滄，而是在沙阪，也即今廈門海滄區後井村。

萬曆《漳州府志》說：「林松，揭陽人，辛丑進士，（嘉靖）二十五年任。作興學校，淸查廟租，升南戶部主事。」[45]作興學校指興建金沙書院，光緒《漳州府志》說：「按《林次崖集》，嘗建金沙書院，希元爲之記。」

明同安縣人林希元《林次崖文集》卷十記碑〈金沙書院記〉說：

> 福建八郡之民，惟漳稱難治。漳州七邑之民，惟龍溪稱難治……其地負山而襟海，山居之不逞者，或阻岩谷林菁，時出剽掠，為民患。海居之不逞者，或挾舟楫犯風濤，交通島夷，甚者為盜賊，流毒四方。故漳州稱難治，莫龍溪若也……蘇文島夷，久商吾地，邊民爭與為市，官府謂：「夷非通貢，久居於是，非體，遣之弗去，從而攻之，攻之弗勝，反傷吾人。」侯與憲臣雙華柯公謀曰：「殺夷則傷仁，縱夷則傷義，治夷其在仁義之間乎？」乃偕至海滄，度機不殺不縱，仁義適中，夷乃解去，時嘉靖某年某月也。憇金沙公館，見諸生周一陽、陳科選輩肄業於是……諸生咸欣然興起，島夷既去，乃即公館，改

43　李毓中：〈「建構」中國：西班牙人1574年所獲大明〈古今形勝之圖〉研究〉，姚京明、郝雨凡主編《羅明堅〈中國地圖集〉學術研討會》，澳門文化局，2014年，第190—208頁。

44　徐曉望：〈海滄和月港——葡萄牙人地圖上的'Chincheo'〉，姚京明、郝雨凡主編《羅明堅〈中國地圖集〉學術研討會》，第147頁。

45　[明]羅青霄修纂：《萬曆漳州府志》卷十四〈龍溪縣・秩官〉，廈門大學出版社，2010年，第454頁。

為書院，堂庭廂庖，咸拓其舊，梁棟榱桷，易以新材，又增號舍三十楹，由是諸生講誦有所。五澳之民，遠近聞風，咸興于學……侯名松，字某，別號冬嶺，廣之揭陽人。[46]

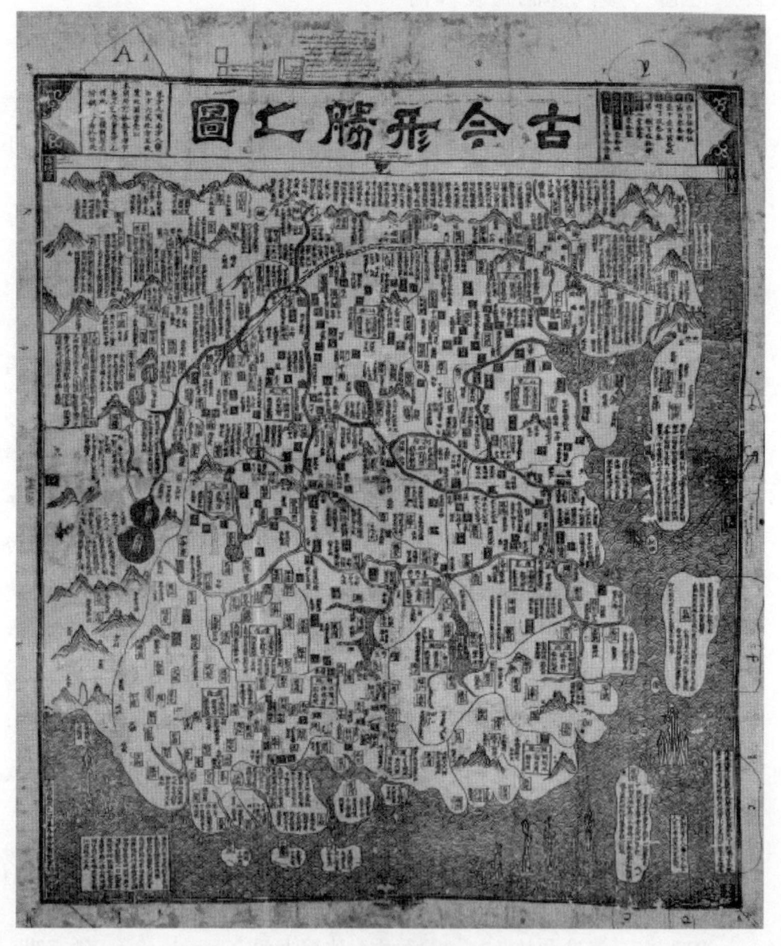

▲〈古今形勝之圖〉

46 [明]林希元：《林次崖文集》，《四庫全書存目叢書》集部第76冊。

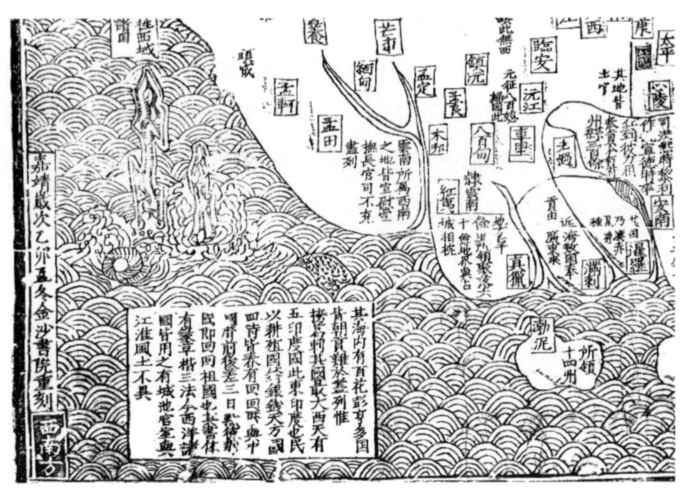

▲〈古今形勝之圖〉左下角

林松和柯喬驅逐海滄的蘇文島夷，應即葡萄牙人，因爲葡萄牙人初到中國，會被誤以爲是蘇門答臘人，故名蘇文島夷。蘇門答臘又名蘇文答剌，閩南語的文讀門。林松隨後巡查沙阪村，建立金沙書院。這一帶本來就是交通外洋的要地，而且又能刻印大型地圖。

現在充龍村之西十里還有另外一個沙阪村，沙阪是地名通名，但是金沙書院所在的沙阪應在海滄、嵩嶼之間，即今後井村。崇禎《海澄縣志》所說的沙阪全是海滄的這個沙阪，卷首地圖上的沙阪在澳頭、嵩嶼之西，卷一〈山川〉說：「衙後山，在沙阪與許林頭、灣頭二山並峙，臨海，獨此居中，上有石尖，周中丞家居於此。」卷十四〈災祥志〉說：「（萬曆）二十七年，沙阪周氏宗祠生紅芝一莖高七寸。」沙阪村有周氏宗祠，是周中丞周起元家。

周起元的祖父就是金沙書院的創立者周一陽，周一陽因爲周起元獲贈兵部侍郎。崇禎《海澄縣志》卷八說：「周一陽，三都人，海澄學二年貢，本學歲貢之始也。儋州學正，累贈兵部侍郎。」卷九說：「周一陽，三都人，學正，以孫起元贈兵部侍郎。」卷十說：「周一陽……隆慶初年，新立海澄縣，當徙置弟子員。督學蔡國珍語郡守曰：是邑新造，宜得路士，以風勵其儕。於是徙學員數，斷自一陽爲首，其年遂應貢。」

周起元在萬曆二十八年（1600年）鄉試第一，次年中進士。周起元爲人正直，廉潔奉公，多有建樹，但是因爲得罪魏忠賢的閹黨而削職爲民。天啓六年（1626年）魏忠賢殺東林黨高攀龍、周順昌、繆昌期、黃尊素、李應升、周宗建、周起元，高攀龍在家鄉投水自盡，餘六人死於獄中。

沙阪周氏在明代中期就與官府密切合作，今後井村周氏宗祠門前有旌表周世綱碑，碑文說：「大明天順二年歲次戊寅冬十二月吉日，旌義民周世綱，中憲大夫漳州府知府立。」下文照片上的十四是當代人重新描紅時誤寫。崇禎《海澄縣志》卷十〈孝義〉說：「周世綱，輕財慕義，所施德里人甚衆。正統間鄧寇攻郡城，世綱身處海濱，運私米四百餘石，助官府防守。寇滅有詔，旌表其門，里人爲立碑。子朝恩，有父風，弘治中，屢以家丁擒海寇，功著枌榆。」閩南缺米，周氏居然能出米四百石，說明是地方豪強。

嘉靖年間又有周玉質，平亂殉國，崇禎《海澄縣志》卷十說：「周玉質，身長八尺，勇力絕人，嘉靖十二年山寇毒亂漳泉間，官兵討捕不能制，郡縣舉玉質率鄉兵禦之，斬首數百級，賊大潰，玉質奮勇窮追，被傷死焉，事聞有司，資給營葬，鄉爲建祠。」卷十四〈寇亂〉說到沙阪人周玉質。

此時還有沙阪人陳孔葉、孔志志，崇禎《海澄縣志》卷十說：

「陳孔葉，知書仗義，爲衆所推，正統十一年饒賊千餘，流劫市鎮，所至焚殺甚慘。孔葉料其必至月港，遂散家財，倡募義勇，扞木城，樹樓棚，爲戰備。四月十九日賊果侵九都，孔葉率衆與戰，自辰至巳，殲其渠魁，衆鼓銳徑前，復連斬十六人，賊遁去……陳孔志，漳州衛鎮撫孔成之兄也，天性孝友，膂力絕人，嘉靖己酉夏，夷船數隻，直抵安邊館，劫掠地方，海道柯喬、別駕翁燦，急征孔成，孔成曰：非吾兄不可，孔志毅然受命獨乘巨艦，當先沖賊，殺獲甚衆。」陳孔成不是漳州衛人，其實是沙阪人，萬曆元年《漳州府志》說他是納粟鎮撫，[47]說明是通過獻米獲得鎮撫頭銜。

▲周氏祠堂外景 ▶旌表周世綱碑

2014年6月，我到後井村考察，訪問老人，獲知金沙書院直到1958年還在，因爲動亂而毀壞，村中的老人小時候都見過有金沙書院四字的石刻，而且還知道這塊石刻被砸碎砌入海堤，但是現在已

47　[明]羅青宵：萬曆《漳州府志》，廈門大學出版社，2010年，第1226頁。

經無法找回。現在金沙書院故址已經建起民房，屋主仍然記得金沙書院的中軸線。

後井村現存光緒木刻本《金沙周氏族譜家乘》爲第三房殘存族譜，記載第一世到二十世生卒年與葬地，林致平先生整理了族譜記載周氏遷居臺灣與東南亞資料，[48]我們發現其中記載萬曆年間有周仁生遷居臺灣，道光年間已有裔孫百餘人，萬曆年間又有周毓岩遷居呂宋，康熙年間有周黨、周天生遷居呂宋，而周氏族人遷居馬來西亞、印尼、越南則晚到乾隆年間。這與官方、民間文獻記載明末閩南人早期多去菲律賓之說吻合，詳見第六章第三節。

說明金沙周氏最早出洋是去臺灣與菲律賓一路，而〈古今形勝之圖〉正是從後井村傳入菲律賓，族譜記載的周氏遷居路線與地圖的傳播路線吻合。雖然我們不能肯定就是周氏族人把這幅地圖帶到呂宋，但是可以肯定一定是海滄、月港附近的人。

明末的廈門、海滄一帶經濟繁榮，文化發展，書院和出版也有很大進步，包括地圖刻印，甚至輸往海外，所以我們考察牛津大學這幅閩商航海圖時，不應忘記這一背景。

而且〈古今形勝之圖〉的朝鮮是細長形，不是〈大明混一圖〉與〈廣輿圖〉的矩形，也不是楊子器跋〈廣輿圖〉的三角形，很接近牛津大學所藏這幅明末閩商航海圖，是不是〈古今形勝之圖〉影響了早期歐洲地圖上的朝鮮畫法，而後又影響了牛津大學所藏這幅明末閩商航海圖的朝鮮畫法呢？

綜上所述，李旦很可能是這幅地圖的作者，原因有四：

---

48 林致平：《風土海滄·金沙後井》，海滄文化館，2013年，第64—69頁。

1.李旦是廈門人，而這幅海圖的啓航地正是在廈門。

2.李旦一生在菲律賓、日本、臺灣活動，他是東洋商人，而此圖上的東洋內容詳細，而西洋錯誤太多。

3.李旦是鄭芝龍之前最大的閩南海商，因此最有可能畫出此圖。

4.李旦與西班牙人、荷蘭人、英國人關係密切，因此最有可能獲得歐洲人的最新世界地圖，而且瞭解英國和荷蘭的密切關係與具體位置，在圖的西北角示意性地畫出英國和荷蘭。

當然，這幅圖也可能出自與李旦關係緊密的其他閩南商人，當時在東洋活動的閩南大商人還有歐華宇、張敬泉等人。日本籍華裔學者李獻璋指出，李旦、歐華宇、許心素可能是結拜兄弟，張敬泉又名張吉泉、計泉、三官，在1600年前後在長崎創辦了悟眞寺，參加創立了長崎的唐人墓地。張敬泉與歐華宇都獲得德川幕府頒發的執照，能到越南等地貿易。歐華宇死於1619或1620年，張敬泉死於1638年。另有漳州人黃明佐，他的商號是黃合興，荷蘭人稱爲Wansan，他在馬尼拉等地貿易。[49]由於這些人的地位不及李旦，所以我們可以大概說牛津大學這幅地圖最有可能出自李旦的團隊。

49 李獻璋：《長崎唐人の研究》，佐世保：親和銀行ふるさと振興基金會，1991年。翁佳音：《十七世紀的福佬海商》，《中國海洋發展史論文集》第七輯，第73—74頁。

第六章　明中期海外地理知識的退化

宋代之前，東西方的交通以陸路爲主，雖然海路也在蓬勃發展，但是陸上路占主要地位。宋代之後，東西交通以海路爲主，萬曆三十六年（1608年）到天啓四年（1624年）的首輔葉向高曾說：

> 自宋以前，中國所患，苦無過北狄。東南島夷，直麟介視之。[1]

葉向高說宋代之前，中國的主要敵人是北方遊牧民族，而非東南海外諸國。明代之前的東南海外勢力從未對中國構成威脅，但是明代則苦於防禦來自東南海外的倭寇、佛郎機、紅夷等諸多敵人。因爲宋代之後，亞洲的主要交通幹線改爲海路，中國的經濟和文化中心向東南轉移，東南沿海的海商豪強勢力崛起，所以東南沿海在中國政治地理格局中的地位才由次要成爲主要。葉向高是福州府福清縣人，熟悉東南海域形勢，所以他有敏銳的認識，把握了中國歷史發展大勢，這一論述極其重要。

但是明代中期，鄭和下西洋結束之後，中國走向封閉，明代人的海外地理知識出現嚴重退化。我們必須對比明代中期中國人海外地理知識的退化，才能看到明末閩南海商航海圖的可貴之處。

1　[明]葉向高：〈刑司馬平倭凱旋序〉，《蒼霞草》卷五，《四庫禁毀書叢刊》編委會編：《四庫禁毀書叢刊》集部第124冊，北京出版社，1997年，第95頁。

第一節　狀元與外交官員的錯誤

明代呂楠《涇野先生文集》卷十二序十二〈衢州篇爲李太守邦良作〉說：

> 邦良亦聞漢張騫之窮河源乎，西至蔥嶺山，星宿海，所經之地多浡泥、古里、淡巴、婆羅、阿哇、忽魯之種，其生率戰心鳥啄，非人所居也，騫往返數年，未嘗有害。[2]

這一段話非常有趣，呂楠說漢代的張騫出使西域到蔥嶺（帕米爾高原），到達黃河的源頭的星宿海，又還經過浡泥、古里、淡巴、婆羅、阿哇、忽魯等地。可是渤泥是今汶萊（Brunei），古里在今印度西南的卡里卡特（Calicut），婆羅可能就是婆羅洲，卽今加里曼丹島，婆羅就是汶萊，忽魯是忽魯謨斯，在今霍爾木茲海峽。這些地方都不是漢代張騫所到之處，張騫是從陸路到中亞，不是走海路。這些海上地名多數來自鄭和下西洋時代文獻所記，呂楠把這些地名張冠李戴到了張騫頭上。

呂楠是陝西省高陵縣人，成化十五年（1479年）生，嘉靖二十一年（1542年）卒，正德三年（1508年）中狀元，授翰林編修，官至禮部侍郎，著作很多，但是基本都是儒學研究。呂楠可謂是全國第一的學者，但是他對海外地理毫無瞭解，說明明代中期的海外地理嚴重退化！

不僅是普通讀書人不明海外地理，狀元、進士不明海外地理，就是朝廷專門職掌外交的官員也不明外國地理，浙江嘉興人嚴從

2　[明]呂楠：《涇野先生文集》，續修四庫全書編委會：《續修四庫全書》第1338冊，上海古籍出版社，2002年，第10頁。

簡在嘉靖三十八年中進士，曾在禮部行人司任職，萬曆初年撰有專門描寫海外地理的名著《殊域周咨錄》。[3]這是一部中外交通史的名著，但是從書中的內容來看，他也未必清楚海外各國情形。嚴從簡在此書卷八說浡泥（汶萊）在西南大海中，其實應在東南。卷九說蘇門答剌（蘇門答臘）是古代的大食國（阿拉伯），在賓童龍（今越南藩朗Panrang）東北，近雪山、蔥嶺（帕米爾高原），其實蘇門答臘和大食國完全無關，賓童龍在越南，根本不靠近雪山。又說錫蘭（斯里蘭卡）是古代的狼牙須國（在今泰國北大年府[4]），二者距離遙遠。又說蘇祿（在今菲律賓西南）和瑣里（在今印度東南）相近，眞是差之萬里。又說佛郎機（葡萄牙）是喃勃利國（在蘇門答臘島西北角）更名，其實毫無關係。明代中期的中國人特別是內陸人，開始不清楚歐洲人從何而來，往往誤以為是東南亞人。

以上所舉的是《殊域周咨錄》中的一小部分錯誤，可見明末的中央官員是何其糊塗，也可見海禁政策的危害及近代中國衰落的原因。

第二節　福建沿海學者的錯誤

來自東南沿海的學者是不是都熟悉海外地理呢？其實也未必，晚明漳州府漳浦縣人楊一葵所撰的海外地理著作《裔乘》，也有大量混淆西域和西洋諸國的類似錯誤：

1.卷二〈南夷〉說討來思條說：「討來思，古赤土國也，隋煬帝

3　[明]嚴從簡著，余思黎點校：《殊域周咨錄》，北京：中華書局，1993年。

4　[泰]黎道綱：〈〈梁書〉狼牙修國考〉，《泰境古國的演變與室利佛逝之興起》，北京：中華書局，2007年，第117—122頁。

大業三年遣屯田主事常駿、虞部主事王君政賚物五千段賜。」其下全抄《隋書》卷八十二〈赤土傳〉，赤土國在今馬來西亞北部，討來思卽元代的桃里寺，在今伊朗西北的大不里寺（Tabriz），毫無關係。

2.沙哈魯條說：「沙哈魯，古投和國。」投和國在今泰國中部，[5]而沙哈魯是帖木兒的第四子，他在永樂十一年（1413年）、十七年（1419年）遣使明朝，故而明人誤以爲遣使的沙哈魯是國名。

3.卷三〈西夷〉主要是中國西部和西亞諸國，又有在今印度的詔納朴兒，還有榜葛剌（孟加拉），混亂不堪。詔納朴兒又作沼納朴兒、詔納僕兒、紹納福兒、招納補兒、詔納福兒，《星槎勝覽》榜葛剌說：「西通金剛寶座國，曰紹納福兒，乃釋迦佛得道之所。」《紀錄彙編》本說：「西通金剛寶座國，曰詔納福兒，乃釋迦得道之所。」日本學者山本達郎認爲是今江布林（Jaunpur），[6]我以爲他是誤解，此地不是釋迦摩尼得道地。釋迦摩尼得道之地的金剛座在摩揭陀國，在今巴特那（Patna）和加雅（Gaya）一帶，[7]我認爲詔納朴兒卽巴特那之北恒河對岸的松布林（Sonepur），音譯爲紹納朴兒，完全符合，江布林的讀音也不合，無法譯出納字，詔字的標準讀音也不是jau，中國的北方某些地方的方言讀詔爲jiao，不是正音，中國東南方言也沒有這種讀音。

4.卷五〈東南夷〉居然有忽魯謨斯（霍爾木茲）、彭亨（馬來西

5　[泰]黎道綱：〈墮羅缽底疆域考〉，《泰國古代史地叢考》，北京：中華書局，2000年，第117—120頁。

6　[日]山本達郎：〈榜葛剌和沼納朴兒和底里〉，劉俊文主編《日本學者研究中國史論著選譯》第九卷，北京：中華書局，1993年，第564—580頁。

7　[唐]玄奘、辯機原著，季羨林等校注《大唐西域記》，北京：中華書局，1985年，第620頁。

亞彭亨州），二地在中國西南，不是東南。

5.卷六〈西南夷〉蘇門答剌條說：「蘇門答剌，即漢條枝，唐波斯、大食之地也。」條枝是今土耳其南部的安條克（Antakya），蘇門答臘不是波斯、大食，完全錯誤。

7.又覽邦條說：「覽邦去西域甚遠，即漢疏勒國。」覽邦是蘇門答臘島東南角的楠榜（Lampung），即〈鄭和航海圖〉攬邦港，與在今新疆疏勒的疏勒相差萬里。

8.又祖法兒條說：「祖法兒在海西北……即漢大夏、隋唐之吐火羅也。」祖法兒是今阿曼西南，漢之大夏、唐之吐火羅在今中亞，毫不相關。

9.又柯枝條說：「柯枝，古槃槃國。」柯枝在印度西南的柯欽（Cochin），槃槃國在今泰國南部，[8]風馬牛不相及。

10.又有打回回條，其實是打回，即〈鄭和航海圖〉的打歪，即今緬甸南部的土瓦（Tavoy），打回是音譯，與回回無關。

楊一葵是福建省漳浦縣人，王在晉爲此書作序時間爲萬曆乙卯（四十三年，1615年），[9]此時的漳州已是中國與海外交通最發達的地方了，隆慶年間，明朝開放的唯一海港就是漳州的月港，月港之南就是漳浦縣，這是當時中國最繁榮的海港。而且楊一葵是萬曆二十年（1592年）進士，官至雲南布政使，有著作多部。楊一葵居然犯了這麼多錯誤，說明即便是明代晚期的福建士人對海外的瞭解也很有限。楊一葵的很多錯誤是把明代的海外諸國與漢唐時期的西域

8 [泰]黎道綱：〈盤盤國何在〉，《泰境古國的演變與室利佛逝之興起》，第133—141頁。

9 [明]楊一葵：《裔乘，玄覽堂叢書》第1冊，廣陵書社，2010年。

諸國胡亂牽連，說明他也很不清楚西域和西洋在地理上的區別。

楊一葵的錯誤資料來源其實是南昌人羅曰褧的《咸賓錄》，劉一焜在萬曆十九年爲此書作序，則成書早於《裔乘》，此書卷三蘇門答剌、卷四祖法兒、覽邦、卷五柯枝、討來思、沙哈魯、淡巴諸條錯誤全同《裔乘》。[10]另一位南昌人章潢編輯的大型類書《圖書編》也有同樣錯誤，[11]《咸賓錄》專記海外地理，《圖書編》則是類書，則《圖書編》的錯誤很可能也源自《咸賓錄》。章潢與利瑪竇有交往，已經是很注意結交西方人的學者了，說明了明代晚期中國學者的地理知識確實非常落後。

其實不但是楊一葵這樣的高官，很多福建沿海的地方學者也未必熟悉海外地理，比如上文所說的〈古今形勝之圖〉，就是金沙書院的周一陽等人主持刊刻，我們在這幅地圖上就看不到最新的海外地理知識。照理說，周一陽等人應該知曉海外地理知識。可能正是因爲他們仍然崇奉儒家正統的觀念，所以不畫任何最新的海外地理知識。

第三節　明中期海外地理知識落後的原因

明朝初年，朱元璋和來自浙江的儒生們制定了八股取士的高壓政策，明代的程朱理學走向僵化，使得讀書人的視野非常狹窄，忘記讀書的目的是追尋眞理，以爲讀書的目的就是考取科名，吳敬梓在《儒林外史》中借遲衡山之口，批評明清讀書人說：

10　[明]羅曰褧著、余思黎點校：《咸賓錄》，北京：中華書局，1983年，第85、96、97、150—155頁。

11　[明]章潢：《圖書編》，上海古籍出版社，1992年。

而今讀書的朋友，只不過講個舉業，若會做兩句詩賦，就算雅極的了，放著經史上禮、樂、兵、農的事，全然不問！

崇禎七年（1634年）三月，南直隸金壇縣（今江蘇省金壇市）下第舉人張明弼上疏，請稍變科場法以求實學，張明弼說：

今國家盡屏諸科而合為一科，又三年一行，但重首場，則是所奉行者惟王安石經義之一科，而唐宋諸科皆廢而不用，宜所用者皆浮聲婉氣之流，問以三皇五帝皆茫然不知，士何由得見，而國家何由得真士也？[12]

這是江南的情況，江南已經是明代經濟、文化最發達的地區了，江南的讀書人居然退化到連三皇五帝都不知爲何人，又如何能知曉海外地理？

顧璘給南京人張翊所撰的墓誌銘說：

父諱晟，倜儻有風誼，嘗憤憤思大其家，謂：「儒者取青紫在詩書，非真天人也，吾老矣，責在兒輩！」乃大購古書，藏於家，君性沈遠，知父志，力修學業，能讀歷代史記及國朝典故，居常非定省及父召，不逾戶限，或出過市里，人不識為張氏子也。家本在市，凡俚語玩劇，一切不通曉，每對客自尋奧義，謾不知客語云何，唯唯而已，人多以為癡。嘗從司勳陳宗之受《尚書》，弘治甲子以應天儒學弟子員中鄉試，再上禮部，不偶。其勤學，在館如家，在舟如館，不奪於可。欲及家，家人問京國事與所過城邑，皆不知也！試事大理，日取獄案，勘詳輕重，曰：「用世貴知律，否則腐學究耳！」其學雖天文、地

12 《金壇縣採訪冊》，明代抄本，膠捲，南京圖書館藏。

> 理、星卜、草木之書，無不涉獵，非以干祿為也……竟以九月六日卒，生纔二十七年而已！[13]

南京人張翊英年早逝，其實是被理學殘殺，他的父親爲了兒子能做大官，禁錮張翊的自由，張翊明明就是一個書呆子，但是顧璘爲逝者諱，說他其實不癡。張翊號稱無所不讀，包括地理之書，但是他去北京考試，一路上經過多少地方居然毫不知曉，每日在船上讀書。張翊是明代讀書人的典型，這些讀書人讀的那些儒家的地理書錯誤百出，連自己旅行經過的地方都不知曉，又如何指望他們去對海外地理感興趣？南京是明代第一大城市，出生于南京的人尚且如此，更不用說從小地方來的都市人了！張翊是不幸早夭，沒有夭折的那批人中或許就有人就中了狀元，也就是呂柟等人，所以呂柟把西域和西洋混淆，其實在明代的上層讀書人之中也是很正常的事情。

有學者提出明代中後期，中國的青花瓷成爲世界時尚，反映明代中後期不是閉關自守。[14]我認爲此說不能成立，青花瓷等商品僅是一種物質文明，不能說明當時中國的精神文明、科學技術走在世界前列。青花瓷最早產生在唐代，本來是中西結合的產物，製造青花瓷的原料來自西亞，其審美風格也來自西亞。青花瓷在唐宋時期沒有流行，第二次盛行是在元代，這也是中西文化大交融的一個重要時代。明代的青花瓷不過是沿襲了唐代、元代的中西交流成果，

13　[明]顧璘：《顧華玉集》息園存稿文卷五〈明故鄉貢進士張唯忠墓誌銘〉，《影印文淵閣四庫全書》第1263冊，臺北：商務印書館，1986年，第517—518頁。

14　萬明：〈明代青花瓷的展開：以時空為視點〉，《歷史研究》2012年第5期。

沒有突破性的創造，所以從某種程度來說，已經是退步了。

以上所說的是明代地理學的衰落，但是各學科本來緊密聯繫，海外開拓不僅直接帶動地理學的進步，也一定會促進天文、造船、物理、化學、生物等學科的進步，所以明代的科技落後是一種整體衰落，明代中後期的中國不僅是地理學大爲衰落，造船、兵器等諸多領域也遠比歐洲人落後。

第四節　特別的《海語》與《東夷圖像》

明代中期，除了因爲倭寇而產生的日本研究著作之外，幾乎找不到研究海外地理的原創著作，但是黃衷的《海語》是個例外。《海語》分爲四卷，第一卷〈風俗〉，其實只講了暹羅與滿剌加兩個國家的各種情況，也不限於兩國的風俗，第二卷〈海物〉，講了各種海外珍寶，包括動植物，第三卷是〈畏途〉，但不是記載航海線路，而是特別記載昆侖島、分水、萬里石塘、萬里長沙、鐵板沙五個危險的地方，第四卷是〈物怪〉，記載各種海上怪事，但是其中也有很好的史料，甚至幫助我們瞭解不爲人知的古代航海史。

因爲前人不熟悉此書，所以清代編修《四庫全書》的館臣居然在提要中誤以爲黃衷是上海人，[15]其實黃衷是廣東南海縣（今廣州與佛山）人。南海臨海，所以作者比較熟悉海洋，他在書中說到他小時候，他的父親做官，有人送給他父親一種奇怪的海魚。黃衷也特別留心從航海者那裡搜集資料，他在〈畏途〉的鐵板沙一條中，說到他的近鄰麥福參加成化二十一年冊封占城使節團的航行，在

15 [明]黃衷：《海語》，《影印文淵閣四庫全書》第594冊，臺北：商務印書館，1986年。

鐵板沙觸礁，流落在海島，過了兩年才回國。他記載的各種海外珍寶基本全是他在廣東親眼所見，但是他的資料來源不限於廣東，也有來自福建漳州的傳說，或許有些特別奇怪的知識在海上流傳，或許是因爲漳州人去東南亞也要經過廣東。黃衷記載的這些海外珍寶，對於我們考證古代的生物、商品很有幫助。其中很多記載不見於中國此前書籍記載，因爲清代也很封閉，所以黃衷的記載在整個中國古代歷史上都很重要。黃衷的〈風俗〉滿剌加條說到佛郎機（葡萄牙人）佔領麻六甲，麻六甲國王退往陂隄里，葡萄牙人想把麻六甲送給泰國，但是泰國不要，葡萄牙人離開，麻六甲國王回來復國。這段記載僅見于黃衷此書，或許有依據。

黃衷的〈物怪〉除了記載一個海上傳奇，還記載中國海船的航行準則，比如看到海上突然出現紅旗，則火長要焚香祭祀，認爲是海神出現。又如兩隻船在海上相遇，火長要舉火示意。中國古代海船上的領航員稱爲火長，但是爲何叫火長，古人從未說明，現代學者有爭議。我認爲，從黃衷的記載可以推測，火長最初不僅負責舉火祭祀海神，還負責用火來問候海上別的船隻，這可能是火長之名的由來。這也說明此書很有價值，這兩條記載不見於中國所有書籍。

黃衷的書至今沒有深入研究，但是此書雖然非常重要，在明代中期卻是個特例。這本書從未對社會產生很大影響，僅是一個退休官員的私自記載，源自他特殊的經歷與興趣。現在黃衷的詩集《矩洲詩集》已經影印，[16]可是黃衷的著作尚未全部影印，他的生平也不清晰，等待我們再研究。

16　[明]黃衷：《矩洲詩集》，四庫全書存目叢書編纂委員會編《四庫全書存目叢書》集部第47冊，齊魯書社，1997年。

蔡汝賢的《東夷圖說》是另一部奇書，前人已有研究。[17]一般稱爲《東夷圖像一卷東夷圖說一卷嶺海異聞一卷續聞一卷》，[18]但是按照中國書籍慣例，圖像是圖說的一部分，而且自序是〈東夷圖總說〉，所以我以爲應該簡稱爲《東夷圖說》。蔡汝賢是松江府（今上海市）人，隆慶戊辰（二年，1568年）進士，萬曆丙戌（十四年，1586年）編成此書。蔡氏在廣東做布政使，因此接觸到了很多海外來客，他的書中畫出了20個外國人圖像，而且呂宋、西洋、佛郎機是首次出現在中國史書，呂宋一幅畫的是佔據呂宋的西班牙人，並非中國史書原來記載的呂宋土著，西洋一幅畫的是葡萄牙人，佛郎機本來是阿拉伯人對歐洲人的總稱，又特指伊比利亞半島的葡萄牙人與西班牙人。而且此書的滿剌加一幅畫的也不是麻六甲土著，而是佔據麻六甲的葡萄牙人，天竺是印度，但是天竺一幅畫的也不是印度人，而是佔據印度果阿（Goa）等地的葡萄牙人，因爲圖上畫了一個歐洲人跪在聖母瑪利亞和耶穌的像前。因爲利瑪竇等人初到中國，僞裝爲印度僧人，所以中國人有此誤解。說明蔡汝賢接觸到了西班牙人和葡萄牙人，但是很不瞭解他們的情況，把各地的葡萄牙人和西班牙人誤以爲是多國土著。

另外甘坡寨（卽柬埔寨，Cambodia）、三佛齊兩幅圖，各畫了一個人騎在大象上，這也不應該是蔡汝賢親眼所見，說明蔡汝賢的圖畫或許有想像成分。三佛齊（今蘇門答臘島的巴鄰旁）在元代就

17 湯開建：〈中國現存最早的歐洲人形象資料——〈東夷圖像〉〉，《故宮博物院院刊》2001年第1期。湯開建：〈蔡汝賢〈東夷圖說〉中的葡萄牙及澳門資料〉，《世界民族》2001年第6期。

18 [明]蔡汝賢：《東夷圖像一卷東夷圖說一卷嶺海異聞一卷續聞一卷》，《四庫全書存目叢書》史部第255冊。

已經衰落，明初已爲中國人佔據。圖上不應出現這個名字，說明這部書就像中國當時很多書籍一樣，把現實和歷史摻雜，來自實地考察的不多。另外黑鬼一幅畫的是葡萄牙人的黑奴，雖然中國人自從唐代就熟悉阿拉伯人的黑奴，但是這幅圖上的黑奴穿的是歐洲服裝，也算是中國人最新的見聞。

這本書的名字也很奇怪，既然畫的主要是來自南洋或從南洋來到中國的葡萄牙人、西班牙人，爲何叫《東夷圖說》？原來蔡汝賢在自序說，四夷之中，漢化最深的是朝鮮，其次是琉球，其次是安南，他爲了尊崇朝鮮，故有此名。說明蔡汝賢仍然用儒家的眼光來看待外國，現在我們還不淸楚蔡汝賢是如何得到葡萄牙、西班牙的資料，很可能來自澳門，因爲蔡汝賢自序說：「粵有香山濠鏡澳，向爲諸夷貿易之所，來則寮，去則卸，無虞也。嘉靖間海道利其餉，自浪白外洋，議移入內。歷年來，漸成雄窟。列廛市販，不下十餘國。夷人出沒無常，莫可究詰。閩粵無籍，又竄入其中，纍然爲人一大贅疣也……有經世之責者，試思之國凡二十有四，貌之者二十，間有與圖說左者。」圖說的文字也說到浡泥（汶萊）、彭亨（馬來西亞彭亨）、呂宋、咭呤（馬來西亞巴生）、順塔（爪哇島西北巽他）等國人來香山濠鏡澳貿易，說明他的南洋資料確實來自澳門。他又從史書中找到朝鮮、琉球、安南、占城、西洋、眞臘、暹羅、滿剌加、蘇門答剌、三佛齊、回回、錫蘭山資料，加在前面，拼成此書。但是這些從史書招來的資料早已過時，蔡氏不明白。

此書又附有〈嶺海異聞〉、〈嶺海續聞〉，其實〈嶺海異聞〉就是節錄黃衷的《海語》卷二〈海物〉，《嶺海續聞》是從各種史書中找出的資料，這種剽竊著作的行爲在晚明很常見。雖然如此，此書仍有重要價值，因爲不僅有中國最早的歐洲人形象6幅圖和非洲人形象1幅圖，還記載了澳門開埠初期的貿易資料，這些都是獨一無二的明代史料。湯開建先生指出，《東夷圖說》還是崇禎年間陳仁錫《皇明世法錄》、茅瑞征《皇明象胥錄》佛郎機的主要資料來源。一方面可見此書重要，另一方面也可看出晚明地理知識的停滯。

第五節　倭寇刺激下的日本學

明代記載日本地理的著作其實不多，雖然倭寇聲勢浩大，但是中國人對日本的研究有限。而且最重要的一部著作鄭舜功的《日本一鑒》，竟然至今無人整理再版，現在我們通常看的仍然1939年的影印本。不僅如此，學者對此書的研究極少，僅有3篇。朱鑒秋之文主要介紹鄭舜功記載的中日航路，但是只是簡介，沒有全部考證地名與航路。[19]童傑之文主要介紹鄭舜功的生平，鄭永常之文結合地圖分析鄭舜功的航路，但是他是在清代陳倫炯《海國聞見錄》地圖上示意標注，既未使用明代地圖或現代地圖，也未解釋全部地名。[20]這三篇文章都簡介了《日本一鑒》，但是我以爲都沒有仔細分析其成書過程。童傑在注釋中說，明代研究日本的書有《日本考略》、《日本圖纂》、《日本考》、《日本風土記》等，又說《日本一鑒》最爲深入，但是仍然沒有說到這些書的關係。

鄭舜功，徽州人。徽州是明代最著名的商人徽商家鄉，所以鄭舜功原來很可能也是一位海商。鄭永常之文引用日本傳說，說到鄭舜功曾經在嘉靖八年（1529年）到過日本。嘉靖三十四年（1555年）

19　朱鑒秋：〈〈日本一鑒桴海圖經〉及明代中日海上航路的研究〉，《海交史研究》2000年第2期。

20　童傑：〈鄭舜功生平大要與〈日本一鑒〉的撰著〉，《中南大學學報（社會科學版）》2014年第5期。

鄭舜功請求出使日本，兵部尚書楊博命他以國客身份出使。次年五月，鄭舜功從廣州出發，本想到日本京都，但是遇風停泊在豐後。他結交豐後大名大友義鎮，留居半年。三十六年（1557年）回到廣東，鄭舜功本想把情報提供給胡宗憲，但是遭到誣陷下獄。七年之後，鄭舜功才被釋放，但是仍然完成了《日本一鑑》。

今見最早的一部是定海縣庠生薛俊《日本國考略》，前有嘉靖癸未（二年，1523年）定海知縣鄭余作序，又有庚寅（九年，1530年）知縣王文光爲增補再刻本作序。全書僅有48頁，非常簡略。此書章節是：沿革略、疆域略、州郡略、屬國略、山川略、土產略、世紀略、制度略、風俗略、朝貢略、貢物略、寇邊略、文詞略、寄語略、評議略、防禦略，補遺增加了國朝貢變略。[21]

對比《日本國考略》與《窮河話海》，不難想到鄭舜功這部書的第一部分《窮河話海》其實就是對薛俊一書的增補，所以《窮河話海》的卷一是：本傳、天原、地脈、水源、時令、種族、氏姓、國君、職員。卷二是：疆土、城池、關津、橋樑、道路、室宇、人物附言土產、珍寶、草木、鳥獸、器用。卷三說：集議、國法、禮樂、巡行、服飾、男女、身體、冠笄、婚姻、農桑、紡織、譙牧、漁獵、飲食、藥餌、喪葬、鬼神、佛法。卷六是：流航、流通、被虜、征伐。卷七是：奉貢、表章、諮文、勘合、貢期、貢人、貢物、貢船、貢道、風汎、水火、使館、市舶、賞賜、印章、授節，卷八是：評議。卷九是：接使、海神。有些名目相同，排序也大致相同。

而且鄭舜功看過薛俊的書，他的《絕島新編》開頭收有11幅圖，即：〈中國東海外藩籬日本行基圖〉、〈豐後島夷意畫圖〉、〈初

21　[明]薛俊：《日本國考略》，《四庫全書存目叢書》史部第255冊。

梓考略圖〉、〈續梓考略圖〉、〈廣輿圖附圖〉、〈日本圖纂圖〉、〈夷都城關圖〉、〈夷王宮室圖〉、〈久保宮室圖〉、〈山城坊市圖〉、〈平戶島嶼圖〉。他在圖說的開頭說：「右第一圖日本諸島之圖也。按日本圖來中國者凡七，其一爲〈定海考略〉圖，其二亦〈定海續爲考略〉圖，其三予初至彼所得也，其四予久館彼得之也，其五從事於彼得者，其六爲〈廣輿圖〉所附者，其七爲〈圖纂〉之所繪者。」所謂〈定海考略〉，就是定海人薛俊的《日本國考略》，〈圖纂〉即鄭若曾的《日本圖纂》，《四庫全書提要》說：

> 此書乃其在胡宗憲幕府所作。以坊行《日本考略》一書外訛難據，因從奉化人購得南畧倭商秘圖，持以詢諸使臣、降倭、通事、火長之屬，匯訂成編。前為圖三幅，附以論說。後載州郡、土貢、道路、形勢、語言、什器、寇術，而儀制、詩表別為附錄。視若曾《萬里海防編》內所載較為詳密。其《針經圖說》，止載入貢故道，而間道便利皆隱而不言。蓋恐海濱奸宄得通倭之路，有深意存焉。

鄭若曾的《日本圖纂》也是增訂《日本國考略》，但是仍然遠遠不及鄭舜功的書。鄭舜功在《絕島新編》前言說到：

> 館彼六月，咨其風俗，詢其地位，得聞其說，得覽其書，覆按書言，皆合於一，其不我誑，豈非忠信之驗、文德之征者乎？故名從事，將其圖冊繪錄之，備按書編，遂為類聚，以寄祇役之談，歸於王師。

他的《絕島新編》是在日本半年期間詳細詢問所得，所以他稱爲新編。所謂新編，就是比薛俊、鄭若曾的資料新。

他的書中第三部分〈桴海圖經〉也是新資料，因爲鄭若曾害怕絕密的航海資料流傳，所以不敢公佈，但鄭舜功不僅寫出，還公佈了航海圖。〈桴海圖經〉有三部分組成，卷一〈萬里長歌〉，用詩歌描述從廣州到日本再回國的旅程，還附帶講述中日關係，卷二〈滄海津鏡〉畫出了從臺灣至日本都城的航海圖，卷三〈天使紀程〈主要是用文字描述日本海路，開頭說到：「前此圖程，惟紀海道，其他多島，不入圖編，況夷島之名，古今殊異，寄語更變，天使宜知。」因爲航海圖畫出了他的航路，但是未能介紹他未及之地，所以還要文字說明。

鄭舜功的這幅圖是明代中期中國最重要的航海圖，因爲明代中期航海衰落，所以中國的航海圖絕少。或許鄭若曾看到較好的航海圖，但是他不想公佈。鄭舜功的航海圖不僅畫出了臺灣及附屬的釣魚島諸島，還往往標出文字說明。這幅圖一直畫到本州，這在中國明代也是絕無僅有。

可是前人往往對他的航海圖大加讚賞，卻忘記思考一個問題，鄭舜功的長詩從廣州講起，爲何他的航海圖不畫廣州到臺灣的路線？照理說中國人更熟悉國內的航線，難道僅僅是因爲太熟悉就不畫嗎？

我以爲不是，因爲鄭舜功在出發之前尋找航海圖書資料，好不容易才找到一點資料，〈桴海圖經〉卷一開頭說到：

> 歲乙卯，（鄭舜）功方使日本，取道嶺南，惟時治事偵風，故召司方之人，以供其事。司方者，司趨向方之人也。爰究指南之書，而詢蹈海之要。廣求博采者久之，人有以所錄之書應者，謂之曰針譜。按考日本路經，言之未詳。後得二書，一曰《渡

> 海方程》，一曰《海道經書》。此兩者，同出而異名也。曆按是書，多載西南夷國方程。而日本程途，雖有其名，亦鮮有詳者。一曰《四海指南》，內載三□□□王進之，使日本，取道太倉、[南]田、[22]韭山，放洋而往，取野顧（寄音），次抱里（寄音），沿入其都，夫彼路經，如斯而已……丙辰仲夏，人事既具，風汎乃期，我方津發，自廣至倭，山水物色，見無不詢，詢無不志，雖不得乎山海文字之精詳，亦必記其聲音向方之仿佛，既入其境……（鄭舜）功以摹圖一本，前賦長歌一闋，又次述其方輿焉，目曰《桴海圖經》。

他說他先找到《渡海方程》、《海道經書》，但是多是記載西南夷，很少記載日本。又找到《四海指南》，記載日本航路稍多，但是也不詳細。可是鄭舜功出使之後，就畫出了詳細的航海圖，現在人看來似乎容易，古代根本不可能，一個人初次經過，不可能畫出如此詳細的地圖。而且這幅圖上有鄭舜功未到之處，所以我懷疑這幅圖是鄭舜功參考了船民的私藏地圖。

另一部書《日本考》，作者署名李言恭、郝傑，前人已經根據二人在書前的官銜，考證此書在萬曆二十年（1592年）刊刻。非常奇怪的是，這本書與浙江總兵侯繼高的《兩浙兵制》附錄的《日本風土記》基本完全相同，除了版心被挖改，第一頁不同，其餘完全相同。《日本考》的第一頁比《日本風土記》簡化，所以前人懷疑《日本考》是李言恭、郝傑剽竊《日本風土記》，他們直接獲得了侯繼高的刻板，或許侯繼高也不是原作者，原作者是提供情報供

---

22 此處原文僅有一個田字，顯然缺字。我補上南字，南田在象山縣南部，韭山西南，是一個大島。

侯繼高這樣的官員使用。[23]我以爲這個推斷非常合理，李言恭是總督京營戎政少保兼太子太保、臨淮侯，郝傑是協理京營戎政都察院右都御史兼兵部右侍郎，這樣的高官不可能有時間來寫一部日本著作。明代文人剽竊著作成風，高官自然更不在話下。李言恭、郝傑職位較高，所以自然能獲得侯繼高的刻板。《日本考》雖然未提中日關係，但是描述日本非常詳細。

總之，明代初年，因爲來自江北的農民武裝與來自浙東的保守儒家結合，共同設計了明朝的政治制度，所以明朝的對外政策比中國歷史上任何一個朝代都要保守。鄭和下西洋的目的不是去海外探索，而是消解國內矛盾，用官方貿易取代民間貿易，打擊民間海商，召回海外華僑，剷除海上敵對勢力，製造萬國來朝的景象，鞏固朱棣的專制。[24]鄭和下西洋結束之後，明朝更加封閉。因此明朝中後期的士大夫對海外知之甚少，不僅停留在鄭和下西洋時代的知識水準，甚至出現狀元、進士都把漢代張騫出使的西域與明代的西洋混淆的笑話，這是明代中後期科學落後的最好反映。

我們從明代中期中國人的海外地理知識的嚴重退步，就可以看出牛津大學所藏的這幅明末福建海商畫出的最新海外地圖是多麼重要。不僅如此，這種最新海外地圖不是簡單重複陳舊的〈鄭和航海圖〉之類地圖，也不是簡單照抄外國人的地圖，而是把中外地圖巧妙地融合在一起。說明此時中國人和外國人的文化融合已經不再停留在淺顯的層次，而且這種中西融合的最新地圖還不止牛津大學所藏的這一幅。

23　汪向榮、嚴大中校注：《日本考》，北京：中華書局，1983年，前言第23—24頁。

24　周運中：《鄭和下西洋新考》，第6—30頁。

第七章　明清中西融合地圖的先導

在明末閩南海商創作中西融合地圖之前，元末明初已經出現了一種中西融合地圖，即中國地圖和阿拉伯地圖融合而成的世界地圖。到了晚明，受到西方天主教的傳教士影響，中國士大夫又編繪了一些中西融合地圖。這種士大夫編繪的中西融合地圖和閩南海商編繪的中西融合地圖，有很大差別。

第一節　元代到明初出現的中西融合地圖

中國古代繪製地圖的傳統源遠流長，現存最早的地圖是甘肅放馬灘發現的木板地圖。但是中國現存的中外地圖融合之作，最早僅能追溯到元代。

元末明初的烏思道《刻輿地圖自序》說：「本朝李汝霖《聲教被化圖》最晚出，自謂考訂諸家，惟《廣輪圖》近理，惜乎山不指處，水不究源，玉門、陽關之西，婆娑、鴨綠之東，傳記之古跡，道途之險隘，漫不之載。及考李圖，增加雖廣而繁碎，疆界不分而混淆。」李汝霖的生平不詳，《元典章》卷三十四「軍官再當軍役條」說到：「至元十五年十二月初六日，福建行省准樞密院諮：[來諮：]水軍萬戶府知事李汝霖等告。」[1]我根據這一記載與圖上的漢語翻

1　陳高華等點校：《元典章》，中華書局、天津古籍出版社，2011年，第1167

譯用字等情況，推測李汝霖很可能是這個元初在泉州做官的李汝霖。[2]

元代李汝霖的〈聲教被化圖〉未能留存，但是被融入了明代的〈大明混一圖〉和〈混一疆理歷代國都之圖〉。〈大明混一圖〉現在保存在中國第一歷史檔案館，爲洪武二十二年（1389年）在宮廷繪製。縱3.86米，橫4.56米，應是皇帝專用地圖。〈混一疆理歷代國都之圖〉是朝鮮人繪製，但是留存的多個版本現存於日本。據圖上的跋文說，建文四年（1402年）朝鮮到中國的使者金士衡、李茂、李薈等根據元代李澤民〈聲教廣被圖〉和清濬〈混一疆理圖〉繪製了這幅圖，又由權近根據朝鮮的地圖增繪了朝鮮和日本部分。所以〈大明混一圖〉和〈混一疆理歷代國都之圖〈的西方部分非常接近，出自同源。[3]

元代的中西融合地圖，非常接近晚明中國人受到西方傳教士影響而繪製的中西融合地圖，都把中國部分放大，佔據地圖中間的主要位置，反映了中國人的天朝大國心態。

頁。

2　周運中：〈〈混一疆理歷代國都之圖〉南洋地名的五個系統〉，《元史及民族與邊疆研究集刊》第31輯，上海古籍出版社，2016年。

3　汪前進、胡啟松、劉若芳：〈絹本彩繪大明混一圖研究〉，曹婉如、鄭錫煌、黃盛璋、鈕仲勳、任金城、秦國經、胡邦波編：《中國古代地圖集（明代）》，文物出版社，1995年，第51—55頁。[日]高橋正、朱敬譯：〈元代地圖的一個譜系——關於李澤民譜系地圖的探討〉，任繼愈主編《國際漢學》第七輯，大象出版社，2002年。[日]宮紀子：《モンゴル帝國が生んだ世界図》，日本經濟新聞出版社，2007年。[日]藤井讓治、杉山正明、金田章裕：《大地の肖像——絵図・地図が語る世界——》，京都大學學術出版會，2007年，第54—69頁。劉迎勝主編：《〈大明混一圖〉與〈混一疆理圖〉研究——中古時代後期東亞的寰宇圖與世界地理知識》，鳳凰出版社，2010年。

有學者認爲明代至今，中國人繪製的世界地圖都把中國放在中心，是利瑪竇爲了迎合中國人的需要所爲。我認爲這種傳統可以追溯到元代，甚至更早，很可能是中國人自己調整，而不是西方人所爲。還需要說明的是，雖然〈大明混一圖〉是宮廷地圖，但是也不能否定有類似的地圖在民間流傳。羅洪先〈廣輿圖〉的〈西南海夷圖〉就出自元代中國人繪製的世界地圖，所以晚明的中西融合地圖也可能是受到明初這類地圖的影響。

第二節　傳教士影響出現的中西融合地圖

西方天主教的傳教士最早僞裝成佛教僧人，打入中國內地，萬曆七年（1579年）。傳教士羅明堅（Michael Ruggieri，1543—1607）受耶穌會遠東視察員范里安（Alexandre Valignani，1538-1606）之命，從印度抵達澳門。九年（1581年），進入廣州。十年（1582年），利瑪竇抵達澳門。十一年（1583年），羅明堅和利瑪竇進入廣東肇慶，建立仙花寺，傳播天主教。他們發現中國僧人地位不及儒士，於是在萬曆二十三年（1596年）被驅逐到韶州時，又換上了儒服，通過結交士大夫在中國傳教。

不僅如此，利瑪竇爲了獲得中國士大夫的好感，還默許中國的天主教徒們祭祖、祭孔，也卽所謂的利瑪竇規矩，遭到耶穌會中很多人的反對，從此引發長達百年的禮儀之爭。利瑪竇等早期西方傳教士，還通過地理、數學、天文、機械等科技知識吸引中國士大夫，其中影響最大的就是利瑪竇繪製的世界地圖。前人對利瑪竇繪製的世界地圖已有深入研究，利瑪竇在肇慶、南昌、南京、北京繪製了很多世界地圖，並贈送給中國達官貴人，獲得了廣泛影響。利瑪竇的世界地圖除了原件，還被改編，收入章潢《圖書編》、周于漆《三才實義》、馮應京《月令廣義》、王圻《三才圖會》、游藝《天經或問》、程百二《方輿勝略》、潘光祖《輿圖備考》、徐敬儀《天象儀全圖》、熊明遇《格致草》、熊人霖《地緯》、王在晉《海防纂要》等多種中國人的著作，還有很多中國人用文字介紹了他們看到的利瑪竇世界地圖。[4]

此時出現了一種中國人改繪的利瑪竇世界地圖，現存有兩幅這樣的地圖。《乾坤萬國全圖古今人物事蹟》，爲英國收藏家菲力浦·羅賓遜（Philip Robinson）收藏，這幅圖看起來是中國地圖，其實周邊還把利瑪竇世界地圖上的很多內容融入其中，不過中國部分佔據了圖上的主要內容。圖的上方有作者的序文，可知這幅圖是常州府無錫縣儒學訓導梁輈編繪，萬曆癸巳（1593年）南京吏部四司刻於正己堂。

序文說：「嘗謂爲學而不博夫古，無以盡經理之妙。好古而不窮夫遠，無以盡格致之功。是以《禹貢》之書，歷乎九州。《職方》之載，罄乎四海。班氏因之而作《地理志》，則圖史之從來久矣，考古證今者所必資也。此圖舊無善版，雖有〈廣輿圖〉之刻，亦且掛一而漏萬。故近睹西泰子之圖說，歐邏巴氏之鏤版，白下諸公之翻刻有六幅者。始知乾坤所包最鉅，故合衆圖而考其成，統中外而歸於一。內而中華山河之盛、古今人物之美、或政事之有益於生民、節義之有裨於風化、或理學之有補於六經者，則注於某州某縣之側。外而窮荒絕域，北至北極，南越海表，東至汪澤，西極流沙。而荒外山

4　黃時鑒、龔纓晏：《利瑪竇世界地圖研究》，上海古籍出版社，2004年，第1—60頁。

川風土異產，則注于某國某島之傍。一皆核群書，稽往牒，庶幾一覽。則乾坤可羅之一掬，萬國可納之眉睫。不必梯山航海，而能臥遊六合。不必廣蒐博采，而能智徹古今。格物致知之學，未必無少補也。」

可見這幅圖的作者明確說是綜合中外地圖，融爲一體，創作此圖，可謂晚明中西融合地圖的先導。這幅圖刻印早于利瑪竇進入南京，所以在利瑪竇到南京前，他在廣東刊刻的世界地圖已經傳到南京。

值得注意的是，其中還提到了利瑪竇的圖說，這部圖說不是世界地圖，而是配合地圖的文字。利瑪竇在南昌，送《寰宇圖志》（義大利原文爲Descrittione di tutto il mondo univserale）給建安王，但是這部書已經失傳。我在明寧王朱權七世孫朱謀㙔的《異林》中發現了利瑪竇《輿圖志》的12條佚文，《異林》是萬曆間在臨川刊刻，所引的《輿圖志》無疑就是源自利瑪竇贈送給建安王的《寰宇圖志》。[5]

5 周運中：〈利瑪竇〈輿圖志〉佚文考釋及其他〉，《自然科學史研究》2010年第4期。

▲《乾坤萬國全圖古今人物事蹟》[6]

6　曹婉如、鄭錫煌、黃盛璋、鈕仲勳、任金城、秦國經、胡邦波編：《中國古代地圖集（明代）》，圖145。

另一幅很類似的地圖是崇禎十七年（1644年）金陵曹君刊行的〈天下九邊分野人跡路程全圖〉，從圖名到內容都是模仿梁輈地圖。這幅圖的中間部分也是以中國地圖爲主，但是周邊從傳教士地圖中採集的世界地圖不僅更加接近原形，還畫出了地球的輪廓。說明這幅圖不是對梁輈地圖的簡單模仿，而是有所改進。這幅地圖也是在南京刊刻，說明這類地圖的流行地域很可能是在南京周邊。南京是明代的陪都，保留國子監，因爲南京人才更多，所以時人認爲南京國子監地位高於北京國子監，太倉人王世貞給趙汝師的信說：「竊謂省院大小，南北徑庭，何啻倍蓰？獨南雍之重，逾於北雍，人材固爾也。」[7]南京有很多書坊，刊印了大量重要著作，所以才有這種中西融合地圖的出現。

這幅地圖在清代仍在流行，日本龍谷大學藏〈大明九邊萬國人跡路程全圖〉是清代翻刻本，圖上的序文說是康熙二年（1663年）姑蘇王君甫發行。[8]

---

7 [明]王世貞：《弇州山人四部續稿》卷一百九十四，《影印文淵閣四庫全書》第1284冊，第764頁。

8 龍谷大學圖書館網站：http://www.afc.ryukoku.ac.jp/kicho/cont_14/14821.html?l=2,4。

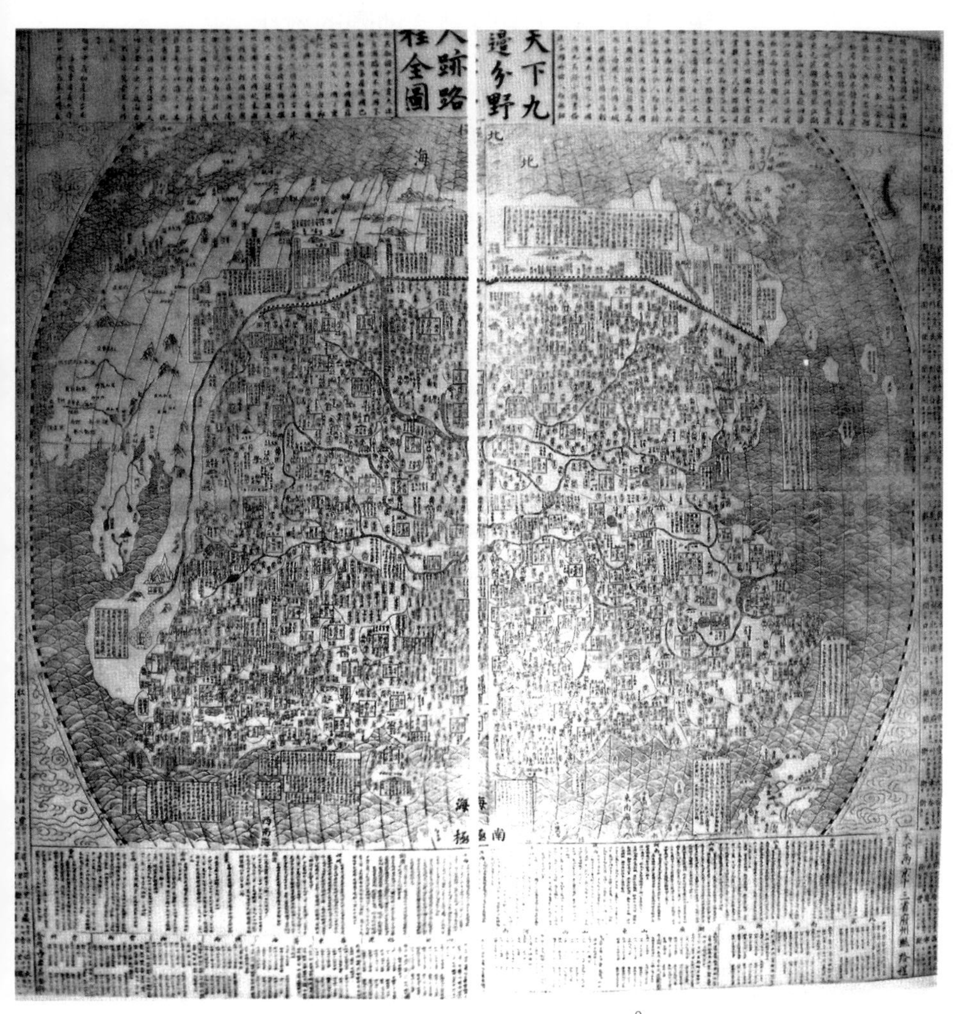

▲〈天下九邊分野人跡路程全圖〉[9]

9　曹婉如、鄭錫煌、黃盛璋、鈕仲勳、任金城、秦國經、胡邦波編：《中國古代地圖集（明代）》，圖146。

第三節　多種中西融合地圖的對比

無論是李汝霖的〈聲教廣被圖〉，還是〈大明混一圖〉、〈混一疆理歷代國都之圖〉和晚明士大夫根據傳教士世界地圖改繪的中西融合地圖，都是上層人士編繪。這種中西融合地圖和明末閩南海商編繪的中西融合地圖，有很大差別。上層人士編繪的中西融合地圖多數取材于文本資料，而不是親身經歷的資料，編者未曾出海勘測。

而明末閩南海商編繪的中西融合地圖，很多地方是海商親身經歷之地。牛津大學藏的這幅地圖，作者未曾到過西洋航路，所以圖上的西洋航路有很多錯誤。但是東西洋的航行方法一致，如果作者親自到西洋航路航行，相信會很快改正錯誤。雖然很多學者認爲牛津大學藏的這幅地圖不是實用地圖，但是我們應該肯定這種中西融合地圖源自實用地圖。

而上層人士編繪的中西融合地圖從來不是爲了實用，而是爲了世界地理的需要，甚至是解釋儒家經典的配圖，比如馮應京的《月令廣義》就是爲了解釋《禮記·月令》。或是作爲類書的資料，比如章潢《圖書編》。

上層人士編繪的中西融合地圖，留存很少，或者冷藏在深宮，至今無法深入研究，比如〈大明混一圖〉。或者流傳在海外，中國人長期看不到，比如〈混一疆理歷代國都之圖〉。或者在外國收藏家之手，或者是圖書館的孤本。而且，這類地圖的影響力在逐漸減退，清代基本看不到這種地圖。

而海商編繪的中西融合地圖，似乎生命力更強。下文將要說到，我們現在不僅能看到三種清代版本閩南海商繪製的中西融合地圖，相信還有更多版本在清代海船上使用，不過未能留存而已。因爲是這種圖是實用航行圖，所以更有生命力。這種閩南海商繪製的中西融合地圖，還對中國地圖產生了很大的影響，出現了加上南洋航路的〈大清萬年一統輿地圖〉。

元代中西融合地圖，主要是結合中國地圖和阿拉伯地圖，所以詳于陸路，略於海上。晚明中西融合地圖，主要是結合中國地圖和歐洲地圖，所以海路更爲重要。元初朝廷就曾索取泉州的外文航海圖，元《秘書監志》卷四說：「至元二十四年二月十六日，奉秘書監臺旨：福建道遍海行船回回每，有知海道回回文剌那麻，具呈中書省行下合屬取索者。奉此。」陳得芝先生指出，剌那麻是波斯文rah-nama的音譯，意爲指路書、地圖、海圖。[10]我又論證，元代中西融合地圖的海洋部分，很多內容源自東南沿海的航海圖。可見，晚明廈門灣海商繪製的中西融合地圖，從歷史大勢來看，其實是延續宋元以來的傳統。

其實明初鄭和下西洋使用的〈鄭和航海圖〉，很多內容也融合了阿拉伯航海圖，我曾有論證。[11]只不過因爲明朝的海禁，致使繪製中西融合地圖傳統在明朝中期中斷。

世界各地文明的交流依靠旅行者完成，旅行最重要的工具是地圖。地圖不僅是文明交流的工具，也在文明交流中不斷融合，成爲文明交流的證明。地圖的融合自古以來就有，只不過早期的地圖

10　陳得芝：〈元代海外交通的發展與明初鄭和下西洋〉，《蒙元史研究叢稿》，人民出版社，2005年，第422頁。

11　周運中：《鄭和下西洋新考》，第323—328頁。

不易保存下來。當然，地圖的融合也不是直線發展，從明清中西融合地圖來看，就受到官方海禁、朝代鼎革等政治原因影響而出現很多波折。這種波折有時非常劇烈，使得前一個時代產生的中西融合地圖爲下一個時代遺忘。

明末閩南海商未必知道〈鄭和航海圖〉，清代人早已遺忘〈鄭和航海圖〉。近代〈鄭和航海圖〉研究始於英國人，中國人近代研究鄭和下西洋晚於外國人。〈大明混一圖〉、〈混一疆理歷代國都之圖〉至今未得到中國人的普遍重視，牛津大學藏明末閩南航海圖是被偶然發現，中國人對這幅地圖的認識很不深入。下文所說的郁永河〈宇內形勢圖〉也是被偶然發現，〈東洋南洋海道圖〉、〈西南洋各番針路方向圖〉是爲了出版澳門古地圖集而被公佈。中國歷史上的中外地圖融合史研究，尚未得到充分研究。由於航海圖本來長期得不到中國學界重視，所以中外融合的航海圖更容易被忽視。所以過去雖然有很多學者提到古代航海圖中融匯的外國地圖因素，但是基本未有人提到古代航海圖融匯外國地圖的傳統。

第八章　明末清初閩南中西融合地圖

除了東南亞的馬來人與日本人，明末清初的中國人也繪製了一系列融合東西方地圖的新地圖。除了牛津大學收藏的這幅明末航海圖，明末清初閩南人繪製的新式航海圖，其實還有三幅，即〈宇內形勢圖〉、〈東洋南洋海道圖〉、〈西南洋各番針路方向圖〉。

第一節〈宇內形勢圖〉

康熙三十六年（1697年），福州府海防同知的幕僚郁永河到臺灣採集硫磺，次年寫成《裨海紀遊》，這是臺灣史的名著，久為學界熟知。方豪曾將此書整理出版，但是此版遺漏了一篇重要文獻〈宇內形勢〉。[1]許俊雅校釋本收入了〈宇內形勢〉，但是沒有收入此文的附圖。[2]

周翔鶴先生在安徽桐城縣人許奉恩的《蘭苕館外史》卷九，發現一篇〈宇內形勢〉，另附一幅地圖，其下的文字說明是：「里乘子曰：右圖固摹郁君原本所繪者，海內外各處朗若列眉，梯航者觀之，亦可知所考焉。」周先生認為〈宇內形勢圖〉出自郁永河《裨海

1　[清]郁永河：《裨海紀遊》，《臺灣文獻叢刊》第44種，臺灣銀行，1959年。

2　許俊雅校釋：《裨海紀遊校釋》，國立編譯館，2009年。

紀遊》，內容來自中國東部沿海和西南邊疆地理及海上交通知識，前者受茅元儀《武備志》、鄭若曾《籌海圖編》的影響，後者得自舟師。繪圖風格仍然是圖畫式的地圖，與《鄭和航海圖》類似。他又有專文詳細研究圖上的地名與航線，還比較〈宇內形勢圖〉與牛津大學藏明末航海圖、耶魯大學藏清代航海圖。[3]

陳宗仁先生認爲〈宇內形勢圖〉的畫法是從《籌海圖編》而來，上半部分也卽中國東部海岸的中心從日本轉移到了廈門與臺灣一帶，下半部分也卽南海周圍部分也出自中國商人與水手的東南亞海域知識。歐洲海圖有經緯度，注重比例，但是此圖仍甚粗略，似乎沒有參考過歐洲海圖，但是此點仍然有待討論。陳先生認爲此圖的航路仍然是東西兩洋的結構，圖上的臺灣、澎湖被放大，廈門是起點，反映的是閩南人的海域世界觀，其空間關係不是依照自然地理如潮流、季風、島群分佈，亦非受限制於交通技術條件如遠近、險阻與否，而是反映康熙開海之後的東亞海域貿易形勢，此圖是一幅商業角度的海域圖，刻畫了十七到十八世紀的東亞海域的地緣政治結構。[4]

周、陳二先生之文有開拓之功，但是他們過分強調了《武備志》和《籌海圖編》中傳統地圖對〈宇內形勢圖〉的影響。我的看法有所不同，衆所周知，茅元儀的《武備志》不過是他編輯的一部

3 周翔鶴：〈從郁永河〈裨海紀遊〉宇內形勢圖說明清時期中西文化交流〉，輔仁大學歷史系舉辦第六屆文化交流史暨方豪教授百年誕辰紀念：先驅、探索與創新國際學術研討會，2010年5月15日。周翔鶴：〈胸中的航海圖——郁永河〈裨海紀遊〉手繪〈宇內形勢圖〉（示意圖）研究〉，《海交史研究》2014年第2期。

4 陳宗仁：〈前往東、西洋：〈宇內形勢圖〉解析及其地緣政治想像》，《臺灣史研究〉第19卷第3期，2012年。

軍事類書，其中海圖並非原創，我曾經發現明末的南京兵部志《南樞志》也有一幅〈鄭和航海圖〉，版本有所不同。[5]《籌海圖編》的海圖更是明朝後期的海圖，這兩種海圖的畫法都不是始於明代。〈鄭和航海圖〉是航海者在海上看陸地的對視圖，《籌海圖編》的〈沿海山沙圖〉是陸上人在海岸看海上的對視圖，本質都是對視圖，但是位置恰好相反。對視圖是一種最簡單的觀測圖，因為跟隨畫圖者的腳步移動，所以形成長卷地圖。

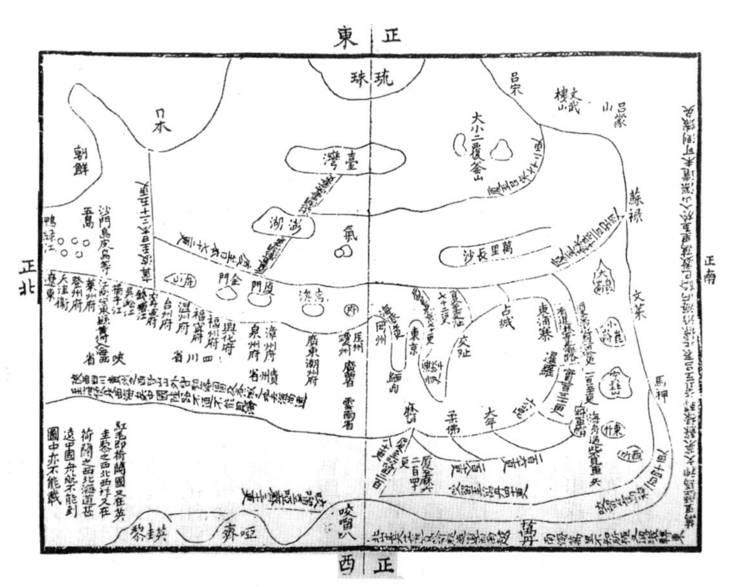

▲ 郁永河〈宇內形勢圖〉[6]

5　周運中：〈論《武備志》和《南樞志》的〈鄭和航海圖〉〉，《中國歷史地理論叢》2007年第2期。

6　[清] 許奉恩：《里乘》，《續修四庫全書》第1270冊，第169頁。《續修四庫全書》影印復旦大學藏光緒五年（1879年）常熟抱芳閣刻蘭苕館外史本，此本把〈宇內形勢圖〉印在全書之首。

那麼，〈宇內形勢圖〉是不是這種對視圖呢？其實完全不是，這幅地圖並非長卷地圖，更不是陸上人或海上人對視圖，這是一幅平面地圖，傳統的中國海圖不能顯示海陸全貌，每一頁上只能顯示航路附近的局部地區，但是〈宇內形勢圖〉的大海在中間，周圍是大陸和群島，和中國傳統海圖完全不同。〈宇內形勢圖〉方向是上東下西，左北右南。之所以出現這樣的方向，是因爲這幅地圖原爲手繪，南北方向長，東西方向窄，所以改爲刻本時，把南北方向改爲左右，分爲兩頁，而東西方向變成上下，是一頁的高度。如果南北方向變成上下，則全圖在一頁上，就不能清晰顯示。

〈鄭和航海圖〉的航路雖然多有曲折，改爲刻本時有所扭曲，但是總體方向是東西方向，在刻本上變成左右方向，南北是上下方向，因爲從中國到西亞及東非的航路是東西特別長，而南北幅度不大。

〈沿海山沙圖〉是中國南北海岸，所以南北方向變成了刻本的左右方向，這一點和〈宇內形勢圖〉一致，而與〈鄭和航海圖〉相反。這給人一種錯覺，使人誤以爲〈宇內形勢圖〉與〈沿海山沙圖〉類似，其實這僅是由原圖反映的地域到底是東西長還是南北長決定，由中國刻本的上下長、左右窄的特點決定，不能說明〈宇內形勢圖〉、〈沿海山沙圖〉的本質相同。因爲中國人最早在竹簡上寫字，每一片竹簡是上下特別長，左右特別窄，所以後來變成了手卷和刻本時，還是從上到下寫，還是上下長、左右窄。這種印刷形式制約了中國古書中的地圖呈現形式，使得古人必須把南北長、東西窄的地圖在印刷時顛倒方向。

〈宇內形勢圖〉的中心是海域，周圍是大陸、半島和群島，這種畫法不是中國傳統地圖，而是來自西方地圖。與此圖最像的地圖有三幅，一是牛津大學鮑德林圖書館所藏的明末廈門灣閩商航海圖，二是施琅之子施世驃（1667—1721）進呈的〈東洋南洋海道圖〉，三是滿人覺羅滿保（1673—1725）進呈的類似地圖。

牛津大學所藏明末閩商航海圖和〈宇內形勢圖〉有四個共同點：

1.二者都是中西合成，底圖來自西方底圖，而圖上的航路、地名完全是中國傳統。

2.二者航路起點都在廈門灣，起點完全相同，地域完全相同，也是東南亞和東亞。陳宗仁之文解釋〈宇內形勢圖〉以廈門爲航路起點時僅僅引用了清代的廈門史料，其實廈門的地位是在明末凸顯，〈宇內形勢圖〉上廈門的中心地位應該追溯到明末的地圖，而不能局限在清代。

3.〈宇內形勢圖〉與明末廈門灣閩商航海圖都把爪哇島到帝汶島這一大片群島畫成一個島，這種畫法可能有傳承關係，根源都是中國人對爪哇以東的群島缺乏瞭解。

4.〈宇內形勢圖〉和明末廈門灣閩商航海圖都在邊緣標出荷蘭和英吉利，〈宇內形勢圖〉最西南的地方象徵性地畫出了從亞齊到英圭黎的航線，〈宇內形勢〉說：「啞齊之外，中國舟航不能往，相傳尙有英圭黎（音英雞立，產哆囉呢、嗶吱、西洋布、嘉紋席、玻璃器皿，與咬留叭等，而皆優於咬留叭）、荷蘭（即紅毛）、大西洋等國，皆在西海外，莫可究詰……荷蘭、大西洋遠在西海外，相傳有黑洋，晝夜如墨，人不能往，商舶不過至咬留叭而止。咬留叭本非荷蘭，特爲紅毛所占，設官守土，不知者因目爲紅毛。英圭黎亦然。荷蘭人鷙悍狡獪，大西洋又甚焉。近歲呂宋亦謂紅毛所據，分土番爲二十四邦。紅毛與西洋人雜治之，故荷蘭者，大西洋之附庸也。」〈宇內形勢圖〉上文字說：「紅毛卽荷蘭國，又在英圭黎之西北，西洋又在荷蘭之西北，海道甚遠，中國舟航不能到，圖中亦不能載。」所謂紅毛與西洋分治呂宋，指的就是荷蘭與西班牙人、葡萄牙人爭奪菲律賓南部的香料群島，其實是明末之事，或是郁永河聽聞有誤，或是他看到明末的記載。

英圭黎的譯法也可以追溯到明末航海圖的黃哇黎，二圖都寫出英國、荷蘭，因爲這是17世紀新興的海上強國。李旦和英國人、荷蘭人都很熟悉，所以他要在圖上標注英國和荷蘭的位置。

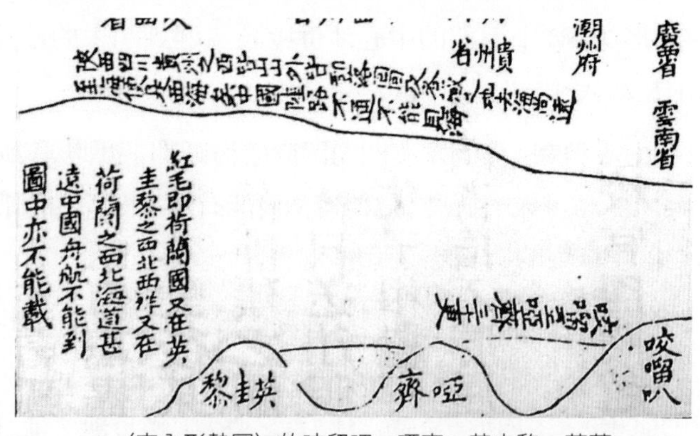

▲〈宇內形勢圖〉的咬留吧、啞齊、英圭黎、荷蘭

陳宗仁先生認爲〈宇內形勢圖〉出自閩南海商，此說可以成立，我上文已經說過此圖的源頭是明末的閩南商人的中西融合地圖。但是陳先生說此圖的空間關係不是依照自然地理如潮流、季風、島群分佈，亦非受限制於交通技術條件如遠近、險阻與否，我

認為此說不能成立。海上航行的人無論是因為何種目的下海，必然要首先關注海潮、風向、島礁，必然要計算路程遠近與時間長短，以決定準備的糧食、蔬菜、淡水的數量，這比攜帶國書、商品、經卷更為重要，否則會葬身大海。我們不能因為〈宇內形勢圖〉不太精確就說此圖的原版不注意自然地理和航行技術，古代的地圖多方傳抄，又經刻本改繪，所以可能早已不是航海者所用的原圖。

〈宇內形勢圖〉經過傳抄和刻印，原圖多有扭曲，反映在海島和陸上地名的錯位，圖上的苧盤山在暹羅附近，此島即今雕門（Tioman）島，其實在今馬來西亞彭亨州之東。圖上的將軍帽在六坤附近，其實將軍帽是今馬來西亞柔佛州東部的丁宜（Tinggi）島，應在柔佛附近。此圖的陸地部分被壓縮，而海島則沒有壓縮，所以產生錯位。

此圖的重要性在於突出地顯示出苧盤山、將軍帽附近的東竹山、西竹山，東、西竹山又名上、下竺，自從宋代以來就很著名，《嶺外代答》卷三〈航海外夷〉說：「三佛齊之來也，正北行舟，曆上下竺，與交洋，乃至中國之境。其欲至廣者，入自屯門，欲至泉州者，入自甲子門。闍婆之來也，稍西北行舟，過十二子石，而與三佛齊海道，合於竺嶼之下。」[7]伯希和認為《星槎勝覽》東西竺是奧爾（Aur，即馬來語的竹）島，費琅認為是阿南巴斯（Anambas）群島，範文濤認為伯希和之說是而費琅之說非。其後學者多從其說，米爾斯、《新編鄭和航海圖集》、韓振華、《古代南海地名匯釋》都認為是一個島，我已經指出前人之說不確，東竹山是奧爾島，西竹山

7　[宋]周去非著、楊武泉校注：《嶺外代答》，北京：中華書局，1999年，第126頁。

是巴比（Babi，馬來語的豬）島，[8]此圖再次證明了我的觀點。

前人雖然關注了〈宇內形勢圖〉的針路，但陳宗仁之文論述圖上的針路不全，今按〈宇內形勢圖〉上的針路如下：

廈至日本七十二更

廈至澎湖七更，澎湖至臺五更

廈至呂宋七十二更，廈至蘇祿一百四十更

廈至東京七十更，海港七更

廈至交趾七十二更，海港十二更

（柬埔寨）有進港五十更，海路實一百三十更

廈至暹羅一百八十更

（六坤）一百五十更

（大年）一百六十更

（柔佛）一百八十更

廈至麻六[甲]二百四十更

廈至咬留[吧]二百八十更

咬留[吧]至萬丹四十更

咬留[吧]至馬神一百四十更

咬留[吧]至啞齊三十更

寧波至日本三十五更

其實〈宇內形勢圖〉上的廈門到東南亞各地的針路出自閩南商人，流傳于東南海上，不是此圖特有。清代李增階的《外海紀要》也記載了廈門到東南亞各地的針路，李增階（1774—1835）是閩浙總督李長庚的侄子，清嘉慶三年（1798），隨李長庚征剿蔡牽海上武

8 周運中：《鄭和下西洋新考》，第180—182頁。

裝，李長庚戰死，李增階與蔡決戰于黑水洋，擊斃蔡牽，因而升任廣東水陸提督，道光朝授南洋總巡大臣。此書有一段《福建廈門行舟外海番國順風更期水程》，記載了廈門到南洋的28條針路，其中與〈宇內形勢圖〉有關的記載是：

至安南三十六更
至嗎辰三百六十零更
至蘇鹿一百四十零更
至暹羅一百八十零更
至嘛吶甲二百更
至加嵧吧二百四十零更[9]

二者對比，廈門到蘇祿（蘇鹿）都是一百四十更，到暹羅都是一百八十更，但是到安南（交趾）、班格爾馬辛（嗎辰）、麻六甲（嘛吶甲）更數不同，《外海紀要》的廈門到班格爾馬辛是從南海直航，所以只有三百六十更。二者的廈門到麻六甲與廈門到雅加達都相差四十更，說明二者的記載都可信，但是《外海紀要》從廈門到麻六甲的航路不同，省去四十更。

陳宗仁之文認爲全圖的交通網反映出三個地域群，其中心是廈門、寧波、雅加達。其實圖上從廈門到日本的針路經過寧波附近，寧波出發的航路只有一條，雅加達到班格爾馬辛、萬丹、亞齊的航路不過是廈門到雅加達航路的延伸，從雅加達出發的針路只有三條，所以我認爲圖上的中心只有廈門一個。〈宇內形勢圖〉的中心是海洋，而非陸地，所以圖上的海島被放大，從這一點來說，

9　陳峰輯注：《廈門海疆文獻輯注》，廈門大學出版社，2013年，待刊。

圖上廈門地位的突出，本質也是海洋地位的突出。

〈宇內形勢圖〉的呂宋在大小二覆釜山的東北，航線向東北繞，所以〈宇內形勢〉說：「往呂宋者，由廈門渡澎湖，循臺灣南沙馬磯，斜指東南巽方，經謝昆尾山，大小覆釜山，遶出東北，計水程七十二更。」大小覆釜山是今馬尼拉灣東北的兩座火山，形似覆釜，又名覆鼎，見第二章第四節。此圖誤把這兩座山畫在海中了，作者可能不是東洋商人，也可能是後人摹繪失誤。

第二節〈東洋南洋海道圖〉、〈西南洋各番針路方向圖〉

無獨有偶，康熙年間施世驃進呈的〈東洋南洋海道圖〉，紙本彩繪，縱169釐米，橫132釐米，背面有「福建水師提督施世驃進呈」的標籤，繪出我國到東南亞各國的海道，據考此圖在其任上繪製，則爲康熙五十一年到六十年（1712—1721年）。[10]

施世驃（1667—1721），施琅第六子，康熙二十二年（1683年）跟隨施琅渡海平臺。四十七年（1708年）任廣東提督，五十一年（1712年）調福建水師提督。六十年（1721年），朱一貴在臺灣起兵，施世驃從廈門抵達臺灣安平（今臺南），會合南澳鎮總兵藍廷珍，平定朱一貴，同年卒于臺南。

該地圖把東南亞不同國家的海岸用不同顏色表示，輪廓比較精準，東南亞的很多極小的島嶼都畫出來了，應該是參考了西洋地圖。[11]但是此圖的航海針路所用術語完全是中國的傳統，以更計

10 鄒愛蓮、霍啟昌、霍華：《澳門歷史地圖精選》，華文出版社，2000年，第34頁。

11 韓振華：《西方史籍上的帕拉塞爾不是我國西沙群島》、《古「帕拉塞

算，起點也是廈門港。

所以此圖與牛津大學藏圖、郁永河〈宇內形勢圖〉是同源地圖，雖然郁永河去臺灣較早，〈宇內形勢圖〉可能較早繪出，但是〈宇內形勢圖〉很不精確，所以我們不能說郁永河的地圖是〈東洋南洋海道圖〉的祖圖，兩幅圖可能有另一種共同的祖圖。

覺羅滿保進呈的〈西南洋各番針路方向圖〉，完全是施世驃所進〈東洋南洋海道圖〉的另一版本，此圖長81.2釐米，寬72釐米，應繪製于福建任上。[12]

覺羅滿保，正黃旗人，康熙三十三年（1694年）中進士，五十年（1711年）任福建巡撫，五十四年（1715年）任閩浙總督，六十年（1721年）指揮南澳鎮總兵藍廷珍、福建水師提督施世驃到臺灣鎮壓朱一貴之亂，雍正三年（1725年）卒於官。

兩幅圖顯然是同源，現有影印本上看不清地名，幸而陳佳榮先生曾經親自觀摩原圖，並抄錄圖上地名，饋贈於我。根據陳先生抄錄的地名，我們得以瞭解圖上的地名與航線。

爾」考》，《南海諸島史地論證》，香港大學亞洲研究中心，2003年，第369—438頁。

12　鄒愛蓮、霍啟昌、霍華：《澳門歷史地圖精選》，第38頁。

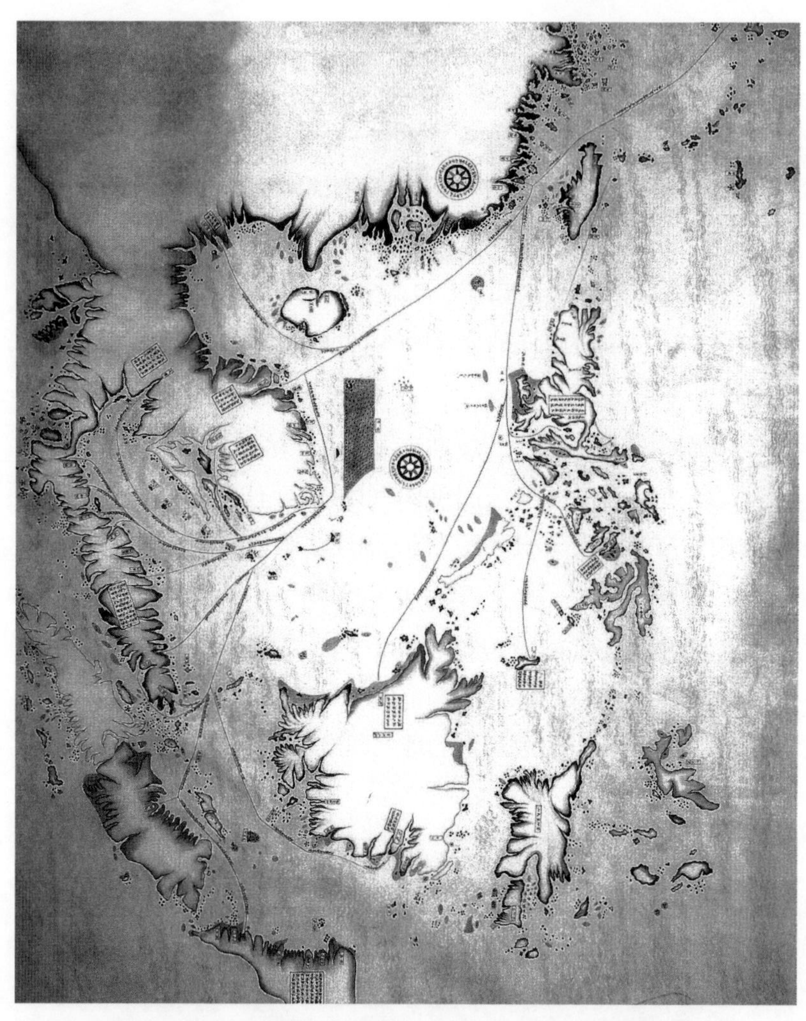

▲ 施世驃進呈〈東洋南洋海道圖〉（引自《澳門歷史地圖精選》）

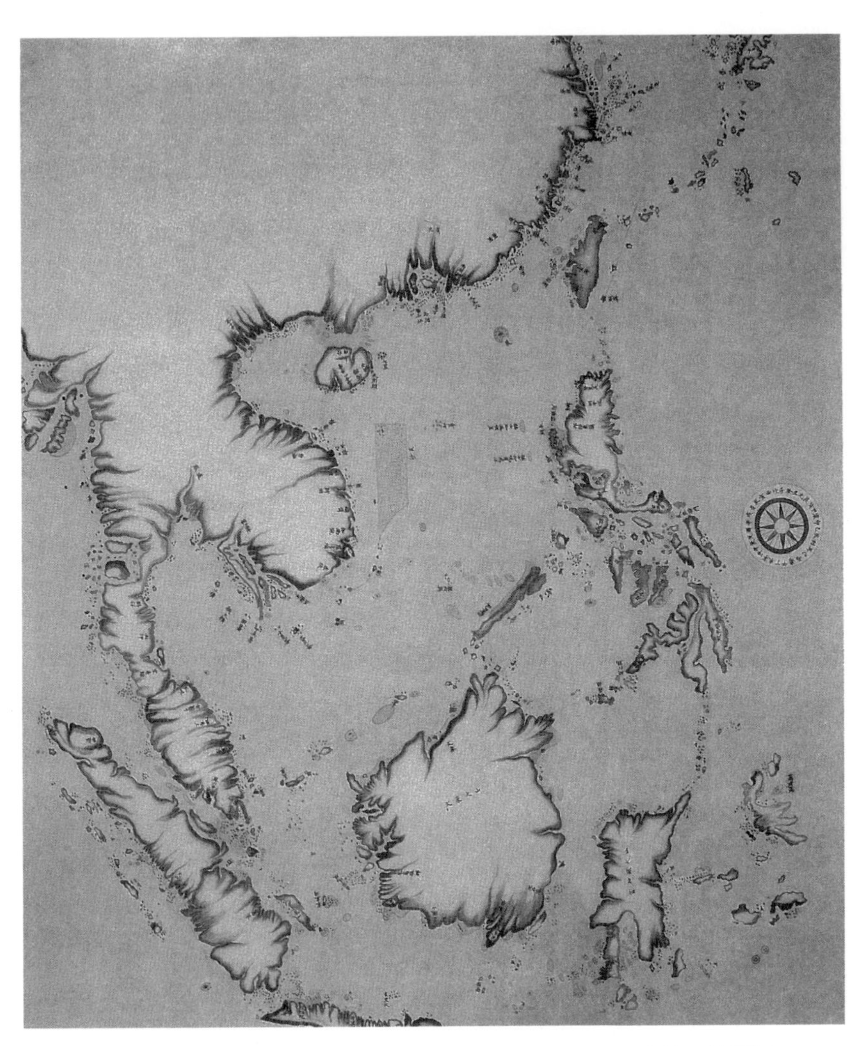

▲覺羅滿保進呈〈西南洋各番針路方向圖〉（引自《澳門歷史地圖精選》）

此圖航線從廈門出發有三條航路：

1.往日本從此去，用庚寅針及甲寅針百肆拾肆更，取日本港口。

2.往呂宋從此也，用丙午針壹百肆拾肆更，取表頭，入呂宋港。

3.用坤申針壹百肆拾伍更，取廣南港。

廈門以北的中國沿海地名有：上海、寧波、普陀、定海、台州、溫州、九山、北烏龜、魚山、鳳尾、南杞、福州、東湧、海壇、興化、湄洲、泉州。

廈門以南的中國沿海地名有：漳州、潮州、南澳、南頭新增、大星澳、東薑、弓鞋、魯萬、烏豬、三灶、香山澳、電白、瓊州內行、黎母山、七星、大州。

廈門以東的臺灣地名有：澎湖、臺灣、雞籠頭、打狗、賊嶼、紅豆嶼。

中國南海地名有：[南澳]氣、研罩、長沙、石塘、貓士知無呢荖、貓士知馬升愚洛。

日本地名：日本、天堂、殺子馬、琉球。

菲律賓地名：射昆美、刣牛坑、陳宋、表頭、邦仔系蘭、桶盤淺、呂宋澳內湖、頭巾礁、圭嶼、貓荖、呂蓬、甘馬力、武佳朥門、文武樓、交覽棉、班愛、淑務、屋黨、糖獅象、蘇祿、毛系蘭、桐打雞、貓毋煙、蚊巾礁荖。

從呂宋出發的航路有三條：

1.往蘇祿（Sulu）航路：往蘇祿從此路，庚戌伍拾肆更，取蘇祿港。

2.往淑務（宿務，Cebu）航路：往淑務從此路，巽巳針肆拾伍更，取淑務港。

3.往文來（汶萊）航路：從文來從此路，坤未針壹百伍拾更，取文來港。

汶萊：文來、文來大山。

越南：交趾、廣南、新州港、外羅、羊角、煙筒、伽南貌、羅原頭、赤坎、昆侖、大昆侖、小昆侖、東洞、眞薯、假薯。

廈門往廣南航路分出：往交趾從此路，用乾戌針柒拾伍更，取交趾港口。

廣南向南：用辰巽肆拾肆更，取羅原頭。

柬埔寨：柬埔寨、小横、大横。

往柬埔寨航路：往柬埔寨港從此路去，辛酉伍拾更取昆侖內。

泰國：暹羅、竹嶼、斜仔、六坤、宋鱻朥、大哖。

往泰國航路：坤申針三拾更，取昆侖。庚酉針貳拾更，過眞薯。乾戌針貳拾更，過大横。乾坤針拾更，過小横。乾未針肆拾更，取竹嶼。用癸針三拾更，取暹羅港。

往泰國南部航路：用坤未針肆拾更，取昆侖。過昆侖，用乾坤針往斜仔及六坤。

往斜仔（猜亞，Chaiya）航路：坤未針拾伍更，入斜仔港。

往六坤（洛坤，Nakhon）航路：辛戌針貳拾更，取六坤港。

往宋鱻朥（宋卡，Songkhla）航路：庚酉針貳拾伍更，取宋鱻朥港。

往大哖（北大年，Pattani）航路：乾坤針肆拾更，取大哖港。

馬來西亞地名：吉蘭丹、丁佳奴、彭亨、柔佛、麻六甲、東西竹、地盤。

往馬來半島東海岸航路有兩條：

1.往丁佳奴（丁加奴，Terengganu）航路：乾坤針肆拾貳更，從此路。

2.往彭亨（Pahang）航路：往彭亨從此路，用坤未針肆拾更，取彭亨港。

往柔佛（Johore）、麻六甲（Melaka）航路：丁未針肆拾更，過昆侖山。

往柔佛航路：未針三拾更，取柔佛港。

往麻六甲航路：庚針柒拾更，取麻六甲。

印尼：羨丹、萬里洞、琴山、舊港、明牙、亞齊、吉寧馬礁、朱葛礁那、蚊閣、芒壟山、班格爾馬辛、單戎系臘、把石、芒加虱大山、爪蛙、咬留吧、萬丹、頭嶼、井里問、三把壟、二泊那、吉里文、貓面、萬老高。

往班格爾馬辛（Banjarmasin）航路：（東西竹）往班格爾馬辛從此路，辰巽針捌拾更，取吉寧馬礁，（吉寧馬礁）辰巽針肆拾更，經此處，（芒閣）甲卯針肆拾更，從此路去，艮針肆更，取班格爾馬辛港。

往舊港航路：辰巽及丙午柒拾伍更，經新洲港，辰針肆拾伍更取舊港口。

往咬留吧航路：取舊港從此海過淺，（邦加海峽）從此路出口，巳針肆拾更，取頭嶼，午針肆拾更，取咬留吧港。

這幅〈東洋南洋海道圖〉上的一些地名在牛津大學藏圖上沒

有出現，有些地名需要考證，簡單的地名見附表。不同的地名主要在菲律賓與加里曼丹島，越南的煙筒不見於《順風相送》、《指南正法》。

煙筒，見於耶魯大學清代航海圖，第8頁的煙筒下注：「上有煙筒，下有香爐嶼。」其右（北）有兩個小島，再右（北）一個大島，下注：「煙筒一更開，用丙午及丁午三更，取大佛。」再右注：「煙筒取校杯，用壬子過羊角嶼。」第10頁校杯下注：「內打水十八托，外打水卅五托。近用丙巳開，用單丙五更取煙筒頭，又用午及丁三更，取大佛。」

校杯在新州（歸仁）大山的外山東北，印證確實是枯島。[13]煙筒在其南五更，再南三更到大佛靈山（達別山），則煙筒是Xuan Dai灣東部的半島。其北的三個島，現在已經連陸。呂調陽《東南洋針路》：「南有羊角礁，不可近。用丙午針三更，取煙筒，交趾、占城分界處也。用丙午針三更，取靈山，即所謂大佛靈。」[14]陳洪照《吧游紀略》：「由馬嗚嶠順風三日，至煙筒、大佛山……過煙筒、大佛山，至廣南 赤嵌山。」[15]

菲律賓呂宋島桶盤淺是博利瑙之北的淺灘，呂宋澳內湖是馬尼拉東部的海灣湖（Laguna de Bay），其南的貓茬即馬尼拉（Manila）。

甘馬力是呂宋島東南的卡馬林（Camarines），也即明永樂三年（1564年）進貢的合貓里，《明太宗實錄》卷三七永樂三年九月乙

13　周運中：《鄭和下西洋新考》，第148頁。

14　[清]呂調陽：〈東南洋針路〉，王錫祺《小方壺齋輿地叢鈔》第十帙。

15　[清]朱仕玠：《小琉球漫志》卷六《海東剩語上・海道》，《臺灣文獻史料叢刊》第8冊。

卯說，爪哇西王進貢：「時其旁近碟里、日夏羅治、金貓里三國，各遣人以方物同爪哇使者來貢。」《寰宇通志》、《殊域周咨錄》、《皇明四夷考》是合貓里，應卽卡馬林，合的讀音接近，但是金的閩南語的[kim]，讀音也很接近。有學者以爲合貓里也在爪哇，[16]其實不對，連寫的朝貢國未必鄰近。

日夏羅治是《咸賓錄》的日羅夏治，卷六《南夷志》記載了打回和日羅夏治兩個小國：「打回，小國也，永樂三年來貢，其國數爲鄰國所侵，乃治兵器與鄰國戰，稍得自立。風俗略與上諸國同，物產無奇。日羅夏治，小國也，永樂三年，遣人朝貢，其地人頗知種藝，崇佛，少盜，產惟蘇木、胡椒，與打回同。」

打回無疑卽打歪（土瓦），日羅夏治的出產與打回相同，也以蘇木、胡椒著稱，應該靠近土瓦，我認爲應是丹羅夏治之誤，日、丹字形接近，丹羅夏治卽丹那沙林，蘇繼廎說此地的馬來語是Tanah Sari，音譯爲丹羅夏治。既然丹羅夏治不在爪哇之旁，則合貓里也不在爪哇之旁。只是因爲進貢時被安排在一起，所以文人編書時未曾詳考，誤以爲鄰近。

張燮《東西洋考》卷五：「貓里務卽合貓里國也……故舶人爲之語曰：若要富，須往貓里務。有網巾礁老者，數爲盜海上……貓里務卽重遭寇害，死亡數多，遂轉貧困。」前人多以爲不是一地，但是從網巾礁老攻打貓里務來看，此地在菲律賓中南部。

巴拉望島之西有兩個島標注糖獅象，應是東獅象，閩南語音近。東山島外有龍、虎、獅、象嶼，陳倫炯《海國聞見錄·南澳氣》：

16 謝方：〈金貓里、合貓里和貓里務考〉，《中外關係史論叢》，世界知識出版社，1985年。

「盡北處有兩山：名曰東獅象，與臺灣沙馬崎對峙。」此處的東獅象在臺灣淺灘，巴拉望島的東獅象也是閩南人命名。

貓毋煙在三寶顏，即三寶顏，三字草書誤爲毛，又寫成貓。其西南的毛系蘭是描西蘭（Basilan）島，毛系蘭西北的桐打雞是潘古塔蘭（Pangutaran）群島，音譯爲打雞桐，誤寫爲桐打雞，閩南語的打是拍，讀爲[phaʔ]。

加里曼丹島西南角的芒閣應是龐卡蘭本（Pankalanbuun），班格爾馬辛東南的單戎系臘是海峽角（Tanjong Selatan），臘的古音是[lat]，圖上的把石在加里曼丹島東南海灣西部，即東加里曼丹省最南部的帕色（Paser）。

芒閣、班格爾馬辛之間芒壟山，可能是《順風相送》的貓薯萬里，《馬神往高兜令銀》：「單酉、辛酉五更取單戎占萬丹，有淺，開過。三更崑宰尾，三更見石名貓薯萬里，在龜嶼，對開。有大小六七塊沙淺，共嶼相連，在北邊遠赤，似船帆樣可防。二更見三密港口，有淺，開勢過船。四更見芒芒港口，有淺名鱷魚淺，開過。用單酉四更，取單戎旁水。一更見單戎母丁，生甚長，開充西南仔細。用單酉或庚酉一更盡崑宰尾……用壬子一更、癸丑、單丑三更過灣，灣內不見昆宰。灣口有白沙，水退出水，不可見或見不可近。船頭見昆宰，雙艾磨交見昆宰，船頭不可貪東，有沉淺。沿昆宰入港，不可貪開。有淺，過淺方妙。」

三密即今三皮特（Sampit），閩南語的密是bit，翻譯更準。其東南的貓薯萬里是拔加（Buaja）島，馬來語的buaja是鱷魚。此島周圍礁石很多，其實不止六七塊。芒芒港口是西南的彭榜（Pembuang）河口，河口有鱷魚角（Tanjong Buaja），即鱷魚淺所在。但是此處無山，所以讀音雖近，可能不是芒盬山。鱷魚島雖小，但很重要，所以圖上標出。

單戎母丁是其西南的普亭角（Tanjong Puting），再向北，到雙艾磨交，應是雙艾交磨，卽庫邁河口（Sungai Kumai），馬來語的sungai是河。不可貪東，卽不可向東。沿海岸向西北到高兜令銀，卽哥打瓦林金（Kotawaringin）。令是瓦的形訛，應譯爲高兜瓦銀。

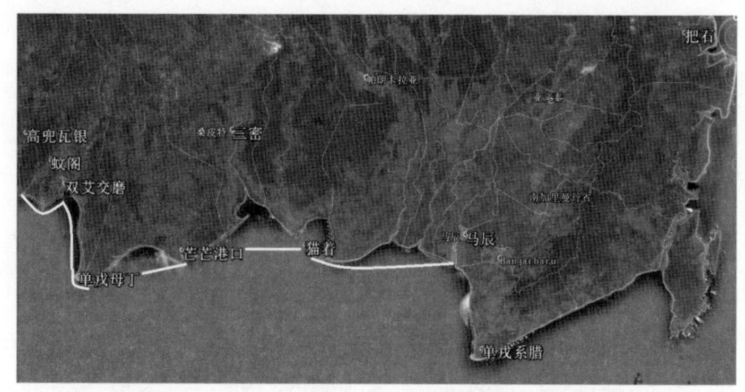

▲ 班格爾馬辛往高兜瓦銀航路、〈東洋南洋海道圖〉附近地名

第三節　地圖與族譜所見南洋形勢變化

對比《順風相送》、《指南正法》、牛津藏圖與清代的〈宇內形勢圖〉、〈東洋南洋海道圖〉，可以發現：

1.《順風相送》有從廈門直接到越南、泰國、柬埔寨的航路，也有到大泥、吉蘭丹、彭亨的航路，但是沒有直接到柔佛、麻六甲、舊港、順塔的航路，只有廣東到麻六甲、羅灣頭到麻六甲、暹羅到麻六甲、苧盤到舊港、順塔的航路，還有赤坎往彭亨、赤坎往舊港、順塔的航路。可見在今越南中南部的羅灣頭、赤坎這些中轉點還很重要，到了清代是直接從廈門到東南亞各地，羅灣頭、赤坎這些中轉點衰落。

2.《順風相送》的萬丹、順塔、舊港、淡目、豬蠻、饒潼、爪哇還是重要港口，〈萬丹往池汶精妙針路〉、〈順塔往遮里問淡目〉出現荌綠巴，向達先生說今地無考，[17]其實就是咬留吧，此時咬留吧還不重要，所以不是起點。但是萬丹、順塔、舊港、淡目、豬蠻、饒潼、爪哇在《指南正法》已經不是航路終點，咬留吧取而代之。牛津藏圖上有順塔、咬留吧，但是兩地緊鄰，看不出地位差別。〈宇內形勢圖〉的咬留吧有到廈門、萬丹、馬神、啞齊四條航線，萬丹變成了咬留吧的外港。

3.《順風相送》的廈門不是啓航地，最多的是浯嶼、大擔、太武、福州，雖然浯嶼、大擔、太武緊靠廈門，但是月港出洋也是從浯嶼、大擔、太武開出，因爲此時月港還很繁榮，所以不見廈門，《指南正法》雖然也有浯嶼、大擔、北太武，但是出現了廈門往長崎航路，到了〈宇內形勢圖〉，廈門已經成爲獨一無二的中心了，月港已經衰落。福州去南洋時也路過廈門，但是清代福州去南洋的航路也已衰落。

4.〈東洋南洋海道圖〉中泰國南部到馬來半島東部的港口特別多，斜仔（猜亞）、宋龜朥（宋卡）、丁佳奴等不見於其他圖書，反映清初廈門到這一帶貿易的興盛。

北大年的商業貴族在1584年扶持一位女王，17世紀被荷蘭人看成華人流亡者的殖民地，荷蘭人和英國人在這裡建立商站，購買胡椒和中國貨物，商業興旺。向南擴張的暹羅，在1674年和1688年

17　向達校注：《兩種海道針經》，第247頁。

兩次入侵北大年，致使北大年衰落，貿易中心南移到馬來半島。[18]

明清福建族譜的記載印證了這些變化，林金枝從福建泉州、晉江、南安、惠安、同安、安溪、永春、德化、廈門、莆田、仙遊、閩清、閩侯等僑鄉九十多部族譜中統計了明清與民國時期有名可查的2385人去東南亞的時間與地點，製成表格，[19]今據其表格改繪如下。

	南洋	菲	印尼	馬新	越柬	暹羅	緬甸	其他	合計	階段	比例
成化					1				1	明代94	3.9%
弘治					1				1		
正德						1			1		
嘉靖	4	7				1		1	13		
隆慶		5							5		
萬曆	5	48			1	3		1	58		
天啓	1	2				1			4		
崇禎	2	7	1	1					11		
順治	2	5	14		3	2			26	清代前中期729	30.6%
康熙	16	32	36	2	6	6		2	100		
雍正	7	8	27	3	15	6		4	70		
乾隆	66	67	50	61	40	11		7	305		
嘉慶	39	77	21	60	23	4		4	228		
道光	165	105	25	110	29	3	2	11	450	晚清1449	
咸豐	98	48	9	73	1	1	11	8	247		
同治	103	61	9	105	2	2	12	5	299		
光緒	166	47	17	165	6	3	34	7	445		
宣統	1			6			1		8		

18 [澳]安東尼·瑞德著、孫來臣、李塔娜、吳小安譯：《東南亞的貿易時代》，第233頁。

19 林金枝：《從福建僑鄉族譜看南洋華僑史的若干問題》，《歷史研究》1984年第4期。

民國	4	1		13			3		21	21	0.88%
失考	26	24	6	3		30	2	1	92	92	3.85%
合計	703	544	215	606	160	43	64	50	2385	2385	100%
比例	29%	23%	9%	25%	7%	2%	2%	3%	100%		

由此表可以發現，明清時期福建人去菲律賓、印尼、馬來西亞與新加坡最多。萬曆年間去菲律賓的人激增，明代菲律賓華僑占三分之二，但是清初則改爲印尼最多，主要是去爪哇島的咬留吧。乾隆時期開始，菲律賓華僑人數回升，馬來西亞與新加坡華僑人數也激增，超過印尼人數。道光時期開始，印尼華僑人數大幅減少，咸豐時期開始，菲律賓華僑人數大幅減少，晚清以馬來西亞與新加坡華僑最多。福建人去泰國、越南、柬埔寨、緬甸較少，明代去泰國最多，清代前中期去越南與柬埔寨人數超過泰國，晚清則多去緬甸。

上表族譜史料中特別值得注意的是廈門海滄區石塘村的謝氏史料，石塘在東嶼之北，位置見第四章第二節的海滄地名圖，傅衣淩曾經從石塘謝氏的族譜《謝氏家乘》中找出343位華僑史料，[20]這個家族史料豐富，而且地處海滄，歷史上去南洋的人很多，所以很有價值。

林金枝同文根據傅文抄錄的族譜資料，製表統計，但是林文誤以爲鹿賴在菲律賓，其實鹿賴即今胡志明市（西貢），又在大泥之下誤注文萊，其實大泥是今泰國北大年，不是渤泥，今改制爲下表：

20　傅衣淩：〈廈門海滄石塘〈謝氏家乘〉有關華僑史料〉，《華僑問題資料》1981年第1期。

	菲律賓			印尼				馬來西亞					泰國		越南				小計
	呂宋	蘇祿	宿務	咬留吧	三寶瓏	舊港	望加錫	柔佛	麻六甲	檳榔嶼	丁機宜	實叻埠	大泥	暹羅	安南	鹿賴	日本	南洋	
萬曆	7																		7
天啓																			
崇禎																			
順治	2							1											3
康熙	10		1	17	3								1		1				33
雍正	1			8	2				3					2	1				17
乾隆	2	1		15		1	1	3	9	17	4			3	1	1		4	62
嘉慶		1		3	2					27				3				4	40
道光		1		4	4					26		4		1	1			11	52
咸豐										4		1						1	6
失考	14			5	4	4			3	36	9	2		8			1	37	123
合計	36	3	1	52	15	5	1	4	15	110	13	7	1	17	4	1	1	57	343

可以看出，明代謝氏基本全是去菲律賓，清初咬留吧超過呂宋，乾隆時期開始去馬來西亞人數才激增。

葡萄牙人在1511年佔領麻六甲，1513年首次登上中國土地Tamao島，即香港屯門東部海灣。1521年，荒淫無道的朱厚照暴斃，嘉靖皇帝即位，海道副使汪鋐（1466—1536）在屯門一帶打敗葡萄牙人，葡萄牙人被迫北上到閩、浙沿海，在舟山群島的六橫島建立了Liampo港城，即中國書中的雙嶼港。浯嶼、南澳等島也是葡萄牙人的市場，葡萄牙人、日本人在閩浙沿海和中國人貿易，於是出現了所謂的嘉靖大倭寇現象。所謂倭寇多數是中國人，而且集海盜、海商於一身，得到東南沿海民衆的支持。

1521年，爲西班牙效力的葡萄牙人麥哲倫環游地球時首次到達菲律賓宿霧島，並死於此地。1528—1542年西班牙人四次前往菲律賓，都以失敗告終。1565年西班牙人抵達宿霧島，順著洋流返回墨西哥。1571年，西班牙人把菲律賓總部從宿霧北移到馬尼拉，甚至在1576年希望征服中國。1570年，西班牙人在民都洛島（Mindoro）救了一艘中國商船。中國商人爲了感謝西班牙人，招徠中國商人前來貿易。1572年，西班牙人從馬尼拉北上，在麻里荖（Balinao）又遇到中國商船，在Nacarlan北部遇到日本商船。西班牙人把東方商路和美洲聯繫起來，開創了墨西哥阿卡普爾科（Acapulco）、馬尼拉之間的固定航路，從而把東西半球緊密聯繫起來。

1520年，淡目蘇丹拉登·巴達打敗滿者伯夷王朝，獨立爲王。其子邦格蘭·沙勃朗·羅爾派軍進攻麻六甲，被葡萄牙人擊退。羅爾的第二個弟弟拉登·特連科諾繼位，派法達希拉率軍佔領萬丹，控制巽他海峽，防止葡萄牙人南下，又佔領咬留吧，改名雅加達，又征服井里汶。1552年，法達希拉把萬丹交給長子哈沙努丁。因爲很多商人從麻六甲退往萬丹，所以萬丹開始繁榮。1568年，哈沙努丁脫離淡目，宣佈獨立。1596年，哈沙努丁之子邦格蘭·劄巴拉率艦隊二百艘進攻巴領旁，失敗陣亡。

1595年，荷蘭四艘帆船在尼里斯·德·霍特曼的率領下出發，次年到達萬丹。他們購得土產很少，人員損失三分之二，1597年回到荷蘭。但是荷蘭到東方道路首次開通，次年即有22艘荷蘭商船到東南亞。1602年成立東印度公司，英國東印度公司雖然在1600年成立，資本僅有荷蘭公司的十分之一，1616成立的丹麥東印度公司的資本僅有荷蘭公司的十四分之一。由於1620年代荷蘭東印度公司平均有117艘商船，1660年代則多達257艘，所以荷蘭人佔有最強的海上優勢。

1609年，荷蘭與希杜的穆斯林聯合，把葡萄牙人趕出安汶，荷蘭人壟斷了安汶丁香。荷蘭人試圖聯合柔佛、亞齊爭奪麻六甲，但是僅在柔佛建立商館，柔佛與葡萄牙人在1615年講和，萬丹也不允許荷蘭人前來。1613年，萬丹的雅加達攝政允許荷蘭人前來，不允許葡萄牙人、西班牙人前來，荷蘭人把東印度公司遷來。燕·比德爾斯遜·昆管理雅加達辦事處，英國人隨卽前來。1617年，昆爲雅加達總督。1619年，荷蘭人摧毀雅加達的英國堡壘，但是又與英國人和談，英國人遷往萬丹。

1621年，荷蘭人改雅加達爲巴達維亞，紀念荷蘭人的祖先巴達維亞族。昆千方百計地讓萬丹商業衰退，強迫中國商船遷往雅加達，委任華僑首領。1623年，荷蘭人囚禁了安汶的英國人，處決了21人，完全控制了安汶。1628年，馬打藍蘇丹進攻巴達維亞失敗，聯合巴領旁的艦隊也被荷蘭人消滅。荷蘭人控制了馬打藍的出海權，爪哇各地去香料群島越來越難，爪哇衰落。1641年，荷蘭人佔領麻六甲。1656年，荷蘭人強迫德爾納特島蘇丹簽約，毀壞安汶以外的所有丁香產地。1682年，荷蘭人抓住戰敗的萬丹蘇丹阿根，囚禁在巴達維亞。1684年，荷蘭人與萬丹蘇丹哈只簽約，萬丹人不能去香料群島，只有荷蘭人能在萬丹貿易，荷蘭佔有井里汶。萬丹徹底衰落，荷蘭人的巴達維亞確立了中心地位。[21]

牛津藏圖應作於1621年前，所以咬留吧與萬丹並列，但是還沒有改名爲巴達維亞。清代閩南人也稱巴達維亞爲吧國，稱荷蘭

21 [印尼]薩努西·巴尼著、吳世璜譯：《印尼史》，商務印書館，1972年，第226—289頁。

人爲吧夷，廈門海滄青礁慈濟宮有康熙三十六年（1697年）的《吧國緣主碑記》碑，說吧國甲必丹郭天榜等人捐資重建此宮，吧國卽巴達維亞。[22]上文提到今漳州龍溪浯嶼，有沈有容在萬曆三十一年（1603年）所立《重建天妃宮記》碑，碑上方有兩行康熙丁丑（三十六年，1697年）補刻的字說：「天啓元年蒞吧夷。康熙丁丑復祖宮。」指天啓二年（1622年）荷蘭人進攻浯嶼之事，吧夷卽荷蘭人。

萬丹地處蘇門答臘島、南海、爪哇島之間，大體接近古代室利佛逝的地理區位，所以其興起的實質是控制了三個海域的中心。荷蘭人爲了佔據這種地理區位，必須要在接近萬丹之處落腳。雅加達在萬丹之東，控制萬丹到香料群島的航路，所以荷蘭人要佔據雅加達。

葡萄牙人佔領麻六甲，還促使很多麻六甲穆斯林商人北上到馬來半島東部和北部，所以在今泰國南部的北大年繁榮起來，林道乾等人來的北大年，更加促進了北大年的商業，1584年出現女王，荷蘭和英國人前來貿易，泰國在1674、1688年兩次入侵，導致此地衰落。所以〈東洋南洋海道圖〉上泰國南部港口增多，正是在此形勢下出現。

第四節　〈宇內形勢〉與臺灣的地位

因爲〈宇內形勢圖〉的底圖出自西方地圖，活躍在海上的閩南人早已熟悉西方人的海圖，熟知西方人的世界觀，所以郁永河的〈宇內形勢〉開頭第一段就講述世界陸地爲大海環繞，他說：

22　何丙仲編纂：《廈門碑誌彙編》，第283頁。

天宇外涵，大地虛懸其中，古人以卵為喻，似近之矣。海水附隸於地，而包山川原隰者，又海也。

第一句說地球是球形，懸在太空中，就像卵形，第二句說大地爲海水環繞，這些知識完全出自西方人。

郁永河沒有到過東南亞，所以〈宇內形勢〉其實是他根據〈宇內形勢圖〉而寫的圖說。因此圖上畫錯的地方，在文中也說錯了，證據有：

1.〈宇內形勢圖〉上的咬留叭（今印尼首都雅加達，Jakarta）畫在麻六甲（今馬來西亞的麻六甲，Melaka）的西北，其實應在東南，所以〈宇內形勢〉說：「自麻六甲西北斜指四十更爲咬留叭。」

2.〈宇內形勢圖〉因爲把雅加達誤畫在麻六甲的西北，所以馬神（今加里曼丹島南部的班格爾馬辛，Banjarmasin）就變成了在雅加達之南，其實班格爾馬辛是在雅加達的東北，所以〈宇內形勢〉說：「其山最大又最遠，自咬留叭綿亙而南，爲萬丹，又極南萬里，爲馬神。」其實從班格爾馬辛到雅加達不過1000千米，這種描述不可能出自海上的實際航行者，應該都是郁永河的文辭。

3.〈宇內形勢圖〉上畫出了從雅加達到班格爾馬辛的航線，而沒有畫從南海到班格爾馬辛的航線，所以郁永河誤以爲從中國到班格爾馬辛必須要經過雅加達，因此〈宇內形勢〉說：「海舶欲馬神者，仍行安南水道，既咬留叭，依山而南，過萬丹，達馬神，水程四百六十更，非故迂其途也，以南海水道未諳，不敢渡耳。」他說因爲不熟悉南海水道，所以不敢從南海直航班格爾馬辛，這顯然是郁永河自己的推測，從南海到班格爾馬辛的航線比到雅加達更近。中國人之所以先到雅加達，再到班格爾馬辛，根本原因是因爲荷蘭人的殖民，使得雅加達稱爲南洋的貿易中心。

4.〈宇內形勢圖〉把蘇門答臘島到呂宋島畫成一片陸地，所以〈宇內形勢〉說：「自從西北海中至極南，又轉極東，再回東北，迄于呂宋，連山不斷，蜿蜒數萬里。」

因爲郁永河的〈宇內形勢〉其實是〈宇內形勢圖〉的圖說，所以我們可以推測是郁永河得到了〈宇內形勢圖〉之後，才寫出〈宇內形勢〉，而〈宇內形勢圖〉的作者無疑是閩南的航海者。

〈宇內形勢〉又說：「臺灣蕞爾拳石，南北三千里，東西三百里，去廈門水程十一更，中間又有澎湖爲泊宿地，所處在東南五達之海，東西南北，惟意之適，實海上諸國必爭之地。」

臺灣在中國大陸人的傳統觀念中，不過是東南邊緣之地，但是郁永河已經指出臺灣是海上世界的中心，東西南北，四通八達，爲海上諸國必爭之地，戰略地位非常重要。郁永河之所以有此認識，當然是因爲他已經對世界地理有所瞭解，對荷蘭、日本等國爭奪臺灣的歷史有所瞭解，他在上文說到：「自從西北海中至極南，又轉極東，再回東北，迄于呂宋，連山不斷，蜿蜒數萬里，較中國遼陽至雲南海道，遠過倍蓰。」他認識到東南亞的海域比中國的海域廣闊，所以才說臺灣島介於遠東地區的南北之中。他又說到日本：「自其南言之，去中國甚遠，由寧波渡海，水程三十五更。」因爲臺灣東北有琉球、日本，東南有呂宋，所以臺灣介於在遠東地區的東西之中。

元末汪大淵的《島夷志略》開篇就是彭湖，其次就是琉球（今臺灣島），琉球條的最後說：「海外諸國蓋由此始。」元代中國人已經把臺灣當成中國與外洋間的門戶，明初實行海禁，不僅沒有開拓臺灣島，反而退出澎湖等宋元以來開墾成熟的島嶼，導致中國海洋事業的一次大倒退。

臺灣在明代人的心目中一直沒有應有的地位，直到明末才有一些有識之士認識到其重要性。可是這些人或者在福建民間，或者晚到明朝滅亡前後，所以臺灣在爲明朝設置政區之前，反而先爲荷蘭人、西班牙人佔領。

鄭成功奪回臺灣，可惜在他要攻打呂宋之前病逝。歷史本來給了中國人很多機會，但是中國人一次次錯過。最後一次機會就是明鄭，可惜鄭成功在39歲就英年早逝，而後繼者不僅失去雄心，也最終被清朝征服。如果鄭成功能多活三五十年，臺灣很可能會提前出現亞洲第一個共和國。

康熙二十一年（1683年），清朝任用明鄭的叛將施琅滅亡明鄭，清廷對臺灣的棄留有爭議，施琅認爲不能丟棄臺灣，他的《恭陳臺灣棄留疏》說臺灣：「乃江、浙、閩、粵四省之左護……是守臺灣則所以固澎湖……實關四省之要害。」清朝在次年最終決定不丟棄臺灣，原來在清人眼中，臺灣的作用不過是作爲澎湖的屏障，臺澎的作用是東南四省的屏障。臺灣雖然沒有被清朝丟棄，但是所謂的東南屏障其實就是把臺灣當成了最邊緣的緩衝地帶，而不是把臺灣當成開拓廣闊海洋的前哨。清朝作爲一個內陸民族建立的王朝，沒有海洋戰略眼光，不可能深入認識到臺灣在海上世界的中心位置。

郁永河說臺灣在海上世界的中心位置，這是中國人較早詳細敍述臺灣在世界地理格局中重要的地位的文章。可惜當時有此認識的中國人極少，郁永河是在閩臺一帶親身經歷，所有有此卓識。

郁永河位卑言輕，他的這種卓識沒有對時人產生太大影響。

郁永河的重要認識很可能來自閩南航海者的認識，對於閩南人來說，東方世界的中心不是中國的中原，而是閩臺海域。臺灣島不僅在亞洲東部島鏈的中間位置，而且是這條島鏈與大陸最近之地，臺灣島聯結世界上最大的大陸亞歐大陸與世界上最大的海洋太平洋，這個地位獨一無二。

陳宗仁之文提到〈宇內形勢圖〉上的臺灣、澎湖被放大，我認為圖上比臺灣、澎湖更為放大的是馬來西亞的東竹山、西竹山、將軍帽、苧盤山等小島，圖上的海島都被放大，不獨臺澎。此圖的中心是海洋和航路，所以特別強調一些重要的島嶼。〈宇內形勢〉說臺灣南北三千里，這是對臺灣島南北長度的誇大，但是〈宇內形勢圖〉上的臺灣沒有畫到如此大。

康熙六十年（1721年），朱一貴在臺灣起兵。南澳鎮總兵、漳浦縣人藍廷珍率兵入臺，族弟藍鼎元隨行。藍鼎元說：「臺灣海外天險，治亂安危關係國家東南甚巨。其地高山百重，平原萬頃。舟楫往來，四通八達。外則日本、琉球、呂宋、噶喇吧、暹羅、安南、西洋、荷蘭諸番，一葦可杭。內則福建、廣東、浙江、江南、山東、遼陽，不啻同室而居。比鄰而處，門戶相通，曾無藩籬之限，非若尋常島嶼郡邑，介在可有可無間。」[23]藍鼎元也認識到臺灣的重要地位，他列舉海外諸國是從東北到西南，再加上西洋、荷蘭。

總之，郁永河的〈宇內形勢圖〉雖然出自閩南的普通航海者，但是郁永河把此圖保存在史籍中的功勞很大，而且他對此圖的解

23 [清]藍鼎元撰、蔣炳釗、王鈿點校：《鹿洲全集》，廈門大學出版社，1995年，第551頁。

說——〈宇內形勢〉提出了臺灣島在東方海洋世界中心位置的觀點，極具前瞻的戰略眼光。〈宇內形勢圖〉作爲17世紀後期中西融合的航海圖，上承17世紀前期的閩商航海圖，下接18世紀施世驃及覺羅滿保進呈的〈東洋南洋海道圖〉、〈西南洋各番針路方向圖〉，填補了明末清初閩南人繪製的中西融合地圖流傳的空白期，證明了明清時期的閩南海商一直在把西方海圖的進步內容融入中國傳統海圖，創造了中西文化交融的全新成果。

利瑪竇繪製的世界地圖雖然也對中國人產生了很大影響，但是其創作主體是西方人而非中國人。閩南海商創造的中西融合地圖的創作主體是中國人，這是中國人以自身爲主體去積極融合西方文化的成果。

因此〈宇內形勢圖〉的意義重大，體現了明末清初的閩南人對於中西文化交流的重要仲介作用，結合郁永河對臺灣地理區位重要性的闡述，我們更能看出閩臺地區在明末清初的地位驟然上升。

第五節　閩南航海圖影響的清代中國地圖

黃宗羲（1610—1695）曾經繪製一幅中國地圖，他的孫子黃千人（1694—1771）又據之改繪，加上了清朝康雍乾時期拓展的疆域。黃氏家族的大地圖在清代廣爲流傳，後人常加以增補，改名出版。

美國國會圖書館所藏嘉慶年間〈輿地全圖〉、〈大清萬年一統天下全圖〉、〈大清萬年一統地理全圖〉都是根據黃氏家族的地圖繪製，〈輿地全圖〉右下角的文字說：「康熙癸丑，舊有梨洲公輿圖之刊。其間山川疆土都邑封圻，靡不綺分繡錯，方位井然。顧其時，臺灣、定海未入版圖，而蒙古四十九旂之屏藩、紅苗八排、打箭爐之開闢、哈密、喀爾喀西套、西海諸地及河道海口新制猶缺焉。既自聖化日昭，凡夫改土歸流廳縣之分建、衛所之裁併，聲教益隆，規制益善。近更西安等處，擴地二萬餘里，悉置郡縣。余不揣固陋，詳加增輯。」

前人據圖上的政區考證，此圖是嘉慶四年（1799年）前後繪製。[24]〈大清萬年一統天下全圖〉由八塊條幅拼成，每條長148釐米，寬31釐米，拼合爲長235釐米，寬148釐米。右下角的文字說明大同小異，但是改黃梨洲（黃宗羲）爲黃千人，說：「乾隆丁亥年二月，餘姚黃千人曾爲〈天下輿圖〉。」前人據圖上的政區考證繪製時間在嘉慶十六年（1811年）前後，[25]乾隆丁亥（三十二年，1767年）是這幅圖的初繪年代。〈大清萬年一統地理全圖〉也由八塊拼成，內容大同小異。[26]中國國家圖書館、日本龍谷大學藏有此圖，[27]日本大阪大學圖書館藏嘉慶八年（1803年）〈大清萬年一統天下全圖〉、神戶市立博物館藏嘉慶十七年（1812年）〈大清萬年一統地理圖〉、英國圖書館藏嘉慶二十三年（1818年）《大清一統天下全圖》，也是這個系列。[28]浙江省圖書館所藏〈天下輿圖〉，是一種較晚的摹本，內容也大同小異。[29]

24　林天人編撰：《皇輿搜覽：美國國會圖書館所藏英文輿圖》，中研院數位文化中心，2014年，第84—85頁。

25　林天人編撰：《皇輿搜覽：美國國會圖書館所藏英文輿圖》，第86—87頁。

26　林天人編撰：《皇輿搜覽：美國國會圖書館所藏英文輿圖》，第88—89頁。

27　中國測繪科學研究院編：《中華古地圖珍品選集》，哈爾濱地圖出版社，1998年，第208—211頁。龍谷大學圖書館網址：http://www.afc.ryukoku.ac.jp/kicho/cont_14/14180.html?l=2,4。

28　[日]海野一隆：《地図文化史上的廣輿図》，東洋文庫，2010年，第252—254頁。

29　浙江省測繪與地理資訊局：《浙江古舊地圖集》，中國地圖出版社，2011

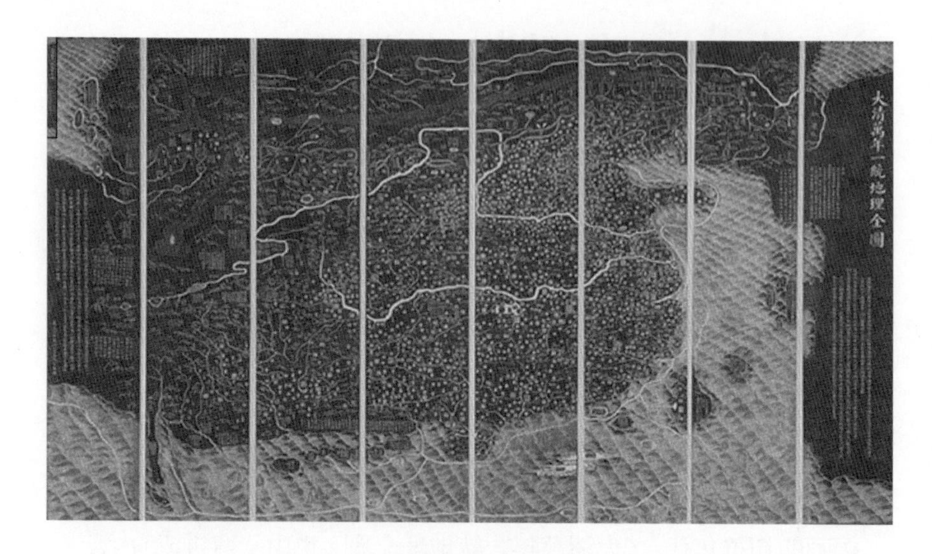

▲〈大清萬年一統地理全圖〉

這個系列的地圖，最大的特點是把南洋航路融入了中國地圖，顯然也是源自閩南航海圖。黃宗羲參與浙東魯王政權，本來和閩南有往來。清代開海禁後，閩南和寧波的海路來往也很密切，所以產生了這種地圖。

牛津大學藏明末閩商航海圖，雖然詳於海上，但是中國內地部分則出自粗糙的日用類書分野圖，對中國內地的影響也不大。清代閩商航海圖通過江浙士人之手，成功融入了中國地圖，產生了黃氏地圖系列，對中國內地的影響很大。說明中國各海域之間的交流，結合各地不同的文化特色，產生了新的文化成果。閩南商人不熟悉中國內地，北方人不熟悉南洋，但是地處二者之間的江浙人能吸納二者之長處，繪製了一種新的中外融合地圖。比起明代士大夫簡單拼合的中西

年，第72—73頁。

融合地圖，這種全新的中外融合地圖雖然未能畫出全世界，但是中外部分比例恰當，而且增加的是和中國聯繫密切的南洋，也比較適合時局。所以這種全新的中外融合地圖，比起明代的中外融合地圖是一種進步。

這個系列地圖，因爲未收入《中國古代地圖集》，長期爲研究者忽視。關於這個系列地圖上的南洋航路，現在還很少有人研究。這個系列地圖上的南洋航路起點也是廈門，分爲四條線路。一條往中國北方，一條往西洋，一條往臺灣，一條往東洋。說明其海路部分，顯然出自閩南。因爲不是本書重點，多數地名比較容易解釋，所以本書不再細考。

類似的情況發生在鴉片戰爭之後，上海、寧波等地開埠，原來活躍在廣東沿海的香山買辦群體北遷到上海等地。原來廣東人編寫的外語學習手冊也流行到了江浙，並根據江浙文化做了相應調整。此後上海出版的外語著作遠超廣東，這也是中國各海域之間文化交流的例子。

我們不難推測，如果不是因爲明清鼎革，閩南航海圖或許在明代就會北傳到江浙，在江浙產生新的地圖。雖然清代完成了這一進程，但是因爲清代中期的總體封閉，所以黃氏家族地圖仍未達到理想效果，連江浙與日本的航路也不畫，圖上的南洋航路也有一些錯誤。這個系列的地圖，雖然也畫出了從廈門到中國北方的航路，但仍然是福船的航路。清代已有精確的北方海域沙船航海圖，[30]作爲福船、沙船交匯地的江浙，在清代似乎始終未能結合福船、沙船的航海圖，製作統一的中國航海圖。

30　周運中：〈清代最好的沙船航海全圖〉，《海洋文明研究》第2輯，中西書局，2017年。

結論　明清鼎革、閩粵易位、華洋起落與兩岸分合

牛津大學所藏這幅明末航海圖出自閩南，因爲泉州自從六朝時期，就是重要的海港，唐代泉州是阿拉伯人所說的中國四大港口之一，宋元時期更是世界第一大港。雖然明初因爲海禁衰落，但是明代中期卽有漳州月港興起，閩南仍然是中國最重要的航海中心。

這幅航海圖出自廈門灣的商人不是偶然，自從明代中期開始，閩南的海商主要出自廈門灣的海滄、月港、廈門、安海一帶，而且這一帶人多以海外貿易爲生。經過海上民間武裝和明朝政府的持續戰亂，嘉靖末年，明朝終於正式在漳州的九龍江口設立海澄縣，隨卽在隆慶年間開放海禁，允許商人出海貿易。驗船地就在廈門，開船地在曾家澳（曾厝垵），東西洋航路的正式起點就是廈門灣口的大擔島，也卽牛津大學所藏這幅明末航海圖的航路起點。

李旦的家鄉很可能就是廈門曾厝垵的港口村，他從廈門走向菲律賓、臺灣與日本，他的船隊遠及東南亞各地。李旦雖然突然離世，但是他的下屬鄭芝龍又崛起在海上，鄭芝龍的家鄉南安縣安海鎮也在大廈門灣。鄭芝龍最終攻克廈門，俞大猷的兒子俞咨皋等明朝將領早已被海商收買。鄭芝龍披上官服，仍把廈門作爲他的

貿易基地，廈門這才正式崛起爲閩南航海通商中心。這個時代被稱爲貿易繁榮的時代，[1]也被稱爲海商時代，[2]李旦、鄭芝龍就是這個時代的海上弄潮兒，他們延續著王直的作爲，但是獲得了更好的時運。

有學者提出，此時出現了一種新的文明，稱爲南海文明，融合了中國、日本、東南亞、歐洲文明中的海洋因素，這個文明圈的範圍大致就是牛津大學這幅閩南航海圖的範圍，閩南人是歐洲人和海島民族之間的平衡者，閩南人的黃金時代在清代結束。[3]我認爲所謂南海文明圈是多種文明激烈碰撞形成的一個漩渦，閩南商人確實是其中最重要的角色。這場文明的大融合雖然因爲政局變化而中斷，未能形成一種新的文明，但是仍然留下了絲絲縷縷的影響。

早在明末，茅元儀就提出：「西學方盛行於世，其大端以格物爲宗，頗有細心，可以輔翼聖教。至其本論，則粗淺甚矣！」我認爲這種排斥西方精神文明但又想利用西方科技來發展中華文明的思想，正是中體西用的先聲。[4]

這幅明末閩商航海圖以西方人的地圖爲底圖，畫的還是中國人的航線和地名，反映了明末的閩南海商中體西用，師夷之長。中國近代第一個用西方字母製作中文拼音的人是清代廈門人盧戇

1　[澳大利亞]安東尼·瑞德著、孫來臣、李塔娜、吳小安譯：《東南亞的貿易時代》，第17—25頁。

2　[日]羽田正編、張雅婷譯：《從海洋看歷史》，遠足文化出版事業有限公司，2017年，第128—135頁。

3　湯錦台：《閩南海上帝國》，第202—206頁。

4　周運中：〈茅元儀與明代中西交流〉，《環東海研究》第一輯，中國社會科學出版社，2014年。

章，也是利用西學，弘揚傳統。可惜盛極一時的閩南海商勢力在清初被徹底摧毀，使中國喪失了獨立自主積極融會西學的大好機會，使歷史進程缺少了另一種可能。

這幅地圖的中國作者在臺灣、東海、南海諸島、琉球、泰國等諸多地方有超出歐洲人的重要發明，這幅地圖是現存最早的一幅全面詳細繪製臺灣、釣魚島列島、東沙群島、西沙群島、南沙群島的中國地圖，證明中國人最早測繪這些島嶼，可惜明代閩南海商測繪這些島嶼的歷史早已爲世人遺忘。

清朝在閉關鎖國中又過了兩百年，等到再次被歐洲人敲開國門，再想積極融會西學，付出的代價太大。

明末的中國與日本，同時融匯西方學術，本來大體上站在同一起跑線上。曾經有日本學者認爲16到17世紀的亞洲，唯有日本人學習了西方地圖技術。[5]現在牛津大學這幅地圖以及同類的地圖告訴我們，同時代的中國人也在用中國傳統地圖融會西方地圖，李旦這些人也在積極學習了西方人的航海技術。

但是我們仔細比較，就會發現明末日本吸收歐洲科技就勝過中國。1618年池田好運的《元和航海書》詳細記載了歐洲航海術，這種著作在中國尚未發現。1631年，幕府仿製1000噸歐式軍艦安宅丸成功，明末未有如此大的西洋戰船。日本雖然把荷蘭人趕到出島，但是蘭學仍然傳承有序，甚至江戶幕府的將軍德川吉宗（1684—1751）也熱衷蘭學。歐洲學者曾比較中國人和日本人對荷蘭人的興趣差異，[6]韓國學者更是指出韓國與日本對荷蘭人的迴異

5 [日]Hiroshi Nakamura, East Asia in Old Maps, p84.

6 [荷]包樂史著、賴鈺勻、彭昉譯：《看得見的城市：東亞三商港的盛衰浮

態度。[7]韓國作爲大陸國家，對歐洲的態度接近中國。日本是島國，所以更易接受歐洲航海、造船、製圖等技術。因爲地形不同，九州島上的日本西南諸藩保持一定獨立性。而大陸國家中，很難有一塊地方保持相對獨立。

而且在中國明清易代時，日本未曾被北方遊牧民族征服。明末清初，全球氣溫顯著下降，康熙九年（1670年）冬季，甚至出現江西九江一帶長江凍合的罕見景象。人類歷史上，每逢大的降溫，北方民族必然南下。[8]中國因爲在大陸，自古以來就有承受塞北民族南下的宿命。但是日本在海上，此前雖然曾經遭到元朝僅有的短暫進攻，但是竟然借助颱風成功擊退元軍，這時更不會受到滿清的戰爭威脅。明末的中國已經非常開放，滿清使得中國總體上重回封閉。如果把明代到現代的中國和外國文化融合看成一波連續發展的趨勢，清代無疑是其中意外的波折。

現在有人歌頌滿清在拓展中國西北疆界上的功勞，其實我們應該看到滿清聯合蒙古人統治中國是出於其自身利益。我們還應該看到現在中國西北邊疆的穩定不能全歸功於滿清，還有現代人

沉錄》，浙江大學出版社，2010年，第84—87頁。

7　[韓]朱京哲著、劉暢、陳媛譯：《深藍帝國：海洋爭霸的時代（1400—1900）》，北京大學出版社，2015年，第34—36頁。

8　關於氣候變化對文明的影響，參見葛全勝等：《中國歷朝氣候變化》，科學出版社，2012年。[美]狄·約翰主編、王笑然譯：《氣候改變歷史》，金城出版社，2014年。[德]沃爾夫剛·貝林格著、史軍譯：《氣候的文明史：從冰川時代到全球變暖》，社會科學文獻出版社，2012年。[日]田家康著、範春飆譯：《氣候文明史：改變世界的8萬年氣候變遷》，東方出版社，2012年。[美]布萊恩·費根著、蘇靜濤譯：《小冰河時代：氣候如何改變歷史（1300—1850）》，浙江大學出版社，2013年。[瑞士]許靖華著、甘錫安譯：《氣候創造歷史》，三聯書店，2014年。

的功勞。而且我們更應該看到滿清對中國海洋發展史的嚴重摧殘，如果比較起來，滿清拓展西北內陸，摧毀東南海商，或許得不償失，因爲宋代以來的世界交通幹道已經從陸路改爲海路。世界近代史就始於歐洲人的大航海時代，亞洲的近代史始於葡萄牙人抵達印度，東亞的近代史始於葡萄牙人滅亡麻六甲。有學者認爲中國的近代史應該始于明朝正德年間葡萄牙人來華，晚明已經揭開東西方文化融合的序幕。[9]大航海改變了世界，把握海權才是各國發展的重中之重。歷史不能假設，未來可以改寫。

晚明的第一個特區海澄縣在福建，現代的第一個特區深圳在廣東，反映出四百年來，福建作爲海上門戶的地位爲廣東取代。牛津大學所藏這幅航海圖是晚明的閩南人繪製，但是四百年來首次回到中國，是在香港展覽，而不是在它的故鄉廈門。我作爲展出期間的學術研討會上唯一來自廈門的學者，從鷺江飛到香江，感慨萬千。

四百年前，荷蘭殖民者曾經用武力威脅明朝開放廈門通商。但是荷蘭人未能成功，又過了兩百年，荷蘭人的遺願爲英國人實現。英國的光榮革命源自荷蘭，英國的崛起源自荷蘭。不過英國人最看中的地方已經不是廈門，而是香港。香港和廈門，是中國南方僅有的兩個海島大城市，既有相似之處，也有不少差異。我們還可以比較同樣在大河口之外的大島舟山島，廈門島的面積是香港島的兩倍，舟山島的面積是廈門島的兩倍多。但是繁榮的雙嶼港卻被徹底摧毀，以致於今天我們還在尋找雙嶼港的位置。不同的時代和不同的位置，決定了不同城市和不同人群的命運。

9 金國平、吳志良：〈1511年滿剌加淪陷對中華帝國的衝擊——兼論中國近代史的起始〉，《鏡海飄渺》，澳門成人教育學會，2001年，第13—37頁。

明清直到近現代，南洋的商人仍然以閩南人爲主導。主要因爲滿清的勢力不及海外，明代福建海商在海外的勢力擴展奠定了近代福建人遍佈南洋的基礎。但是在清朝的強權意志下，廣州被作爲中國內部唯一的通商口岸，因爲滿清認爲廣東更加遠離中原。雖然有洪秀全、孫中山等廣東人前赴後繼，最終完成了閩南人反清復明的遺囑，孫中山到南京的一件大事就是到紫金山的明孝陵告慰朱元璋驅除韃虜的喜訊。

珠三角之外沒有一個巨大的島嶼，即便有一個大島，也不能臺灣相提並論。因爲臺灣是在日本、美洲、中國、東南亞的中心，珠三角不在這樣的區位。荷蘭人佔據臺灣之前，閩南人就一直在經營臺灣。鄭成功驅除荷蘭人，臺灣仍然是世界貿易要地。清朝滅亡明鄭，使臺灣從世界航運中心退化爲一個封閉國家的邊陲之地。在福建海商主導的東方海洋貿易繁盛時代，閩臺是多種文明洶湧交融的漩渦中心。到了清代，閩臺的海面總體上歸於平靜，多種洪流彙聚的水道咽喉被強權收緊。如果沒有明清鼎革的變局，按照明末的發展趨勢，臺灣必將被閩南人經營爲世界經濟中心。

七十多年前，北亞的勢力從東北席捲到南海之濱，正如明末西伯利亞的寒流催促滿族的戰馬飛奔向南。東方的鐵幕從滿洲里一直垂落到高棉，東方僅有一些島嶼因爲有大海的庇護而逃過一劫。上海人紛紛逃往香港，香港才取代了上海在東亞的地位，此時的廈門卻再次變成戰場。明末開禁出洋的大門在大擔島，此時介於廈門與金門之間的大擔島，成爲最前線的禁區，最近才剛剛解禁。從楚河到長淮，從大江到大海，中國歷史上的鴻溝越走越南，廈門金門都曾經是中國的大門，此時卻咫尺天涯，兄弟鬩牆，自閉門戶。

國父孫中山先生在他的自傳中回顧：「及予卒業之後，懸壺於澳門、羊城兩地以問世，而實則爲革命運動之開始也。」他的家鄉香山縣（今中山）翠亨村靠近澳門，他的父親孫達成曾在澳門做鞋匠。孫中山和兄長孫眉都是從澳門乘船去美國，澳門是孫中山認識世界的起航地。1883年，孫中山從澳門去香港讀書。1892年，孫中山從香港西醫書院畢業，到澳門鏡湖書院行醫，又開設中西藥局，成爲澳門第一位華人西醫。1893年創辦澳門第一份漢葡雙語的報紙《鏡海叢報》，這是革命派的第一份報紙。因此澳門可以看成是孕育中華民國的城市，中華民國始終有融通東西文化的使命。

雖然滿清摧毀了曾經的東西文化融合中心閩臺，但是畢竟在遙遠的南海之濱留下了澳門，這就爲孫中山開創中華民國留下了一線希望。鴉片戰爭後，香港崛起。誇斷流而敗淝水，踐兩京而阻睢陽，望吳山而斃採石，追古撫今，香港又以彈丸之地，續寫了華夏民族的榮光新史。周雖舊邦，其命維新。華夏民族在一次次的劫難後重生，在一個個的難關中變革。過紅海而渡黑水，出埃及而到臺灣。訂約記而行憲法，上西奈而登玉山。婆娑無邊的太平洋，每天都湧來充滿生機的暖流。從海面浮現的陽光，將普照廣闊的陸地。

全圖地名表

一·海外地名對照表

牛津圖	順風相送	指南正法	宇內圖	東南圖	今　地
大港	大港	大港			阿帕里Aparri
射昆美	射昆美			射昆美	蘇吉布Sugiab
月投門	月投門	月投門			巴多克Badoc
香港					潘奧甘Panaogan
南旺		南旺			拉布格Lapog
台牛坑		刣牛坑		刣牛坑	
	邦仔系蘭	房仔系蘭		邦仔系蘭	班詩蘭Pangasinan
玳瑁	玳瑁	玳瑁		表頭	林加延灣Lingayen
頭巾礁	頭巾礁	頭巾礁		頭巾礁	卡彭斯島Capones
扒鼎安	覆鼎安大山	正覆鼎、假覆鼎	覆釜山		納提布山Natib、馬里韋勒斯山Mariveles
呂宋王城	呂宋	呂宋	呂宋	呂宋、貓荖	馬尼拉Manila
				呂宋澳內湖	海灣湖Laguna de Bay
甲萬門					馬里卡板Maricaban
福堂		惡黨		屋黨	奧董Oton
東務		宿霧		淑務	宿務Cebu
馬軍礁老		網巾礁荖		蚊巾礁荖	哥打巴托Cotabato
蘇祿	蘇祿		蘇祿	蘇祿	蘇祿Sulu
萬老高		萬荖膏		萬老高	特爾納特Ternate
		文武樓	文武樓山	文武樓	
	雞嶼	雞嶼		圭嶼	科雷希多Corregidor
	呂蓬山	呂帆	呂蒙山	呂蓬	盧邦Lubang
				交豐棉	卡拉棉Calamian
				糖獅象	
				班愛	班乃Panay
				甘馬力	卡馬林Camarines
				毛系蘭	描西蘭Basilan
				桐打雞	潘古塔蘭Pangutaran
				貓毋煙	三寶顏Zamboanga

昆侖	昆侖山				提加島Tiga
汶萊	汶萊	汶萊	汶萊	文來	汶萊Brunei
班格爾馬辛	馬神		馬神	班格爾馬辛	班格爾馬辛Banjarmasin
	諸葛擔籃			朱葛礁那	蘇卡達那Sukadana
	貓著萬里			芒壟	拔加島Buaja
				芒閣	龐卡蘭本Pankalanbuun
				單戎系臘	海峽角Tanjong Selatan
				把石	帕色Paser
傍伽虱				芒加虱	望加錫Makassar
唵悶					安汶Anbon
援丹					班達Banda
池汶	池汶				帝汶Timor
里嗎					松巴哇Sumbawa
磨里	麻離				巴厘島Bali
饒洞	饒潼				Djartan
豬蠻	杜蠻	豬蠻			杜板Tuban
吧哪	吧那				木里阿Muria
咬留吧	茭綠巴	咬留吧	咬留叭	咬留叭	雅加達Jakata
順塔	順塔		萬丹	萬丹	萬丹Banten
	遮里問			井里問	井里汶Ceribon
				三把	三寶瓏Semarang
				二泊那	哲帕拉Jepara
	吉里問			吉利文	卡里摩爪哇Karimunjawa
巴里野蠻	加里仔蠻				帕里亞曼Pariaman
茅陳					巴東Padang
舊港	舊港			舊港	巴鄰旁Palembang
峽門	峽門				邦加海峽Bangka
				萬里洞	勿里洞Belitung
	牛腿琴山	牛腿琴山		琴山	

				明牙	邦加Bangka
占卑					占卑Jambi
丁機宜	丁機宜				直名丁宜 Tebingtinggi
亞齊	亞齊		啞齊	亞齊	亞齊Ache
失勒山	仙丹、淡勿蘭			羨丹	森美蘭群島Tambelan
西蛇龍	西蛇龍				沙拉加島Seraja
東蛇龍	東蛇龍				塞拉散島Serasan
烏丁礁林	烏丁礁林		柔佛	柔佛	舊柔佛Johor Lama
				吉蘭丹	吉蘭丹Kelantan
				丁加奴	丁加奴Terengganu
麻六甲	麻六甲		麻六甲	麻六甲	麻六甲Melaka
彭坊	彭亨			彭亨	彭亨Pahang
吉礁					吉打Kedah
大泥	大泥		大年	大哖	北大年Pattani
佛頭郎	堀頭隴				博他侖Pattalung
			宋居勞	宋龜勝	宋卡Songkhla
				斜仔	猜亞Chaiya
	大橫	大橫		大橫	當島Koh Tang
	小橫	小橫		小橫	普林斯島Prins
	竹嶼	竹嶼		竹嶼	湄南河口
六坤	六坤	六坤	六崑	六坤	洛坤Nakhon
[真]慈	真嶼			真薯	快島Hon Khoai
[假]慈	假嶼			假薯	最島Hon Chuoi
暹羅	暹羅	暹羅	暹羅		曼谷Bangkok
樓里					老撾Laos
放沙			緬甸		東籲Taungoo
古里	古里				卡里卡特Calicut
忽魯謨斯	忽魯謨斯				霍爾木茲島Hormoz
佐法兒					佐法爾Dhufar
阿丹	阿丹				亞丁Aden
柬埔寨	柬埔寨	柬埔寨	柬浦寨	柬埔寨	金邊Phnom Penh

[昆侖]	大昆侖		大昆侖	大昆侖	昆侖島Condore
	小昆侖		小昆侖	小昆侖	兩兄弟群島
	東竹山	東竹山	東竹	東竹	奧爾島Aur
	西竹山	西竹山	西竹	西竹	巴比島Babi
	將軍帽		將軍帽		丁宜島Tinggi
	苧盤山	地盤	苧盤山	地盤	雕門島Tioman
玳瑁州	玳瑁州	玳瑁州			富貴島Phu Quy
東董	東董			東洞	薩巴特島Sapate
西董	西董				大卡特威特Catwick
毛蟹洲	毛蟹洲				湄公河口
羅灣頭	羅灣頭	羅灣頭		羅原頭	外克角Vich
占城	占城	占城	占城		占城Champa
新州	新州	新州		新州港	歸仁Quy Nhơn
外羅	外羅	外羅		外羅	李山島cù lao Ré
占筆羅	占筆羅	占筆羅		尖筆羅	占婆島Cùlao Chàm
廣南		廣南		廣南	廣南Quảng Nam
順化			交阯	交趾	順化Thuận Hóa
布政					布澤Bố Trạch
析安					乂安Nghệ An
清化					清化Thanh Hoa
	羊嶼	羊角嶼		羊角	瞠島Xanh
				煙筒	
	伽南貌	伽南貌		伽南貌	豬山Hon Heo
	赤坎	赤坎		赤坎	南阿普角Nam Ap
東京	安南	東京	東京		河內Ha Noi
琉球	琉球	琉球		琉球	沖繩Okinawa
野故門	野故	野故			屋久Yaku海峽
萬島					淡路島Awaji
殺身灣子		設身灣			
殺子馬		設子馬		殺子馬	薩摩Satsuma
籠仔沙機	長崎、籠仔沙機	長崎			長崎Nagasaki

魚鱗島	魚鱗島	魚鱗島			平戶Hirado
居仔	隴車仔	隴車仔			名護屋Nagoya
天堂	天堂、天草、野馬掘沙	天堂、野馬居沙		天堂	天草島Amakusa
五島	五島	五島			五島列島Goto
衣戈		一岐			壹岐島Iki
水剩馬		水甚馬			對馬島Tsushima
亞里馬王	啞慈子里美				足折岬Ashizuri
一插花		一枝花			諫早Isahaya
兵庫	兵庫				兵庫Hyogo
空打剩馬		空虛甚馬			鹿兒島Kagoshima
溫子米王					和泉Izumi
沙階王					堺Sakai
大王城					京都Kyoto
所居地					江戶Edo
出王城					二條城Nijio
松領王					松阪Matsusaka
管東					關東Kanto
伊勢					伊勢Ise
上好州					三好Miyoshi
七島山					伊豆七島Izu
鏓州					千葉Chiba
母后					丹後Tango
越					福井、富山、新潟
佐渡州					佐渡島Sadoshima
上野					群馬Gunma
下野					栃木Tochigi
朝鮮王					漢城Seoul
黃哇黎			英圭黎		英國England
呵難黎			荷蘭		荷蘭Holland
化人	佛郎				西班牙Frangi

二・中國地名

按照明朝政區分列如下：

1・北京：順天、保定、河（澗）[間]、眞定、順德、廣平、大名、永平、幽[州]

2・南京：應天、鳳[陽]、淮安、（楊）[揚]州、蘇州、松江、常州、鎮江、廬州、安慶、太平、池州、寧國、徽[州]、徐[州]、揚[州]

3. 山東：兗州、東昌、青州、萊州、登州、東嶽

4. 山西：太原、平陽、大同、（路）[潞]安、冀[州]、北嶽

5. 河南：開封、河南、歸德、汝寧、南陽、懷慶、衛輝、（漳）[彰]德、許[州]、中嶽、豫[州]

6. 陝西：西安、鳳翔、漢中、延安、慶陽、平涼、鞏昌、臨洮、雍[州]、西嶽、陝西行都司、玉門關、總戢城、[10]黃河水源、星宿海、昆侖山一名雪山

7. 四川：保寧、順慶、夔州、重慶、敍州、馬湖、 潼（州）[川]、眉[州]、嘉定、瀘[州]、益[州]、麗河西北至黃河一千五百里、[11]馬湖府西至黃河三千里

8. 江西：南昌、瑞州、九江、南康、饒州、廣信、建昌、撫州、吉安、臨江、袁州、贛州、南安、鄱（陽）湖

9. 湖廣：武昌、漢陽、黃州、承天、德安、嶽州、荊州、襄陽、（保）[寶]慶、長沙、常德、衡州、永州、南嶽、洞（廷）[庭]湖

10. 浙江：杭州、嚴州、（加）[嘉]興、湖州、紹興、寧波、台州、金華、

---

10 此名應是分野圖的統職方，或是總戎城之誤，在陝西行都司之北，總戎應是甘肅鎮總兵，在甘州衛（今張掖市）。

11 麗河即麗水、麗江，即今金沙江。

(渠) [衢]州、處州、溫州、錢(唐) [塘]江

11. 福建:福州、興化、建寧、延平、汀州、邵武、泉州、漳州、彭[湖]、北港、加(里) [呈]林、東海、此門流水東甚緊

12. 廣東:廣州、肇慶、韶州、南雄、惠州、潮州、高州、雷州、廉州、瓊州、(擔) [儋]州、南澳氣、七州、獨豬、萬里長沙、萬里石塘

13. 廣西:桂林、平樂、梧州、潯州、柳州、慶遠、南寧、思恩、太平、思明、鎮(州) [安]、田州

14. 雲南:雲南、曲靖、尋甸、臨安、(征) [澄]江、廣西、廣南、(沅) [元]江、楚雄、姚安、武定、景東、鎮沅、大理、(合) [鶴]慶、麗江、永寧、永昌、蒙(花) [化]、順(德) [寧]、孟定、孟艮、曲江、馬湖

15. 貴州:程蕃、都勻、黎平、思南、思州、鎮遠、銅仁、石阡、[貴州]宣慰[司]

16. 遼東:五國城、金(阮) [源]上都、[12]醫巫閭山、鴨綠江、北(撻) [韃]

---

12 陳佳榮先生認為金阮上都是金完上都,但是完顏金不應稱為金完,而且金、元上都不在一地,金上京會寧府在今哈爾濱市東南的阿城區,元上都在內蒙古正藍旗。古人未曾混淆,《混一疆理歷代國都之圖》分別標為上都、大金古都。金阮上都應是金源上都,指金朝起源地上京路。《金史》卷二十四〈地理志上〉上京路:「金之舊土也。國言金曰按出虎,以按出虎水源於此,故名金源,建國之號蓋取諸此。國初稱為內地,天眷元年號上京。」金朝還有金源郡王,上京文物也有金源,見王禹浪:〈論金源文化〉,《黑龍江民族叢刊》2003年第3期。

國家圖書館出版品預行編目資料

牛津藏明末閩商航海圖研究 / 周運中 著
-- 初版. -- 臺北市：蘭臺, 2020.12
面； 公分. -- (歷史地理叢書第一輯；2)
ISBN 978-986-99507-1-8 (平裝)
1.航運史 2.古地圖 3.明清史

557.46　　109016305

歷史地理叢書第一輯 2

牛津藏明末閩商航海圖研究

作　　者：周運中
編　　輯：楊容容
美　　編：楊容容
封面設計：塗宇樵
出 版 者：蘭臺出版社
發　　行：蘭臺出版社
地　　址：台北市中正區重慶南路1段121號8樓之14
電　　話：(02)2331-1675或(02)2331-1691
傳　　真：(02)2382-6225
E—MAIL：books5w@gmail.com或books5w@yahoo.com.tw
網路書店：http://5w.com.tw/
https://www.pcstore.com.tw/yesbooks/
https://shopee.tw/books5w
博客來網路書店、博客思網路書店
三民書局、金石堂書店
經　　銷：聯合發行股份有限公司
電　　話：(02) 2917-8022　傳 真：(02) 2915-7212
劃撥戶名：蘭臺出版社　帳號：18995335
香港代理：香港聯合零售有限公司
電　　話：(852)2150-2100　傳真：(852)2356-0735
出版日期：2020年12月　初版
定　　價：新臺幣 880 元整（平裝）
ISBN： 978-986-99507-1-8

*本學述研究部份地圖引自google